JEAN GENET/WERKE IN EINZELBÄNDEN
Band V
Tagebuch des Diebes

JEAN GENET
WERKE IN EINZELBÄNDEN

Band V
TAGEBUCH DES DIEBES
Journal du Voleur

MERLIN

Deutsch von Gerhard Hock
mit einem Nachwort von Arnold Stadler
und einer editorischen Notiz
von Friedrich Flemming

*Für Sartre
dem Castor*

Die Sträflingskleidung ist rosa und weiß gestreift. Es ist die Welt, die mein Herz gewählt hat und ich entdecke ihre Bedeutungen nach meinem Belieben. *Zwischen Blumen und Sträflingen besteht ein enger Zusammenhang.* Der Empfindlichkeit und Zartheit der einen entspricht die brutale Abgestumpftheit der anderen.* Habe ich einen Sträfling darzustellen – oder einen Verbrecher – werde ich ihn mit so vielen Blumen schmücken, daß er – in ihnen versinkend – sich in eine andere, neue, riesenhafte Blume verwandelt. Dem Bösen (wie man es nennt) näherte ich mich aus Liebe, und dieses Abenteuer führte mich ins Gefängnis. Die dem Bösen verfallen sind, ermangeln oft der Schönheit, doch es sind männliche Männer. Aus innerer Berufung oder vom Zufall erwählt, dringen sie hellsichtig und ohne zu klagen in ein verworfenes, ruchloses Element ein, wie in eine tiefe Liebe.** Die nächtliche Sprache der Liebenden offenbart einen namenlosen Raum. Eine solche Sprache wird nicht geschrieben. Man flüstert sie ins Ohr, mit heiserer Stimme. Im Morgengrauen ist sie vergessen. Die Verbrecher leugnen die Tugenden Eurer Welt und errichten voller Verzweiflung ein verbotenes Reich. Sie nehmen es auf sich, darin zu leben. Die Luft ist ekelschwanger. Sie atmen sie. Sie halten sich von Euch fern – abgesondert wie Liebende – und trennen mich von der Welt und ihren Gesetzen. Die ihrige riecht nach Schweiß, Sperma und Blut und lädt meine dürstende Seele und meinen Körper zur Hingabe ein. Es ist der Erotismus,

---

* Meine Ergriffenheit ist das Pendeln zwischen den beiden.
** Ich spreche von dem idealen Sträfling, von dem Mann, der alle Qualitäten des Bestraften in sich vereint.

der mich an das Böse fesselt. Nie begehrte ich auf, niemals forderte ich, mein Abenteuer bis zu diesem Tage war nichts als eine lange Paarung, im Zeichen eines verwickelten erotischen Zeremoniells (es sind symbolische Zeremonien, die das Bagno ankündigen). Dieser Ort, zu dem die unwiderrufliche Verstoßung durch die Menschen führt, mußte mir als Ideal der reinsten, anrüchigsten Liebe erscheinen. Die glorreichen Aschenhochzeiten, die dort gefeiert werden, möchte ich besingen mit der erlesensten natürlichen Sensibilität ... wie sie allein schon das Kleid des Sträflings in mir weckt. Der Stoff erinnert durch seine Rauheit an manche Blumen mit leicht pelzigen Blütenblättern und das genügt, damit sich für mich die Vorstellung von Kraft und Schmach auf das Natürlichste mit den Worten »kostbar« und »zerbrechlich« verbindet. Einem anderen würde sich dieser Zusammenhang vielleicht nicht aufdrängen – ich erfahre durch ihn etwas über mich selbst und kann ihm nicht ausweichen. Ich bot also den Eingekerkerten meine Zärtlichkeit, gab ihnen verzaubernde Namen, umschrieb ihre Verbrechen voller Scheu mit den subtilsten Metaphern (doch unter diesem Schleier wäre mir die prächtige Muskulatur des Mörders, die Gewalt seines Geschlechts nicht entgangen). Wenn ich mir die stärksten, die »härtesten« dort in Guyana vorstelle, sehe ich sie unter dem Tüllschleier des Moskitonetzes erigieren. Und jede Blume hinterläßt in mir eine so strenge Traurigkeit, daß sie alle Kummer und Tod bedeuten müssen. Das Bagno war das Maß meiner Liebe. Jede meiner Leidenschaften ließ mich darauf hoffen, öffnete es um einen Spalt, schenkt mir Verbrecher, schenkt mich ihnen oder fordert mich zum Verbrechen auf. Doch während ich dieses Buch schreibe, kehren die letzten Galeerensklaven nach Frankreich zurück. Die Zeitungen verkünden es. Ein

Thronfolger muß eine ähnliche Leere empfinden, wenn die Republik ihn seiner Weihe beraubt. Das Ende der Strafkolonie hindert unser Bewußtsein, in die unterirdischen, mythischen Regionen vorzudringen. Man hat uns den dramatischsten Auftritt gestrichen: den Exodus, die Einschiffung, die Prozession auf dem Meer, mit gesenktem Haupt. Die Rückkehr, die gleiche Prozession in umgekehrter Richtung hat keinen Sinn. Die Zerstörung des Bagno bedeutet für mich die Bestrafung der Strafe: ich werde kastriert, man operiert mir die Schande aus dem Leib. Man weckt uns vor der Zeit, niemand kümmert es, daß unsere Träume enthauptet, ihrer Glorie beraubt werden. Die Macht der Zuchthäuser ist etwas Geringeres. Dort sucht man vergeblich die elegante, ein wenig eingesunkene Grazie. Ihre Luft ist so dumpf, daß man sich schleppen, kriechen muß. Die Zuchthäuser erigieren steifer, schwärzer, strenger, doch die würdevolle, gemessene Agonie des Bagno ließ die Schmach zu größerer Vollkommenheit erblühen.* Die Zuchthäuser quellen über von boshaften Männchen, sie sind jetzt so schwarz davon wie von Kohlensäure gesättigtes Blut. (»Schwarz« schreibe ich. Es ist die Kleidung der Häftlinge, die mich dazu zwingt: sie ist aus grobem, braunem Tuch). Zu ihnen treibt mich meine Begierde. Ich weiß, im Bagno oder im Gefängnis erscheint häufig etwas Burleskes. Die Statur der Bestraften auf dem massiven, hallenden Sockel der Pantinen wirkt schmächtig. Töricht knickt ihre Silhouette vor einer Schubkarre ein. Vor einem Aufseher neigen sie den Kopf und halten

---

* Seine Abschaffung beraubt mich so heftig, daß ich in mir und für mich allein, insgeheim, eine neue Strafkolonie erschaffe, bösartiger als die von Guyana. Ich erwähne noch, daß man von den Zuchthäusern sagen kann: »im Schatten«. Das Bagno ist in der Sonne. Alles geschieht dort in einem grausamen Licht und ich kann nicht umhin, es zu wählen als Zeichen der Luzidität.

die große Strohhaube in der Hand – die Jüngsten, das wünsche ich mir, schmücken sie mit einer gestohlenen Rose, die ihnen der Aufseher zugesteht – oder eine Mütze aus braunem Tuch, sie verharren in einer Haltung elender Unterwürfigkeit. (Prügelt man sie, muß sich freilich etwas in ihnen aufrichten: der Feige, der Verschlagene – im Zustand härtester, reinster Feigheit und Verschlagenheit – wird gehärtet durch eine »Tracht«, so wie weiches Eisen durch Eintauchen gehärtet wird.) Was tut's, wenn sie sich von ihrer Unterwürfigkeit nicht abbringen lassen. Ohne mich von den Mißgestalteten und Verrenkten abzuwenden, es sind die schönsten Verbrecher, denen ich meine Zärtlichkeit schenke.

»Das Verbrechen«, so sage ich mir, »mußte lange zögern, bevor ihm ein so vollkommener Erfolg beschieden war wie Pilorge oder Ange Soleil.« Um letzte Hand an sie zu legen (ein grausames Wort!) mußte vieles zusammenwirken: zur Schönheit ihres Gesichts, der Kraft und Eleganz ihres Körpers mußte ihre Neigung zum Verbrechen kommen, die Umstände, die den Verbrecher machen, die moralische Stärke, die ein solches Schicksal annimmt, schließlich die Strafe, ihre Grausamkeit, etwas in seinem Inneren, was den Verbrecher leuchten läßt – und über allem: dunkle Regionen. Der Held, der die Nacht bekämpft und besiegt, trägt deren Fetzen davon. Dasselbe Zögern, dieselben glücklichen Umstände sind nötig, um einen vollkommenen Polizisten zu erschaffen. Die einen wie die anderen sind mir teuer. Zu den Verbrechen gehört die Strafe, die »Pein« (der frühere Boxer Ledoux antwortete den Inspektoren mit einem Lächeln: »Meine Verbrechen hätte ich bereuen können, bevor ich sie beging«), zu der ich sie begleiten möchte, damit meine Liebe ihre Befriedigung findet.

In diesem Tagebuch will ich die anderen Gründe, die mich zum Dieb machten, nicht verschweigen, der alltäglichste war die Notwendigkeit zu essen, doch Aufbegehren, Bitterkeit, Wut oder ähnliche Gefühle spielten bei meiner Entscheidung keine Rolle. Mit manischer Gewissenhaftigkeit, eifersüchtig wachsam, bereitete ich mein Abenteuer vor, wie man ein Lager, ein Zimmer für die Liebe richtet: ich erigierte für das Verbrechen.

Gewaltsamkeit nenne ich eine ruhende Kühnheit, die verliebt ist in Gefahren. Man macht sie in einem Blick aus, einem Gang, einem Lächeln – und in Euch erzeugt sie einen Sog. Sie zerlegt Euch. Diese Gewaltsamkeit ist eine Gelassenheit, die Euch aufwühlt. Manchmal sagt man: »Ein Kerl mit einer Fresse!« Die feinen Gesichtszüge von Pilorge waren äußerst gewalttätig. Vor allem ihre Feinheit wirkte gefährlich. Gewalttätigkeit des Umrisses von Stilitanos einziger Hand, die, reglos auf dem Tisch liegend, die Ruhe beunruhigend und gefährlich machte. Ich habe mit Dieben und Zuhältern gearbeitet, deren Ausstrahlung mich anzog, aber wenige zeigten wirklich Kühnheit, während der kühnste von allen – Guy – nicht gewalttätig war. Stilitano, Pilorge, Michaelis waren feige. Und Java. Auch wenn sie sich nicht bewegten, wenn sie bloß dasaßen und lächelten, trat aus ihren Augen, den Nüstern, dem Mund, der Höhlung der Hand, dem gewölbten Hosenschlitz, dem brutalen Hügel der Waden unter dem Tuch oder der Leinwand, eine düster strahlende Wut, sichtbar als ein leichter Schleier.
Aber meistens gibt sie sich durch nichts anderes als das Fehlen der gewohnten Zeichen zu erkennen. Renés Gesicht

ist auf den ersten Blick charmant. Sein eingebuchteter Nasenrücken verleiht ihm etwas Trotziges, nur die bleierne Blässe des unruhigen Gesichts beunruhigt. Seine Augen sind hart, seine Gesten ruhig und sicher. In den Pißbuden schlägt er ohne Erregung die Pédés, durchsucht sie, nimmt sie aus, und gibt ihnen manchmal – wie einen Gnadenstoß – auf die Fresse einen Tritt mit dem Absatz. Ich liebe ihn nicht, aber seine Ruhe bezwingt mich. Er betätigt sich in der unheimlichsten Finsternis am Rande der Pissotières, der Rasenflächen, Gehölze, unter den Bäumen der Champs-Elysées, in der Nähe der Bahnhöfe, an der Porte Maillot, im Bois de Boulogne (immer nachts) mit einer Ernsthaftigkeit, aus der die Romantik verbannt ist. Wenn er um zwei oder drei Uhr morgens nach Hause kommt, spüre ich, wie er sich mit Abenteuern vollgesaugt hat. Jede Stelle seines nächtlichen Körpers hatte daran Anteil: seine Hände, seine Arme, seine Beine, sein Nacken. Aber er weiß nichts von diesen Wundern, er erzählt sie mir in einer genauen Sprache. Aus seiner Tasche holt er Fingerringe, Eheringe, Armbanduhren – die Beute des Abends. Er legt sie in ein großes Glas, das bald gefüllt ist. Die Schwulen erstaunen ihn nicht, auch nicht ihre Gewohnheiten: sie sind nur da, um seine Überfälle zu erleichtern. In seiner Unterhaltung, wenn er auf meinem Bett sitzt, fängt mein Ohr Abenteuerfetzen auf. Ein Offizier in Unterhose, dem er das Portefeuille[*] entwendet, und der ihn mit ausgestrecktem Zeigefinger anherrscht: »Raus!« Renés Antwort, spöttisch: »Du denkst, du bist in der Armee.« Einmal geht ein Fausthieb zu heftig auf den Schädel eines Alten nieder. Einer wird ohnmächtig, als René, brennend, eine Schublade aufreißt, in der sich ein

---

[*] Er sagt: »Ich hab ihm das Feuille rausgeholt.«

Vorrat von Morphiumampullen befindet. Einen blanken Schwulen zwingt er, vor ihm niederzuknien. Ich lausche aufmerksam diesen Berichten. Mein Antwerpener Leben setzt sich fort in einem festeren Körper, mit brutalen Methoden. Ich ermutige René, berate ihn, er hört mir zu. Ich sage ihm, er solle nie zuerst sprechen.
»Laß den Typ kommen, laß ihn um dich rumgehen. Tu ein bißchen erstaunt, wenn er dir Liebe vorschlägt. Du mußt wissen, mit wem du die Unschuld spielen kannst.«
Ein paar Worte jede Nacht geben mir Kunde. Meine Phantasie verirrt sich nicht in ihnen. Meine Verwirrung entsteht, weil ich gleichzeitig in die Rolle des Opfers und des Verbrechers schlüpfe. Ich entsende sie nachts aus mir, lasse sie sich irgendwo begegnen, und gegen Morgen erfahre ich mit großer Ergriffenheit, daß das Opfer um ein Haar der Tod ereilt hätte und den Kriminellen die Strafkolonie oder die Guillotine. So verlängert sich meine Verwirrung bis in diese Region meiner selbst: Guyana.
Die Gesten dieser Kinder, ihre Geschicke sind voller Tumult. Ihre Seele erträgt eine Gewaltsamkeit, die sie nicht begehrte, zähmte sie. Die in einer Atmosphäre von Gewalt leben, sind vor sich selbst einfach. Jede der Bewegungen, aus denen dieses rasche, verwüstende Leben besteht, ist einfach, gerade, eindeutig, wie der Strich eines großen Zeichners – aber in der Begegnung dieser bewegten Striche bricht das Gewitter hervor, der Blitz, der sie tötet oder mich tötet. Doch was ist ihre Heftigkeit neben meiner, die die Ihre einfing, nutzte, erkannte, berechnete – und die Gefahren in Kauf nahm. Und was ist meine Gefährlichkeit, die ich zu meiner Verteidigung, meiner Härte, meiner Strenge brauchte, neben der Gewalttätigkeit, der sie erliegen wie einem Fluch, aufgestiegen aus einem inneren Brand und einem Licht von außen, das sie

glühen läßt und uns erleuchtet? Wir wissen, daß ihre Abenteuer kindisch sind. Sie selbst sind dumm. Sie töten oder lassen sich töten für ein Kartenspiel, bei dem der Gegner – oder sie selbst – gemogelt haben. Doch dank solcher Burschen gibt es Tragödien. Eine solche Definition der Gewalt – durch so viele gegensätzliche Beispiele – zeigt Euch, daß ich die Worte nicht benutze, um ein Ereignis oder einen Helden genauer zu beschreiben, sondern damit Ihr etwas erfahrt über mich. Um mich zu verstehen, bedarf es der Komplizenschaft des Lesers. Aber ich werde ihn warnen, sobald mir durch Schwärmerei der Boden unter den Füßen zu entgleiten droht.
Stilitano war groß und stark, sein Gang gelenkig und schwerfällig, lebhaft, langsam, wiegend. Er war rasch. Ein großer Teil seiner Macht über mich – und über die Huren des Barrio Chino – beruhte auf dem Qualster, den er zwischen den Wangen hin- und herschob und manchmal wie einen Schleier vor dem Mund aufblies. »Woher nimmt er diesen Speichel«, sagte ich mir, »von wo steigt er auf, so schwer und weiß? Meiner wird nie so schleimig sein, diese Farbe haben. Er wird höchstens ein Glasfluß sein, durchsichtig und zerbrechlich.« Also ist es natürlich, daß ich mir vorstelle, wie sein Glied sein muß, wenn er es für mich mit einer so schönen Materie einsalbt, mit diesem preziösen Spinngewebe, dem Speichel, den ich insgeheim als Gaumenschleier bezeichne. Er trug eine alte graue Mütze mit einem eingeknickten Schirm. Schleuderte er sie auf den Fußboden unseres Zimmers, war sie plötzlich der Kadaver eines armen Rebhuhns mit gestutztem Flügel, aber wenn er sie aufsetzte, ein bißchen über das Ohr, stand der Schirmrand ein wenig ab und gab den Blick frei auf die glorreichste der blonden Strähnen. Soll ich von seinen schönen, so hellen Augen sprechen, die er bescheiden

niederschlug – dabei konnte man von Stilitano sagen: »Sein Auftreten ist unbescheiden« – über die sich so blonde, so leuchtende und dichte Wimpern und Brauen schlossen, daß sie den Schatten nicht des Abends, sondern den Schatten des Bösen verbreiteten. Und warum bringt es mich aus der Fassung, wenn ich im Hafen sehe, wie ruckartig, in kleinen Stößen, ein Segel mühsam den Mast eines Schiffes erklimmt, sich entfaltet, zögernd zunächst und dann entschlossen, würden diese Bewegungen nicht meine Liebe zu Stilitano ausdrücken? Ich lernte ihn in Barcelona kennen. Er lebte unter Bettlern, Dieben, Strichern und Huren. Er war schön, aber vielleicht verdankte er so viel Schönheit meiner Verwahrlosung. Meine Kleider waren schmutzig und abgerissen. Ich hatte Hunger und fror. Es war die Zeit des größten Elends in meinem Leben.

1932. Spanien war damals übersät mit Ungeziefer, seinen Bettlern. Sie zogen von Dorf zu Dorf, in Andalusien, weil es warm ist, in Katalonien, weil es reich ist, doch das ganze Land war uns günstig. Ich war also eine Laus und ich war mir dessen bewußt. In Barcelona hielten wir uns vor allem in der Calle Mediodía und der Calle Carmen auf. Wir schliefen manchmal zu sechst auf einem Bett ohne Laken und sowie der Morgen graute, gingen wir auf die Märkte betteln. Wir verließen den Barrio Chino in Rudeln und zerstreuten uns auf dem Parallelo, einen Binsenkorb am Arm, denn die Hausfrauen gaben uns eher einen Lauch oder eine Rübe als einen Sous. Mittags kehrten wir zurück und von der Ausbeute bereiteten wir unsere Suppe. Was ich beschreiben werde, sind die Bräuche des Ungeziefers. In Barcelona sah ich solche Männerpaare, wo der verliebtere dem anderen sagte:
»Heute nehme ich den Korb.«

Er nahm den Korb und ging nach draußen. Eines Tages riß mir Salvador sanft den Korb aus den Händen und sagte:
»Ich geh für dich betteln.«
Es schneite. Er trat auf die eisige Straße hinaus, in Lumpen, mit einer zerrissenen Jacke – die Taschen lösten sich aus der Naht und hingen herunter – und einem schmutzstarren Hemd. Sein Gesicht war elend und unglücklich, geduckt, bleich und verkrustet, denn wir wagten nicht, uns zu waschen, so kalt war es. Gegen Mittag kam er zurück mit dem Gemüse und etwas Fett. Hier erwähne ich schon einen dieser Risse – sie sind schrecklich, denn ich selbst provoziere sie trotz der Gefahr – die mir die Schönheit gezeigt haben. Eine grenzenlose – und brüderliche – Liebe durchströmte meinen Körper und riß mich zu Salvador hin. Ein wenig nach ihm das Hotel verlassend, sah ich ihn von weitem, wie er die Frauen anflehte. Da ich schon für andere und für mich selbst gebettelt hatte, kannte ich die Formel: sie vermengt die christliche Religion mit dem Erbarmen, verwechselt den Armen mit Gott und ist ein so demütiger Herzenserguß, daß ich glaube, sie parfümiert den leichten Atem des Bettlers mit dem Duft von Veilchen. In ganz Spanien sagte man damals:
»Por Dios.«
Ohne ihn zu hören, stellte ich mir Salvador vor, wie er sie murmelte, vor allen Ständen, zu allen Hausfrauen. Ich überwachte ihn wie der Louis seine Hure – aber mit welcher Zärtlichkeit im Herzen. So sollten mich Spanien und mein Bettlerleben den Glanz des Verächtlichen lehren, denn es brauchte viel Hochmut (also Liebe), um diese schmutzstarren, ausgestoßenen Gestalten zu verschönen. Ich brauchte viel Talent. Nach und nach stellte es sich ein. Zwar ist mir die genaue Beschreibung des Mechanismus nicht möglich, doch ich weiß, daß ich mich allmählich

dazu zwang, dieses elende Leben als etwas Notwendiges und Gewolltes zu betrachten. Nie versuchte ich, etwas anderes daraus zu machen, als es war, ich schmückte es nicht aus, vertuschte nichts, im Gegenteil: ich bejahte seine Scheußlichkeit, und die Zeichen äußerster Erniedrigung wurden mir Zeichen der Größe.

Was für eine Betretenheit, als der Polizist, der mich eines Abends nach einer Razzia durchsuchte – die Szene geht jener voraus, mit der dieses Buch beginnt – aus meiner Tasche, erstaunt, unter anderem eine Tube Vaseline hervorzog. Man scherzte darüber, denn sie enthielt eine Vaselin-Pomade. Die ganze Schreibstube, manchmal sogar ich selbst – schmerzhaft – konnte in Gelächter ausbrechen, sich winden, wenn sie hörte:

»Nimmst du sie durch die Nasenlöcher?«

»Paß auf, daß du dir keinen Schnupfen holst, sonst kriegt dein Kerl einen Keuchhusten.«

Die boshafte Ironie der grellen oder giftigen spanischen Ausdrücke in die Gaunersprache zu übertragen, will mir kaum gelingen. Es handelte sich um eine Vaselintube, deren Ende mehrfach zusammengerollt war. Also war sie benutzt worden. Zwischen den eleganten Gegenständen, die aus den Taschen der bei dieser Razzia gefaßten Männer zum Vorschein kamen, war sie der Inbegriff einer verborgenen Verruchtheit, aber auch das Zeichen einer geheimen Gnade: sie sollte mich bald vor der Verachtung retten. Nachdem ich in die Zelle gesperrt worden war und sobald ich wieder genügend Lebensgeister gefunden hatte, um mich mit dem Elend meiner Verhaftung abzufinden, verließ mich das Bild der Vaselintube nicht mehr. Siegestrunken, rachsüchtig, voller Haß und Verachtung, hatten sie mir die Polizisten gezeigt. Aber plötzlich wurde mir dieses elende, schmutzige Ding äußerst wertvoll, obwohl dessen Bestimmung der Welt – jener konzentrierten Abordnung der Welt, welche die Polizei darstellt und vor allem diese spezielle Versammlung spanischer Polizisten, die nach Knoblauch, Schweiß und Öl riechen, von dickfelligem Äußeren, mit starken Muskeln und moralischen Überzeugungen – besonders gemein erschien. Im Gegensatz zu vielen Dingen, denen meine Zärtlichkeit gilt, hatte dieses keinen besonderen Glanz; es blieb auf dem Tisch eine kleine Vaselintube aus grauem Blei, unscheinbar, eingeknickt, leichenblaß, deren erstaunliche Unaufdringlichkeit und ihre Nähe zu den alltäglichen Gegenständen einer Gefängnisschreibstube (die Bank, das Tintenfaß, das Règlement, die Meßlatte, der Geruch) mir wegen der allgemeinen Teilnahmslosigkeit betrüblich gewesen wären – hätte nicht der Inhalt dieser Tube, vielleicht wegen ihres salbungsvollen Wesens, die Vorstellung einer Öllampe ausgelöst und mich an eine Grableuchte denken lassen.

(Während ich es beschreibe, erschaffe ich das kleine Ding wieder, aber jetzt tritt ein Bild dazwischen: unter einer Laterne, auf einer Straße der Stadt, in der ich schreibe, das bleiche Gesicht einer kleinen Alten, ein plattes, rundes Gesicht wie ein Mond, sehr blaß, von dem ich nicht zu sagen wüßte, ob es traurig ist oder scheinheilig. Sie sprach mich an, sagte mir, daß sie sehr arm sei und bat um etwas Geld. Ihr sanftes Mondfischgesicht belehrte mich augenblicklich: die Alte kam aus dem Gefängnis.

»Eine Diebin«, sagte ich mir. Als ich mich von ihr entfernte, überkam mich plötzlich ein Wachtraum, der in meinem Inneren lebte, nicht am Rande meines Verstandes, und mich denken ließ, ich hätte vielleicht gerade meine Mutter getroffen. Ich weiß nichts von ihr, die mich an der Wiege verlassen hat, aber ich hoffte, es war diese alte Diebin, die nachts bettelte.

»Wenn sie es wäre?« sagte ich mir, während ich mich von der Alten entfernte. »Ah! Wenn sie es wäre, würde ich sie mit Blumen, mit Gladiolen und Rosen zudecken ... und mit Küssen! Ich würde vor Zärtlichkeit auf die Augen dieses Mondfisches weinen, auf dieses runde, dumme Antlitz! Und warum«, sagte ich mir weiter, »warum dort weinen?« Mein Geist brauchte nur kurze Zeit, um diese gewohnten Bekundungen von Zärtlichkeit zu ersetzen durch beliebige andere Gesten, sogar die verrufensten, die gemeinsten, denen ich auftragen würde, dasselbe zu bedeuten wie die Küsse, oder die Tränen oder die Blumen.
»Ich würde mich damit begnügen, auf sie zu sabbern«, dachte ich, vor Liebe überfließend. (Rief das Wort Gladiolen weiter oben nach dem Wort Qualster?) Auf ihre Haare sabbernd, mich in ihre Hände erbrechend: ich würde sie anbeten, diese Diebin, die meine Mutter ist.)
Die Vaselintube, *die dazu diente, meinen Schwanz oder den meiner Geliebten einzufetten[1], sollte das Gesicht der Frau auftauchen lassen, die für die Zeit eines Wachtraums in den finsteren Gäßchen der Stadt die geliebteste der Mütter war. Ich hatte sie zur Vorbereitung so vieler heimlicher Freuden benutzt, an Orten, die zu ihrer diskreten Banalität paßten, daß sie zur Bedingung meines Glücks geworden war, so wie mein fleckiges Taschentuch dessen Beweis. Auf diesem Tisch stellte sie das Fanal dar, das den unsichtbaren Legionen meinen Triumph über die Polizei verkündete. Ich steckte in der Zelle und wußte, daß meine Vaselintube die ganze Nacht einer Gruppe schöner, starker, stämmiger Polizisten zur Verachtung – dem Gegenteil ewiger Anbetung – preisgegeben war. Noch der schwächste der Polizisten konnte, wenn er die Finger nur ein wenig zusammendrückte, mit einem leichten, kurzen, schmutzigen Furz eine kleine Gummischlange hervorschießen las-

sen, die danach in einer lächerlichen Stille von selbst weiterwuchs. Doch ich war sicher, daß dieses schwächliche winzige Ding ihnen entgegentreten und allein durch sein Vorhandensein die ganze Polizei der Welt in Aufregung versetzen würde – Verachtung, Haß, schäumende und stumme Wut auf sich ziehend ... vielleicht ein bißchen hämisch dabei – wie ein Tragödienheld, ein wenig belustigt, die Wut der Götter anfacht – ebenso unzerstörbar, meinem Glücke treu und stolz. Ich möchte die unbekanntesten Wörter der französischen Sprache wiederfinden, um es zu besingen. Ich hätte mich schlagen, ihm zu Ehren Massaker organisieren und einen ganzen Landstrich in der Dämmerung mit roten Fahnen schmücken wollen.*
Von der Schönheit des Ausdrucks hängt die Schönheit einer moralischen Handlung ab. Wenn man sagt, sie sei schön, entscheidet man, daß sie es sein wird. Bleibt, den Beweis zu erbringen. Das ist Aufgabe der Bilder, das heißt der Korrespondenzen mit den Herrlichkeiten der physischen Welt. Die Tat ist schön, wenn sie unsere Kehle zum Gesang herausfordert. Der Gedanke an eine Tat, die als verwerflich gilt, die Gewalt des Ausdrucks, der sie benennt, zwingen uns manchmal zu singen. Wenn er uns singen läßt, ist der Verrat schön. An Dieben Verrat zu üben, würde in meinen Augen nicht nur die Rückkehr zur moralischen Welt, sondern auch zur Päderastie bedeuten. Wenn ich stark werde, bin ich mein eigener Gott. Ich diktiere. Auf Männer angewendet, bezeichnet das Wort Schönheit die Harmonie eines Gesichts und eines Körpers, zu der sich manchmal die Grazie der Männlichkeit gesellt – wunderbare, gebieterische, souveräne Bewegungen. Wir bilden uns ein, daß

---

* Eher hätte ich mich tatsächlich bis aufs Blut geschlagen, als dieses lächerliche Utensil zu verleugnen.

sie durch eine innere Einstellung ausgelöst werden und wir pflegen in uns solche Tugenden in der Hoffnung, unseren armseligen Gesichtern, unseren kranken Körpern die Kraft zu verleihen, die unsere Geliebten von Natur aus besitzen. Leider sind diese Tugenden, die sie nie besitzen, unsere Schwäche.

Schreibend denke ich an meine Geliebten. Ich möchte, daß sie mit meiner Vaseline eingesalbt sind, diesem weichen Stoff mit dem leichten Pfefferminzduft; ich möchte, daß ihre Muskeln in dieser feinen Transparenz baden, ohne die *der Schwanz der Schönsten² weniger schön ist.

Wenn man ein Glied abtrennt, wird das zurückbleibende kräftiger. Ich hoffte, daß sich im Geschlecht Stilitanos die Kraft seines abgetrennten Arms versammelt hätte. Lange Zeit stellte ich mir ein stämmiges Glied vor, einen Knüppel, zu jeder Ausschweifung fähig, obwohl es mich zunächst beunruhigte, was mir Stilitano davon zu sehen gestattete: die einsame Falte, seltsam genau, über dem linken Bein seiner Hose aus blauem Leinen. Vielleicht hätte dieses Detail meine Träume weniger heimgesucht, wenn Stilitano nicht ständig mit der linken Hand dorthin gefaßt und in der Art der Damen, die eine Reverenz erweisen, den Stoff behutsam mit den Nägeln zusammengepreßt hätte. Ich glaube nicht, daß er je seine Kaltblütigkeit verlor, aber mir gegenüber war er besonders gelassen. Mit einem leichten, unverschämten Lächeln – ungerührt – beobachtete er, wie ich ihn anbetete. Ich weiß, er wird mich lieben.

Ich war so bewegt, daß ich Salvador auf der Straße küßte, bevor er mit dem Korb in der Hand durch die Tür unseres Hotels trat, doch er stieß mich zur Seite:
»Du bist verrückt! Man wird uns für Mariconas halten!«

Er sprach recht gut Französisch, das er auf dem Land bei Perpignan gelernt hatte, wo er bei der Traubenlese half. Ich war verletzt und wandte mich ab. Sein Gesicht war violett. Es hatte die Färbung des Kohls, den man im Winter erntet. Salvador lächelte nicht. Er war schockiert. »Es lohnt sich wirklich nicht«, dachte er wohl, »daß ich so früh aufgestanden bin, um im Schnee zu betteln. Jean weiß sich nicht zu benehmen.« Seine Haare waren struppig und naß. Hinter der Scheibe beobachteten uns Gesichter, denn zur Straße hinaus befand sich unten im Hotel ein weiträumiges Café, das man durchqueren mußte, wenn man zu den Zimmern hinauf wollte. Salvador wischte mit dem Ärmel sein Gesicht ab und trat ein. Ich zögerte. Dann trat ich ebenfalls ein. Ich war zwanzig Jahre alt. Wenn er so durchsichtig ist wie eine Träne, warum sollte ich den Tropfen, der am Rand eines Nasenlochs zögert, nicht mit derselben Inbrunst trinken? Ich war schon recht geübt in der Aufwertung der Schmach. Ohne die Angst vor Salvadors Empörung hätte ich es im Café getan. Doch er schnaubte, und ich erriet, daß er seinen Rotz schluckte. Zwischen den Bettlern und Gammlern hindurch, bahnte er sich – mit dem Korb am Arm – einen Weg zur Küche. Er ging vor mir.
»Was hast du?« fragte ich.
»Du fällst auf.«
»Was ist dabei?«
»Man küßt sich nicht so, auf dem Trottoir. Heute abend, wenn du willst ...«
Er sagte das alles ohne Grazie, schmollend und voller Verachtung. Ich hatte ihm nur meine Dankbarkeit bekunden, ihn mit meiner armseligen Zärtlichkeit wärmen wollen.
»Aber was dachtest du?«

Jemand rempelte ihn an, ohne sich zu entschuldigen, trennte mich von ihm. Ich folgte ihm nicht in die Küche. Ich ging auf eine Bank zu, wo in der Nähe des Ofens ein freier Platz war. Es kümmerte mich kaum, auf welche Weise ich mich – obwohl von kraftvoller Schönheit schwärmend – in diesen verlausten, häßlichen, von den Unscheinbarsten drangsalierten Bettler verlieben würde, in seine kantigen Arschbacken ... und wenn er am Ende ein prächtiges Geschlecht hätte?
Der Barrio Chino war damals eine Art Zuflucht, weniger von Spaniern bevölkert als von Ausländern, die allesamt verkommene Strolche waren. Manchmal trugen wir mandelgrüne oder narzißgelbe Seidenhemden, ausgetretene Espadrilles, und unsere angeklatschten Haare sahen aus wie lackiert. Wir hatten keine Anführer, sondern Ratgeber. Ich kann nicht erklären, wie sie es wurden. Wahrscheinlich infolge gelungener Transaktionen beim Absetzen unserer kümmerlichen Beute. Sie kümmerten sich um unsere Geschäfte, nannten uns die Coups, wovon sie einen angemessenen Anteil einbehielten. Wir bildeten keine mehr oder weniger gut organisierten Banden, sondern in diesem ausgedehnten, schmutzigen Chaos, mitten in einem Viertel, das nach Öl, Urin und Scheiße stank, vertrauten sich ein paar verlorene Männer einem anderen an, der geschickter war. So viel Verwahrlosung schillerte durch die Jugend vieler von uns, und durch den geheimnisvolleren Glanz einiger, die wirklich strahlten: die Körper, Blicke, Gesten dieser Kinder sind wie ein Magnet, wir sind ihnen ausgeliefert. Einer von ihnen traf mich wie ein Blitz. Um besser von Stilitano, dem Einhändigen, zu sprechen, werde ich ein paar Seiten warten. Man wisse zunächst, daß keine christliche Tugend ihn zierte. Sein Glanz, seine Macht hatten ihren Ursprung zwischen seinen Beinen.

Das Glied und was es ergänzt, das ganze Gemächte war so schön, daß ich es nur als Schöpfungsorgan bezeichnen kann. Ihr dachtet, es sei tot, weil es sich selten und langsam erregte: es wachte. In der Nacht seines sorgfältig wenngleich nur von einer Hand zugeknöpften Schlitzes entwickelte es jene Leuchtkraft, die seinen Träger strahlen ließ.

Meine Liebe mit Salvador dauerte sechs Monate. Sie war nicht ungestüm, aber fruchtbar. Es war mir gelungen, diesen schwächlichen Körper zu lieben, das graue Gesicht, die seltenen, lächerlich verteilten Barthaare. Salvador sorgte für mich, aber nachts, bei Kerzenlicht, suchte ich in den Nähten seiner Hose die Läuse, unsere Vertrauten. Die Läuse bewohnten uns. Sie belebten unsere Kleider mit ihrer Gegenwart; wenn sie verschwanden, waren die Kleider tot. Es gefiel uns zu wissen – und zu fühlen – wie sich diese durchsichtigen Tiere tummelten, die – obwohl nicht gezähmt – uns gehörten, so sehr, daß die Laus jedes anderen uns ekelte. Wir verjagten sie, aber in der Hoffnung, daß im Laufe des Tages die Nissen aufplatzen würden. Mit unseren Nägeln zerdrückten wir sie ohne Abscheu und ohne Haß. Ihren Kadaver, ihre sterbliche Hülle, warfen wir nicht in den Abfall, wir ließen ihn, blutend von unserem Blut, auf unsere zerlumpte Wäsche fallen. Die Läuse waren das einzige Zeichen unseres Gedeihens, ja des Gegenteils von Gedeihen, aber es war logisch, daß wir mit der Aufwertung unseres Zustandes auch dessen äußere Zeichen aufwerteten. Als Wahrzeichen unseres Schrumpfens waren die Läuse ebenso nützlich und wertvoll geworden wie Juwelen als Symbol dessen, was man Triumph nennt. Wir schämten und rühmten uns ihrer gleichzeitig. Ich habe lange in einem Zimmer ohne Fenster gelebt, nur mit einer Luke auf den Korridor hinaus, wo am Abend fünf kleine, grausame und zärtliche Gesichter, lächelnd oder durch die schwierige Körperhaltung steif und verkrampft, schweißnaß, diese Insekten der Tugend, an der wir teilhatten, aufspürten. Es war gut, daß ich der Geliebte des Ärmsten und Häßlichsten war, inmitten dieses Elends. Eigentlich war es ein Vorrecht. Jeder errungene Sieg – stolz meine verdreckten Hände zu zeigen, half mir, stolz meinen Bart und meine langen Haare zu zeigen – gab mir die Kraft – oder die Schwäche – was hier dasselbe ist – für den folgenden Sieg, der in Eurer Sprache natürlich Niederlage heißt. Doch da Glanz und Licht zu unserem Leben notwendig waren, gab es in diesem Schattendasein einen Sonnenstrahl, der durch die Scheibe und ihren Schmutz drang: unser war das Eis und der Rauhreif, denn diese Trübsal läßt an Freuden denken außerhalb unseres Zimmers, die uns genügten: von Weihnachten und dem Neujahrsfest kannten wir nur, was sie immer begleitet und was sie den Feiernden versüßt: den Frost.

Wenn die Bettler ihre Wunden pflegen, ist es für sie auch ein Mittel, etwas Geld zu bekommen – das Notdürftigste – und wenn sie sich gehen lassen in der Not, so ist der Hochmut, den es braucht, um von der Verachtung unberührt zu bleiben, eine männliche Tugend; wie ein Fels im Fluß, so bohrt sich der Hochmut in die Verachtung, spaltet sie und läßt sie bersten. Je tiefer die Verkommenheit, desto stärker der Hochmut (wenn ich selbst der Bettler bin) ... wäre ich so weise – so stark oder so schwach – um von einem solchen Schicksal zu profitieren. Ich muß diese Lepra, die mich zerfrißt, aufhalten, sie besiegen. Ich werde also immer mehr verkommen, immer mehr ein Gegenstand des Ekels werden, bis zum Ende, das ich noch nicht kenne, aber das von einer ästhetischen Suche ebenso wie von einer moralischen beherrscht sein muß. Die Lepra, mit der ich unseren Zustand vergleiche, soll – so sagt man – eine Irritation der Gewebe verursachen, der Kranke kratzt sich: er erigiert. *Die Masturbation häuft sich.³ In einem einsamen Erotismus tröstet sich die Lepra und besingt ihr Leiden. Das Elend richtete uns auf. Quer durch Spanien trugen wir – ohne Hochmut – eine heimliche, verschleierte Pracht. Unsere Gesten wurden immer ergebener, immer matter, in dem Maße wie sich die Glut der Demut, die uns am Leben hielt, steigerte. So entstand mein Talent, einer derart verwahrlosten Erscheinung einen sublimen Sinn zu geben. (Ich spreche noch nicht von literarischem Talent.) Es sollte mir eine sehr nützliche Übung sein und sie erlaubt mir noch immer ein zärtliches Lächeln für den gemeinsten menschlichen oder stofflichen Abfall, für das Erbrochene, für den Speichel, den ich auf das Gesicht meiner Mutter rinnen lasse, für Eure Exkremente. Dieses Bild des Bettlers will ich in mir bewahren.

Ich wollte dieser Frau ähnlich sein, die von der Welt zurückgezogen, ihre Tochter bei sich behielt, ein scheußliches, unförmiges, grunzendes Ungeheuer, das auf allen Vieren lief, verblödet und weißsüchtig war. Als sie niederkam, war ihre Verzweiflung vermutlich so stark, daß sie zur Essenz ihres Lebens wurde. Sie beschloß, dieses Ungeheuer zu lieben, die Häßlichkeit zu lieben, die aus ihrem Bauch geschlüpft war, sie auf einen Sockel zu heben. In ihrem Inneren richtete sie einen Altar, um die Idee des Monsters zu pflegen. Mit frommer Sorge und sanften Händen – den Schwielen der täglichen Verrichtungen zum Trotz – mit dem erbitterten Willen der Verzweifelten – widerstand sie der Welt, stellte sie der Welt das Monster entgegen, das die Proportionen der Welt annahm und ihre Macht. Aus dem Monster entstanden die neuen Prinzipien, unablässig bekämpft von den Kräften der Welt, die auf die Mutter prallten, aber einhielten an den Mauern des Hauses, in dem die Tochter eingeschlossen war.*

Aber manchmal war es nötig zu stehlen, und so erlebten wir auch die hellen, irdischen Schönheiten des Wagemuts. Bevor wir einschliefen, beriet uns der Chef, der Caballero. Mit falschen Papieren, zum Beispiel, begaben wir uns zu verschiedenen Konsulaten, um repatriiert zu werden. Der Konsul, erweicht oder verärgert durch unsere Klagen und unser Elend, unseren Schmutz, gab uns eine Bahnkarte zu einer Grenzstation. Unser Chef verkaufte sie am Bahnhof von Barcelona weiter. Er zeigte uns auch, wo es in den Kirchen – was die Spanier nicht wagten – oder in den eleganten Villen etwas zu stehlen gab, und er selbst führte uns schließlich die englischen oder holländischen Matrosen zu, für die wir uns gegen ein paar Peseten prostituieren mußten.

Also stahlen wir manchmal und jeder Einbruch ließ uns einen Augenblick an der Oberfläche Luft holen. Ein Zeremoniell der Beschwörung geht jedem nächtlichen Streifzug voraus. Die Nervosität – ausgelöst durch Angst und Beklommenheit – begünstigt einen Zustand ähnlich religiösen Stimmungen. Ich habe dann die Neigung, den kleinsten Zwischenfall zu deuten. Die Dinge werden zu Vorboten. Ich möchte die unbekannten Mächte umgarnen, von denen mir der Erfolg des Abenteuers abzuhängen scheint. Das heißt, ich versuche sie zu betören durch moralische Handlungen und zuerst durch Werke der Barmherzigkeit: ich gebe den Bettlern öfter und mehr, ich biete den

---

* Durch die Zeitungen erfuhr ich, daß diese Mutter nach vierzig Jahren der Aufopferung ihre Tochter und das ganze Haus mit Benzin – oder Petroleum – übergossen und angezündet hat. Das Ungeheuer (die Tochter) kam um. Aus den Flammen zog man die Alte (75 Jahre), sie wurde gerettet, das heißt, vor ein Schwurgericht gestellt.

Greisen meinen Platz an, lasse ihnen den Vortritt, helfe den Blinden über die Straße usw. So hat es den Anschein, als stünde in meinen Augen dem Diebstahl ein Gott vor, dem moralische Handlungen angenehm sind. Diese Versuche, auf gut Glück ein Netz auszuwerfen, worin sich der unbekannte Gott einfangen ließe, erschöpfen mich, entnerven mich, begünstigen noch die religiöse Spannung. Dem Diebstahl verleihen sie die Feierlichkeit eines Rituals. Es wird im Herzen der Finsternis vollzogen, und hinzukommt, daß es meist Nacht ist, die Zeit des Schlafs, in einem geschlossenen Raum – und man selbst trägt vielleicht eine schwarze Maske. Der Gang auf den Fußspitzen, die Stille, die Unsichtbarkeit, die wir sogar am hellen Tage benötigen, die tastenden Hände, die im Dunklen ungewöhnlich komplizierte und vorsichtige Gesten ausführen – einen einfachen Türknopf zu drehen, erfordert eine Fülle von Bewegungen, von denen jede schillert wie die Facette eines Juwels – (wenn ich Gold entdecke, ist mir als hätte ich es ausgegraben: ich habe Kontinente durchwühlt, Inseln Ozeaniens; die Neger umringen mich, mit ihren vergifteten Lanzen bedrohen sie meinen wehrlosen Körper, aber die Kraft des Goldes wirkt, etwas Mächtiges schleudert mich zu Boden oder erhebt mich, die Lanzen neigen sich, die Neger erkennen mich an und ich bin aufgenommen in den Stamm). *Der vollendete Akt: aus Versehen die Hand in die Tasche eines schönen, schlummernden Negers steckend, würde ich fühlen, wie unter meinen Fingern der Schwanz sich versteift und dann zöge ich die Hand aus der Tasche – und hielte in ihrem Inneren ein Goldstück, das ich auf dem Grund der Tasche entdeckt und entwendet hätte[4] – die Behutsamkeit, die flüsternde Stimme, das achtsame Ohr, die unsichtbare, nervöse Gegenwart des Komplizen und die Aufmerksamkeit auf

das kleinste Zeichen von ihm, alles drängt sich in uns zusammen, staut sich, macht uns zu einem Klumpen von Gegenwärtigkeit, wie sie in Guys Worten zum Ausdruck kommt:
»Man fühlt, wie man lebt.«
Aber diese vollkommene Gegenwärtigkeit in mir, die sich in eine Bombe von – wie ich glaube – schrecklicher Gewalt verwandelt, gibt der Tat einen Ernst, eine Einmaligkeit, etwas Endgültiges – der Einbruch, den man gerade begeht, ist stets der letzte – nicht als ob man dächte, man würde nach diesem keinen anderen mehr ausführen, man denkt nicht – eine solche Verdichtung in sich selbst ist unmöglich (weitergetrieben würde sie uns aus dem Leben hinausschleudern) – doch während sich die einzigartige Tat in bewußten Gesten entfaltet (die Rose ihre Blüte entfaltend) ihrer Wirksamkeit, ihrer Zerbrechlichkeit gewiß, aber auch der Gewalt, gewinnt sie wiederum die Bedeutung eines religiösen Rituals. Oft widme ich sie einer Person. Der erste Stilitano kam in den Genuß einer solchen Huldigung. Ich glaube, durch ihn wurde ich eingeweiht, das heißt: die Besessenheit durch seinen Körper hinderte mich aufzugeben. Seiner Schönheit, seiner kaltblütigen Schamlosigkeit brachte ich meine ersten Diebstähle dar. Auch der Einmaligkeit dieses herrlichen Einhändigen, dessen Hand, am Knöchel abgeschnitten, unter einem Kastanienbaum verfaulte, irgendwo in einem Wald Zentraleuropas, wie er sagte. Während des Diebstahls ist mein Körper ausgeliefert. Ich weiß, er schillert von allen meinen Gesten. Die Welt ist aufmerksam auf meinen Erfolg, auch wenn sie meinen Absturz begehrt. Einen Fehler würde ich teuer bezahlen, aber wenn ich den begangenen Fehler gutmache, scheint mir, daß Freude herrschen würde in der Wohnung des Vaters. Oder ich stürze von

Unglück zu Unglück und nähere mich dem Bagno. Den Wilden wird der Sträfling, der den Ausbruch riskiert, unweigerlich begegnen durch einen Vorgang, den weiter oben mein inneres Abenteuer verkürzt beschreibt. Wenn er beim Durchqueren des Urwalds auf eine von alten Stämmen bewachte Goldader stößt, wird er von ihnen getötet oder gerettet. Der Weg, den ich wähle, um das primitive Leben zu erreichen, ist weit. Zuerst brauche ich die Verdammung meiner Rasse.
Es war unmöglich, auf Salvador stolz zu sein. Er klaute höchstens einmal eine Winzigkeit aus einer Auslage. Abends in den Cafés, wo wir uns drängelten, schlich er triste zwischen den Schönsten hindurch. Dieses Leben zehrte ihn auf. Wenn ich heimkam, schämte ich mich zu sehen, wie er auf einer Bank kauerte, die eingezogenen Schultern in die grüngelbe Baumwolldecke gezwängt, mit der er an Nordwind-Tagen betteln ging. Er hatte auch einen alten schwarzen Wollschal, aber ich weigerte mich, ihn umzuhängen. Mein Geist ertrug die Demut, ja lechzte nach ihr, doch mein jugendlicher, aufbegehrender Körper verweigerte die Demütigung. Salvador sprach mit stockender, gequälter Stimme:
»Möchtest du, daß wir nach Frankreich zurückgehen? Wir könnten auf dem Land arbeiten.«
Ich sagte nein. Meinen Ekel vor Frankreich – ich sage nicht Haß – begriff er nicht. Ebensowenig, daß mein Abenteuer, mochte es vielleicht auch geographisch in Barcelona zum Stillstand gekommen sein, dort weitergehen mußte, immer tiefer, bis in die entlegensten Regionen meiner selbst.
»Aber ich würde ganz allein arbeiten. Du könntest spazierengehen.«
»Nein.«

Ich überließ ihn seiner Bank, seiner dumpfen Armut. In der Nähe des Ofens oder der Theke rauchte ich die Stummel, die ich tagsüber aufgelesen hatte, neben einem verächtlich blickenden Andalusier, unter dessen weißem, verdreckten Wollpullover Brustkorb und Bizeps sich überdeutlich abzeichneten. Nachdem er seine Hände gegeneinander gerieben hatte, wie es alte Männer tun, verließ Salvador seine Bank. Er ging in die gemeinsame Küche, um eine Suppe zuzubereiten und einen Fisch auf den Grill zu legen. Einmal machte er mir den Vorschlag, zur Orangenernte nach Huelva hinunterzuwandern. An diesem Abend, als er für mich bettelte, hatte er so viele Demütigungen und Schmähungen einstecken müssen, daß er mir meine geringen Erfolge in der Criolla vorzuhalten wagte.
»Echt, wenn du mal einen Kunden angelst, mußt du ihn noch bezahlen«, sagte er zu mir.
Wir stritten uns vor dem Patron, der uns aus dem Hotel werfen wollte. Also beschlossen Salvador und ich, am nächsten Tag zwei Decken zu stehlen und uns in einem Güterzug zu verstecken, der gen Süden fuhr. Aber ich war so geschickt, daß ich am gleichen Abend mit der Pelerine eines Carabineros zurückkam. Als ich an den Docks vorbeiging, wo sie Wache stehen, hatte mich einer von ihnen gerufen. Im Wachhäuschen tat ich, was er von mir verlangte. Vielleicht wollte er sich dann an einer Pumpe waschen und hatte nicht den Mut, es mir zu sagen; er ließ mich einen Augenblick allein und ich machte mich mit der großen Pelerine aus schwarzem Tuch aus dem Staub. Auf dem Rückweg zum Hotel wickelte ich mich darin ein, und mich überkam ein zwiespältiges Glücksgefühl – es war noch nicht die Freude am Verrat – aber insgeheim bereitete sich schon jene hinterhältige Verschmelzung vor, die

mich die fundamentalen Gegensätze leugnen ließ. Als ich die Tür zum Café öffnete, erblickte ich Salvador, den trübseligsten der Bettler. Sein Gesicht sah aus – und war fast aus demselben Stoff – wie die Sägespäne, die den Fußboden des Cafés bedeckten. Augenblicklich erkannte ich Stilitano, der unter den Ronda-Spielern stand. Unsere Blicke trafen sich. Seiner verweilte auf mir, ich errötete. Ich nahm die schwarze Pelerine ab und der Handel begann. Stilitano beobachtete das klägliche Geschäft aus der Ferne, ohne sich zu beteiligen.
»Macht schnell, wenn ihr sie wollt. Entschließt euch. Ich bin sicher, der Carabinero sucht mich schon«, sagte ich.
Die Spieler beeilten sich ein bißchen. An solche Gründe war man gewöhnt. Als ich im Gedränge in seine Nähe kam, sagte Stilitano zu mir auf Französisch:
»Tu es Parisien?«
»Oui, pourquoi.«
»Pour rien.«
Obwohl er es war, der mich angesprochen hatte, spürte ich, als ich antwortete, so etwas wie die Verzweiflung in der Geste des Invertierten, der es wagt, sich einem jungen Mann zu nähern. Um meine Verwirrung zu verbergen, tat ich, als sei ich durch die Überstürzung außer Atem geraten. Er sagte:
»Du hast dich gut geschlagen.«
Ich wußte, das Lob war ein geschicktes Kalkül, aber wie schön war Stilitano (ich kannte seinen Namen noch nicht) zwischen diesen Bettlern. Einer seiner Arme, dessen Ende in einem unförmigen Verband steckte, war über der Brust gekreuzt, als trüge er ihn in einer Binde, aber ich wußte, daß die Hand daran fehlte. Stilitano war kein Stammgast des Cafés, des Hotels, nicht einmal der Calle.
»Und für wieviel verkaufst du sie mir, die Pelerine?«

»Wirst du sie bezahlen?«
»Warum nicht.«
»Womit?«
»Hast du Angst?«
»Wo kommst du her?«
»Serbe. Ich komme aus der Legion. Ich bin desertiert.«
Ich war erleichtert. Vernichtet. Die Erregung erzeugte in mir eine Leere, in die sich die Erinnerung an eine Hochzeitsszene einschlich. Auf einem Ball, wo die Soldaten untereinander tanzten, schaute ich einem Walzer zu. Plötzlich schien mir, als würden zwei Legionäre vollkommen unsichtbar. Die Erregung hatte sie fortgezaubert. Ihr Tanz – sie tanzten zur Melodie von »Ramona« – blieb keusch – auch als sie sich vermählten, indem sie vor unseren Augen ein Lächeln tauschten, wie man einen Ring tauscht. Alle Weisungen eines unsichtbaren Klerus beantwortete die Legion mit ja. Jeder war das Paar im Tüllschleier und trug zugleich eine Paradeuniform (weißes Lederzeug, scharlachrote und grüne Troddeln). Zögernd tauschten sie die männliche Zärtlichkeit und die Scheu der Gemahlin. Um ihre Erregung auf einer äußersten Spitze zu halten, verlangsamten sie den Tanz, machten ihn leichter, während sie sich gegenseitig mit ihrer – von den Strapazen eines langen Marsches betäubten – Männlichkeit hinter einer Barrikade von rauher Leinwand bedrohten und offen herausforderten. Die Lackschirme ihrer Képis prallten in leichten Stößen aneinander. Ich wußte, daß Stilitano mich beherrschte. Ich wollte schlau sein.
»Das beweist nicht, daß du zahlen kannst.«
»Du kannst mir vertrauen.«
Dieses erbarmungslose Gesicht, dieser straffe Körper verlangten, daß ich ihnen vertraue. Salvador beobachtete uns. Er wußte, wir hatten uns geeinigt, wir hatten seinen

Untergang beschlossen, er würde verstoßen. Grausam und rein: ich war der Ort eines Feenspuks, der sich wiederholte. Der Walzer hörte auf und die beiden Soldaten ließen voneinander ab. Und jede dieser zwei Hälften eines feierlich-berauschten Blocks zögerte, machte sich auf, ging auf irgendein Mädchen zu – für den nächsten Walzer – glücklich, und bekümmert, der Unsichtbarkeit entronnen zu sein.
»Ich geb dir zwei Tage, um sie zu bezahlen«, sagte ich. »Ich brauche Geld. Ich war auch in der Legion. Und ich bin desertiert. Wie du.«
»Wird gemacht.«
Ich reichte ihm die Pelerine. Er nahm sie mit seiner einzigen Hand und gab sie mir zurück. Lächelnd befahl er:
»Roll sie zusammen.« Und spöttisch fügte er hinzu:
»Bevor du mich rollst.«
Man kennt den Ausdruck: »Ein Rachenroller«. Ich verzog keine Miene und tat, was er mir sagte. Die Pelerine verschwand augenblicklich in einem der Verstecke des Patrons. Vielleicht hatte dieser simple Diebstahl auf mein Gesicht etwas Glanz gezaubert, vielleicht wollte Stilitano auch nur freundlich sein. Er sagte:
»Lädst du mich zu einem Glas ein? Einen Alten von Bel-Abbès?«
Ein Glas Wein kostete zwei Sous. Ich hatte noch vier in der Tasche, aber ich schuldete sie Salvador, der uns beobachtete.
»Ich bin pleite«, erklärte Stilitano stolz.
Die Kartenspieler bildeten neue Gruppen, die uns für einen Augenblick von Salvador trennten. Ich murmelte zwischen den Zähnen:
»Ich hab vier Sous. Ich steck sie dir zu, aber du mußt zahlen.«

Stilitano lächelte. Ich war verloren. Wir setzten uns an einen Tisch. Er hatte schon begonnen, von der Legion zu erzählen, als er mich plötzlich fixierte und stockte:
»Aber ich hab dich schon gesehen, glaube ich.«
Mir war er in Erinnerung geblieben.
Ich mußte mich an unsichtbare Taue klammern, beinahe hätte ich gegurrt. Nicht nur die Worte und der Ton meiner Stimme hätten meine Inbrunst verraten, nicht nur, daß ich gesungen hätte: meine Kehle hätte tatsächlich den Schrei des verliebtesten Flugtiers ausgestoßen. Vielleicht hätten sich weiße Federn auf meinem Hals gesträubt. Eine Katastrophe ist immer möglich. Die Metamorphose belauert uns. Die Panik schützte mich.
Ich habe in der Angst vor Verwandlungen gelebt. Damit der Leser den köstlichsten der Schrecken spüren möge, indem er erkennt, wie die Liebe sich auf mich stürzt wie ein Geierfalke (nicht nur die Rhetorik verlangt diesen Vergleich), verwende ich das Bild der Turteltaube. Was ich damals fühlte, weiß ich nicht, aber ich brauche mir heute nur Stilitanos Erscheinen vorzustellen und sogleich sehe ich vor mir einen Raubvogel und sein Opfer. (Wenn ich nicht gefühlt hätte, wie mein Hals in einem zärtlichen Gurren anschwillt, hätte ich eher von einem Rotkehlchen gesprochen.)
Ein seltsames Monster käme zum Vorschein, wenn sich jede meiner Regungen in das Tier verwandelte, das sie heraufbeschwört. Der Zorn grollt unter meinem Kobra-Hals, dieselbe Kobra bläht *meinen Schwanz[5] auf, meine Kavallerie, meine Karussele werden von meiner Dreistigkeit gezeugt ... Von der Turteltaube behielt ich nur eine Heiserkeit, die Stilitano bemerkte. Ich hustete.
Hinter dem Parallelo befand sich ein freies Gelände, auf dem die Streuner und Strolche Karten spielten. (Der Parallelo ist eine Avenida in Barcelona, die parallel zu den

berühmten Ramblas verläuft. Zwischen diesen beiden sehr breiten Alleen bilden eine Vielzahl enger, dunkler, schmutziger Gassen den Barrio Chino.) Sie hockten dort und organisierten Spiele, wobei sie die Karten auf ein Stück Stoff oder einfach in den Staub legten. Ein junger Zigeuner war Bankhalter einer der Partien und mit ihm riskierte ich die paar Sous, die ich in der Tasche hatte. Ich bin kein Spieler. Die reichen Casinos locken mich nicht. Die Atmosphäre, die elektrischen Lüster sind mir lästig, die affektierte Gelassenheit der eleganten Spieler ekelt mich und daß ich die Maschinen nicht lenken kann: die Kugeln, die Roulettes, die Pferdchen, raubt mir vollends den Mut – doch den Staub, den Schmutz, die Überstürztheit der Strolche liebte ich. *Wenn ich ...* in den Arsch ficke[6], und mich über ihn beuge, sehe ich sein eingedrücktes Profil auf dem Kopfkissen. Den Schmerz, die Verkrampftheit seiner Züge, aber auch ihre strahlende Angst habe ich oft belauert auf den kleinen, zerzausten Mäulern der hockenden Buben. Dieses ganze Völkchen war besessen von Gewinn und Verlust. Jeder Schenkel zitterte vor Müdigkeit oder Unruhe. An diesem Tag war die Luft gewitterschwül. Ich wurde angesteckt von der jugendlichen Ungeduld dieser jungen Spanier. Ich spielte und gewann. Ich gewann jedesmal. Während der Partie hatte ich kein Wort gesprochen. Den Zigeuner kannte ich nicht. Ich hätte mein Geld einfach einstecken und weggehen können, der Brauch erlaubte es. Aber der Junge sah so liebenswürdig aus, daß ich das Gefühl hatte, – wegen der plötzlich schwermütigen Schönheit seines vor Hitze und Erschöpfung ausgelaugten Gesichts – es wäre demütigend, ihn so

---

* Da der Held, der zuerst bei seinem richtigen Namen genannt wurde, mein derzeitiger Liebhaber ist (1948), rät mir die Vorsicht, diesen Namen wegzulassen.

zu verlassen. Ich reichte ihm freundlich sein Geld zurück. Er nahm es, ein wenig erstaunt, und bedankte sich schlicht.
»Salut, Pépé«, rief ihm ein sonnengebräunter Krauskopf zu, der gerade vorbeihinkte.
»Pépé«, sagte ich mir, »er heißt Pépé«, und entfernte mich, denn mir war gerade seine kleine, delikate, fast feminine Hand aufgefallen. Doch kaum hatte ich ein paar Schritte in diesem Gewühl von Dieben, Huren, Bettlern und Strichern gemacht, da fühlte ich eine Berührung an der Schulter. Es war Pépé. Er hatte das Spiel aufgegeben. Auf Spanisch sagte er zu mir:
»Ich heiße Pépé.« Er reichte mir die Hand.
»Juan.«
»Komm, laß uns was trinken.«
Er war nicht größer als ich. Als er dort hockte, hatte ich sein Gesicht von oben gesehen, jetzt schien es mir weniger eingedrückt. Die Züge waren feiner.
Ein Mädchen, dachte ich und erinnerte mich an seine grazile Hand. Ich fürchtete, ich würde mich in seiner Gesellschaft langweilen. Er hatte beschlossen, daß wir das Geld, das ich gewonnen hatte, vertrinken. Wir zogen von Taverne zu Taverne, und die ganze Zeit über war er charmant. Er trug kein Hemd, sondern ein tief ausgeschnittenes blaues Trikot. Der kräftige Hals, der aus der Öffnung hervorragte, war so breit wie sein Kopf. Wenn er ihn drehte, ohne den Rumpf zu bewegen, spannte sich eine enorme Sehne. Ich versuchte mir seinen Körper vorzustellen und trotz der schmächtigen Hände schien er mir kräftig, denn die Schenkel füllten den leichten Stoff der Hose. Es war heiß. Das Gewitter brach nicht aus. Die Nervosität der Spieler um uns herum nahm zu. Die Huren schienen plumper. Staub und Sonne drückten uns zu Boden. Wir tranken vor allem Limonade, kaum Alkohol. Bei den ambulanten

Händlern sitzend, redeten wir nur hin und wieder ein paar Worte. Er lächelte noch immer, ein bißchen matt. Er schien voller Verständnis. Falls er ahnte, daß mir seine kleine Fratze gefiel, ließ er es sich nicht anmerken. Übrigens hatte ich die gleiche, ein bißchen verschlagene Art wie er – als hätte der gutgekleidete Spaziergänger alles von mir zu gewärtigen – ich war ebenso jung, ebenso verdreckt und ich war Franzose. Gegen Abend wollte er spielen, aber es war zu spät, um eine Partie zu installieren – alle Plätze waren besetzt. Wir liefen zwischen den Spielern herum. Wenn er die Huren streifte, trieb Pépé seinen Spott. Manchmal kniff er sie. Die Hitze wurde drückender. Der Himmel berührte die Erde. Die Ungeduld steckte den Zigeuner an, der sich nicht für eine Partie entscheiden konnte. Er knetete das Geld in seiner Tasche. Plötzlich packte er mich am Arm.
»Venga!«
Er führte mich zwei Schritte weiter zu dem einzigen Bedürfnishäuschen des Parallelo, das eine alte Frau betrieb. Sein plötzlicher Entschluß erstaunte mich. Ich fragte:
»Was willst du tun?«
»Warte hier.«
»Warum?«
Er antwortete auf Spanisch ein Wort, das ich nicht verstand. Ich sagte es ihm, er lachte auf und machte vor der Alten, die auf ihre zwei Sous wartete, die Bewegung des Wichsens. Als er herauskam, war sein Gesicht ein wenig gerötet. Er lächelte noch immer.
»Jetzt geht es. Ich bin bereit.«
So erfuhr ich, daß manche Spieler vor großen Gelegenheiten *wichsen[7], um ruhiger zu bleiben. Wir gingen wieder auf das freie Gelände. Pépé wählte eine Gruppe und verlor. Er verlor alles, was ihm geblieben war. Ich versuchte, ihn abzuhalten. Es war zu spät. Wie es dem Brauch entsprach,

verlangte er von dem Mann, der die Bank hielt, für die folgende Partie einen Einsatz aus der Spielkasse. Der Mann lehnte ab. Mir schien, was die Freundlichkeit des Zigeuners ausmachte, schlug plötzlich um – wie Milch mit einem Schlag sauer wird – und verwandelte sich in die gnadenloseste Wut, die ich je erlebt habe. Blitzschnell riß er die Bank an sich. Der Mann erhob sich mit einem Satz, wollte ihm einen Tritt geben. Pépé wich ihm aus. Er reichte mir das Geld, aber kaum hatte ich es eingesteckt, da sah ich sein geöffnetes Messer. Er stieß es in das Herz des Spaniers. Der braungebrannte große Bursche stürzte zu Boden, wurde bleich – trotz seiner Bräune – verkrampfte sich, wand sich und verröchelte. Zum ersten Mal sah ich, wie jemand seinen Geist aushauchte. Pépé war verschwunden, aber als ich meine Augen von dem Toten abwandte und den Kopf hob, erblickte ich Stilitano, der ihn mit einem leichten Lächeln betrachtete. In diesem Augenblick ging die Sonne unter. Der Tote und der Schönste der Sterblichen schienen mir in denselben Goldstaub eingetaucht, mitten in einem Gedränge von Matrosen, Soldaten, Strolchen, Dieben aus aller Herren Länder. Die Erde drehte sich nicht, sie erbebte, indem sie Stilitano um die Sonne trug. Gleichzeitig machte ich Bekanntschaft mit dem Tod und der Liebe. Es war nur eine sehr kurze Vision, denn ich konnte dort nicht verweilen. Vielleicht hatte man mich mit Pépé gesehen und ein Freund des Toten würde mir das Geld entreißen, das ich in der Tasche trug... aber während ich mich von dem Ort entfernte, grub sich jene Szene, die mir grandios erschien, in mein Gedächtnis, das sie so kommentierte: »Durch ein zauberhaftes Kind der Mord an einem reifen Mann, dessen Sonnenbräune erbleicht und in Totenblässe übergeht – überwacht – voller Ironie – von einem großen blonden Burschen, mit dem ich

mich gerade heimlich verlobt habe.« So flüchtig mein Blick gewesen war, ich hatte Zeit, die einzigartige Muskulatur Stilitanos zu erkennen und zu bemerken, wie er in seinem leicht geöffneten Mund den Speichelklumpen rollte – schwer und dick wie ein weißer Wurm – ihn spielerisch nach oben und unten auseinanderziehend, bis er den ganzen Mund zwischen seinen Lippen verschleierte. Er war barfuß im Staub. Seine Beine steckten in einer verwaschenen, abgewetzten, zerrissenen Hose aus blauer Leinwand. Die Ärmel seines grünen Hemds waren hochgekrempelt, einer über einem abgetrennten, etwas schmaleren Handgelenk, an dem die genähte Haut noch eine unscheinbare blaßrosa Narbe aufwies.
*Unter einem tragischen Himmel zog ich durch die schönsten Landschaften der Welt, wenn Stilitano nachts meine Hand ergriff. Was war das für ein Fluidum, das von ihm auf mich überströmte, und mir diesen Schlag versetzte? Ich ging am Saum gefährlicher Küsten, trat auf düstere Ebenen hinaus, hörte das Meer. Kaum hatte ich ihn berührt, verwandelte sich die Treppe: er war Herr der Welt. In der Erinnerung an diese kurzen Augenblicke könnte ich Euch Spaziergänge beschreiben, keuchende Fluchten, Verfolgungen an Gestaden, die ich nie betreten werde.[8]

Stilitano lächelte spöttisch.
»Nimmst du mich auf den Arm?«
»Na ja.«
»Eine Gelegenheit.«
Er lächelte wieder, riß die Augen auf.
»Und warum?«
»Daß du ein hübscher Kerl bist, weißt du. Und du glaubst, sie können dich alle gern haben.«

»Warum nicht, wenn ich sympathisch bin.«
»Sicher?«
Er lachte auf.
»Ganz sicher. Irrtum ausgeschlossen. Ich bin sogar dermaßen sympathisch, daß die Leute mir manchmal auf den Nerv gehen. Dann muß ich mir eine Schweinerei ausdenken, um sie loszuwerden.«
»Das heißt?«
»Möchtest du gern wissen. Du wirst es erleben. Mit der Zeit, sicher. Und wo schläfst du?«
»Hier.«
»Lieber nicht. Die Polizei schnüffelt überall. Hierher kommt sie zuerst. Komm mit mir.«
Ich sagte Salvador, ich könnte diese Nacht nicht im Hotel bleiben, aber ein Ehemaliger von der Legion böte mir sein Zimmer an. Er erbleichte. Ich schämte mich für seine Unterwürfigkeit. Um ihn ohne Gewissensbisse zu verlassen, beleidigte ich ihn. Ich konnte es tun, denn er liebte mich bis zur Anbetung. Auf seinen schmerzlichen Blick, in dem der Haß des armseligen Schwächlings glühte, antwortete ich: »Pisser.« Ich ging zu Stilitano, der draußen auf mich wartete. Sein Hotel befand sich in der dunkelsten Sackgasse des Viertels. Er wohnte dort seit ein paar Tagen. Vom Flur, der auf das Trottoir mündete, führte eine Treppe zu den Zimmern. Unterwegs sagte er:
»Willst du, daß wir zusammenbleiben?«
»Vielleicht.«
»Du hast recht. Man schlägt sich besser durch.«
Vor der Eingangstür sagte er noch:
»Reich mir die Schachtel rüber.«
Schon hatten wir zu zweit nur noch eine Streichholzschachtel.
»Nichts mehr drin«, sagte ich.

Er fluchte. Stilitano nahm mich bei der Hand, führte seine hinter dem Rücken herum, denn ich ging rechts von ihm.
»Geh mir nach«, sagte er. »Und sei leise. Die Treppe ist geschwätzig.«
Vorsichtig führte er mich von Stufe zu Stufe. Ich wußte nicht mehr, wo wir waren. Ein erstaunlicher Athlet geleitete mich geschmeidig durch die Nacht. Eine Antigone – griechischer, antiker – ließ mich einen steilen, finsteren Kalvarienberg erklimmen. Meine Hand vertraute und ich schämte mich, wenn ich manchmal gegen einen Felsen stieß, oder eine Wurzel, oder über einem Abgrund schwebte.⁺
Mein Entführer riß mich hinweg.
»Vielleicht findet er mich unbeholfen«, dachte ich.
Dabei half er mir freundlich, geduldig, und das Schweigen, zu dem er mich ermahnte, das Geheimnis, mit dem er an diesem Abend unsere erste Nacht umgab, ließen mich einen Augenblick an seine Liebe glauben. Das Haus stank nicht mehr und nicht weniger als alle anderen des Barrio Chino, aber der scheußliche Geruch dieses einen bleibt für mich nicht nur der Geruch der Liebe, sondern der Zärtlichkeit und des Vertrauens. *Noch lange nach der Liebe bewahre ich in meinen Nüstern den animalischen Duft meines Geliebten. Partikel müssen an den Haaren im Inneren der Nase haften geblieben sein und wenn ich die Luft einziehe, finde ich etwas von seinem Körper wieder, ich erschaffe ihn in mir selbst.[9] Wenn meine Sinne sich plötzlich an den Geruch Stilitanos erinnern, an den Geruch seiner Achselhöhlen, seines Mundes – wenn sie unvermittelt die beunruhigende Echtheit dieser Gerüche wiederentdecken – könnte es mich zu den wahnwitzigsten Taten hinreißen. (Manchmal treffe ich abends irgendeinen Jungen und ich begleite ihn auf sein Zimmer. Am Fuß der Treppe – denn meine Strolche bewohnen zwielichtige

Hotels – nimmt er mich bei der Hand, lenkt mich mit derselben Geschicklichkeit wie Stilitano.)
»Gib acht.«
Diese Worte, die er murmelte, waren zu sanft für mich. Durch die Haltung unserer Arme wurde ich gegen seinen Körper gepreßt. Einen Augenblick spürte ich seine beweglichen Hinterbacken. Ich ging ein wenig zur Seite, rücksichtsvoll. Wir stiegen die enge Treppe hinauf, eingezwängt von einer dünnen Wand, die den Schlaf der Nutten, Diebe, Zuhälter und Bettler des Hotels beschirmen sollte. Ich war wie ein Kind, das von seinem Vater vorsichtig geleitet wird. (Heute bin ich ein Vater, der von seinem Kind zur Liebe geleitet wird.)
Auf dem vierten Absatz betrat ich sein elendes kleines Zimmer. Mein ganzer Atemrhythmus verwirrte sich. Ich liebte. In den Bars des Parallelo stellte mich Stilitano seinen Kumpanen vor. Keiner schien zu bemerken, daß ich Männer liebte, so voller Mariconas ist der Barrio Chino. Gemeinsam landeten wir, er und ich, ein paar harmlose Coups, die uns einbrachten, was man zum Leben benötigt. Ich wohnte mit ihm zusammen, schlief in seinem Bett, aber dieser mächtige Kerl hatte ein so heftiges Schamgefühl, daß ich seiner nie völlig ansichtig wurde. Hätte ich von ihm bekommen, was ich so stark begehrte, wäre Stilitano in meinen Augen der kräftige, charmante Meister geblieben – doch seine Kraft und sein Charme hätten nicht meine Begierde nach allen Männern – dem Soldaten, Matrosen, Abenteurer, Dieb, dem Kriminellen – befriedigt. Unnahbar wie er war, wurde er zum Symbol aller jener, die mich übermannen. Das heißt: ich war keusch. Manchmal besaß er die Grausamkeit, von mir zu verlangen, daß ich seinen Gürtel zuschnalle und meine Hand zitterte. Er tat, als bemerkte er nichts und amüsierte sich.

(Später will ich vom Charakter meiner Hände und der Bedeutung dieses Zitterns sprechen. Denn nicht grundlos sagt man in Indien, daß die heiligen oder unreinen Personen oder Dinge unberührbar sind.) *Da ich ihn nicht sehen konnte, erfand ich den dicksten und schönsten Schwanz der Welt. Ich stellte ihn mir schwer, nervig und stark vor, feierlich, mit einem Hang zum Hochmut und trotzdem heiter. In Eiche geschnitzt. Unter dem Finger spürte ich die vollen Nervenstränge, das Pochen, die Hitze, das Rosige und hin und wieder das Zucken des hervorschießenden Spermas. Er beschäftigte mich weniger nachts als bei Tage. Hinter dem Hosenschlitz Stilitanos war der heilige Schwarze Stein, dem Heliogabal seinen kaiserlichen Reichtum opfert.[10] Stilitano war zufrieden, daß ich seinem Befehl unterstand und den Freunden stellte er mich als seinen rechten Arm vor. Da es die rechte Hand war, die ihm fehlte, sagte ich mir immer wieder entzückt, daß ich gewiß sein rechter Arm war und den Platz seines stärksten Gliedes einnehme. Falls er eine Mätresse unter den Huren der Calle Carmen hatte, so kannte ich sie nicht. Er übertrieb seine Verachtung für die Stricher. Wir lebten so ein paar Tage.

Eines Abends in der Criolla sagte mir eine der Nutten, ich müsse verschwinden. Ein Carabinero sei gekommen. Er suche nach mir. Sicher jener, den ich zuerst befriedigt, dann beraubt hatte. Ich ging ins Hotel zurück und sagte Stilitano Bescheid. Er antwortete, er werde die Angelegenheit regeln und verließ das Zimmer.

Ich wurde am 19. Dezember 1910 in Paris geboren. Als Zögling der Öffentlichen Fürsorge war es mir unmöglich, mehr über meine Herkunft zu erfahren. Mit einundzwanzig Jahren erhielt ich eine Geburtsurkunde. Meine

Mutter hieß Gabrielle Genet. Mein Vater ist unbekannt. Ich bin zur Welt gekommen im Hause Nummer 22 der rue d'Assas.

»Ich werde also ein paar Auskünfte über meine Entstehung bekommen«, sagte ich mir und begab mich in die rue d'Assas. In der Nummer 22 befand sich die Entbindungsanstalt. Man verweigerte mir jede Auskunft. Ich wurde im Morvan von Bauern großgezogen. Wenn ich auf der Heide – und ganz besonders einmal, bei der Rückkehr von meinem Besuch der Ruinen von Tiffauges, in denen Gilles de Rais lebte – auf Ginsterblüten treffe, so empfinde ich für sie eine tiefe Sympathie. Ich betrachte sie ernst, mit Zärtlichkeit. Meine Verwirrung scheint ausgelöst von der ganzen Natur. Ich bin allein auf der Welt, und ich bin nicht sicher, ob ich nicht der König – vielleicht die Fee – dieser Blüten bin. Im Vorbeigehen erweisen sie mir die Ehre, neigen sich, ohne sich zu verneigen, doch sie erkennen mich. Sie wissen, ich bin ihr lebendiger, mobiler, agiler Repräsentant – der den Wind besiegt. Sie sind mein natürliches Emblem, aber durch sie habe ich meine Wurzeln in diesem Boden Frankreichs, der genährt ist vom Knochenstaub der Kinder, der Jünglinge, die Gilles de Rais vergewaltigte, massakrierte, verbrannte.

Diese dornige Pflanze der Cevennes* läßt mich teilnehmen an den kriminellen Abenteuern Vachers. Durch sie schließlich, deren Namen ich trage, bin ich mit der Pflanzenwelt vertraut. Ich kann ohne Mitleid alle Blumen betrachten, sie gehören zu meiner Familie. Wenn ich mit ihrer Hilfe in die tieferen Regionen vordringe – ich möchte hinabsteigen

---

★ *Die Botaniker kennen eine Ginster-Art, die sie »geflügelter Ginster« nennen.[11]

zu den Baum-Farnen und ihren Mooren, zu den Algen – entferne ich mich noch weiter von den Menschen.*

Die Atmosphäre des Planeten Uranus sei so schwer, sagt man, daß die Farne kriechen; die Tiere schleppen sich vorwärts, vom Gewicht der Gase erdrückt. Unter diese Gedemütigten, die ständig auf dem Bauch liegen, will ich mich gesellen. Wenn mir die Seelenwanderung ein neues Domizil gewährt, wähle ich diesen verdammten Planeten, ich bewohne ihn mit den Sträflingen meiner Rasse. Zwischen schreckenerregenden Reptilien setze ich meinen elenden ewigen Tod fort – in einer Finsternis, in der die Blätter schwarz sind, das Wasser der Sümpfe steif und kalt. Der Schlaf wird mir verweigert sein. Immer deutlicher erkenne ich die abstoßende Brüderlichkeit der lächelnden Alligatoren.

Es ist nicht eine bestimmte Epoche meines Lebens, in der ich beschlossen hätte, Dieb zu werden. Faulheit und Verträumtheit brachten mich in die Erziehungsanstalt von Mettray, wo ich bis zum Einundzwanzigsten hätte bleiben sollen; ich flüchtete und verpflichtete mich für fünf Jahre, um die Prämie zu kassieren. Nach ein paar Tagen desertierte ich unter Mitnahme der Koffer einiger schwarzer Offiziere.

Eine Zeit lebte ich vom Diebstahl, aber die Prostitution sagte meinem Gleichmut mehr zu. Ich war zwanzig Jahre alt. Ich hatte also bereits Bekanntschaft mit der Armee gemacht, als ich nach Spanien kam. Die Würde der Uniform, die Absonderung von der übrigen Welt, zu der sie zwingt, und das Soldatenmetier selbst schenkten mir ein wenig Frieden – obwohl die Armee *neben* der Gesellschaft

---

* *Am gleichen Tag, als er mich traf, nannte mich Jean Cocteau »son genêt d'Espagne« (»seinen spanischen Ginster«). Er ahnte nicht, was dieses Land aus mir gemacht hat.[12]

steht – und Selbstvertrauen. Meine Lage als von Natur gedemütigtes Kind wurde für einige Monate gemildert. Endlich erfuhr ich das besänftigende Gefühl, von den Männern angenommen zu sein. Mein Elendsdasein in Spanien war eine Degradierung, ein schmachvoller Absturz. Ich war ausgestoßen. Nicht als wäre ich in der Armee ein reiner Soldat gewesen, geprägt von den unerbittlichen Tugenden, aus denen die Kasten hervorgehen (die Päderastie hätte genügt, um verstoßen zu werden), aber in meiner Seele arbeitete etwas unterirdisch weiter, was eines Tages ans Licht trat. Vielleicht ist es ihre moralische Einsamkeit – die ich ersehne – welche mich die Verräter bewundern und lieben läßt. Diese Neigung zur Einsamkeit war das Zeichen meines Hochmuts und der Hochmut der Ausdruck meiner Kraft, ihre Anwendung – und der Beweis dieser Kraft. Denn so zerbreche ich die festesten Bande der Welt: die Bande der Liebe. Doch wieviel Liebe braucht es, damit ich in ihr genügend Kraft schöpfen kann, um sie zu zerstören. Im Regiment war ich zum ersten Mal (so glaube ich wenigstens) Zeuge der Verzweiflung eines von mir Bestohlenen. Soldaten zu bestehlen war Verrat, denn ich zerriß die Liebesbande, die mich an den bestohlenen Soldaten fesselten.

Plaustener war schön, kräftig und vertrauensselig. Er stieg auf das Bett, um in seinem Bündel nachzuschauen – er versuchte, den Hundert-Francs-Schein wiederzufinden, den ich eine Viertelstunde vorher an mich genommen hatte. Er führte sich auf wie ein Clown. Er täuschte sich. Er kam auf die wunderlichsten Verstecke: das Eßgeschirr, obwohl er gerade daraus gegessen hatte, der Beutel mit den Bürsten, die Fettdose. Er war lächerlich. Er sagte:
»Ich bin doch nicht verrückt? Da kann ich ihn doch nicht hingelegt haben?«

Unsicher, ob er nicht vielleicht doch verrückt geworden ist, schaute er nach und fand nichts. Er hoffte gegen den Augenschein, resignierte, legte sich auf das Bett, aber sprang sofort wieder auf und suchte an den Stellen, die er bereits überprüft hatte. Ich sah, wie die Selbstgewißheit des Mannes, der – seiner Muskeln sicher – fest auf seinen Schenkeln ruht, zerfiel, zerstob, eine Sanftheit über ihn streuend, die er nie besessen hatte, wie seine harten Kanten zu bröckeln begannen. Der lautlosen Veränderung gegenüber heuchelte ich Gleichmut. Dabei schien mir dieser junge seiner selbst gewisse Soldat so erbärmlich in seiner Unwissenheit, seiner Angst, ja seiner Verwunderung angesichts einer Bosheit, die er nicht ahnte – denn er dachte nicht, daß sie es wagen würde, sich ihm erstmals zu offenbaren, indem sie gerade ihn zum Opfer wählte – auch seiner Beschämung, daß es mich beinahe erweichte und ich gewünscht hätte, ihm den Hundert-Francs-Schein zurückzugeben, den ich sechzehnfach gefaltet in einem Spalt der Kasernenmauer, in der Nähe des Trockenplatzes, versteckt hatte. Das Gesicht eines Bestohlenen ist abstoßend. Bestohlenenköpfe, die ihn einrahmen, verleihen dem Dieb eine arrogante Einsamkeit. Ich wagte, in einem verächtlichen Ton zu sagen:
»Du siehst nicht witzig aus. Man könnte glauben, du hast Dünnschiß. Geh aufs Scheißhaus und zieh die Kette.«
Diese Bemerkung rettete mich vor mir selbst.
Mich überkam eine merkwürdige Milde, eine neue Freiheit, die meinen Körper, der auf dem Bett ausgestreckt lag, zu äußerster Beweglichkeit ansporhnte. War das der Verrat? Ich hatte mich gewaltsam von einer unflätigen Kameraderie losgerissen, zu der mich mein Liebeshunger trieb, und mit Erstaunen bemerkte ich, wie ich dadurch eine große Kraft gewann. Ich hatte mit der Armee gebrochen, die Freundschaftsbande zerrissen.

Der Wandteppich »Die Dame mit dem Einhorn« hat mich aufgewühlt aus Gründen, die ich hier nicht aufzählen will. Als ich die Grenze von der Tschechoslowakei nach Polen überquerte, war es Mittag – im Sommer. Die ideale Linie verlief durch ein Feld von reifem Roggen, so blond wie das Haar der jungen Polen; es hatte die etwas buttrige Sanftheit Polens – von dem ich wußte, daß es in seiner Geschichte stets erniedrigt und beklagt worden war. Ich war mit einem anderen Jungen zusammen – ausgewiesen wie ich von der tschechischen Polizei – aber ich verlor ihn bald aus den Augen. Hatte er sich hinter einem Gehölz verirrt, oder wollte er mich loswerden? Er war verschwunden. Dieses Roggenfeld begrenzte auf polnischer Seite ein Wald mit einem Saum von reglosen Birken. Auf tschechischer Seite befand sich ebenfalls ein Wald – aus Tannen. Lange blieb ich aufmerksam am Rande hocken und fragte mich, was sich in diesem Feld verbirgt, und wenn ich es durchqueren würde, was für Zöllner sich in dem Roggen versteckt hielten. Unsichtbare Hasen mußten dort umherlaufen. Ich war beunruhigt. Am Mittag, unter diesem wolkenlosen Himmel, gab mir die ganze Natur ein Rätsel auf – und sie tat es voller Sanftheit.
»Wenn hier etwas geschehen soll«, sagte ich mir, »wird es die Erscheinung eines Einhorns sein. Ein solcher Augenblick und ein solcher Ort können nur mit einem Einhorn niederkommen.«
Die Angst und eine Erregung, die ich immer empfinde, wenn ich eine Grenze überschreite, lösten unter der bleiernen Sonne des Mittags den ersten Feenspuk aus. Ich wagte mich in dieses golden wogende Meer, wie man ins Wasser eintritt. Aufrecht durchquerte ich den Roggen. Ich schritt bedächtig, sicheren Fußes, mit der Gewißheit, die heraldische Figur zu sein, der die Natur ein Wappen

geschenkt hat: Azur, Goldgrund, Sonne, Wälder. Dieses Bild, in dem ich meinen Platz einnahm, komplizierte sich durch ein polnisches Bild.

»In diesem Mittagshimmel muß unsichtbar der weiße Adler schweben!«

Als ich bei den Birken ankam, war ich in Polen. Eine Verzauberung anderer Art erwartete mich. Die »Dame mit dem Einhorn« ist für mich der hochgemute Ausdruck dieses Überschreitens der Linie am Mittag. Der Angst verdanke ich das Erlebnis der Verwirrung angesichts des Mysteriums der taghellen Natur – während auf dem Land in Frankreich, wo ich vor allem nachts umherirrte, überall das Gespenst Vachers lauerte, des Hirtenmörders. Auf meinen Wegen lauschte ich in mich hinein auf die Akkordeonmelodien, die er spielte und im Geiste lud ich die Kinder herbei, damit sie sich den Händen des Würgers ausliefern ... Ich erzähle es, um Euch zu erklären, in welcher Zeit die Natur mich beunruhigte, so daß ich mir spontan eine Fabel-Fauna erschuf – oder auch Situationen und Zufälle, deren ängstlicher oder verzauberter Gefangener ich war.*

Die Erregung, die ich beim Überschreiten der Grenze empfinde, ließ mich unvermittelt das Wesen der Nation erfassen, in die ich eindrang – ich betrat jedoch nicht so sehr ein Land als das Innere eines Bildes, das ich zu beherrschen begehrte, indem ich darauf einwirkte. Da der Militärapparat seine Bedeutung am besten ausdrückt, war er es, den ich schwächen wollte. Für den Fremden gibt es kein anderes Mittel als die Spionage. Vielleicht war es auch der Drang, durch Verrat eine Institution zu beflecken, die

---

* Der erste Vers, den ich zu meinem Erstaunen gebildet habe, lautete: »Schnitter der stockenden Atemzüge«. Was ich oben schrieb, erinnert mich daran.

in der Loyalität und Gesinnungstreue ihre wichtigsten Tugenden sieht. Oder war es vor allem der Wunsch, mich noch weiter von meinem eigenen Land zu entfernen? (Diese spontanen Erklärungen treffen für meinen Fall zu. Man sollte sie nur für mich gelten lassen.) Wie dem auch sei, ich will sagen, daß ich durch eine gewisse Neigung zum Spukhaften (gesteigert noch durch meine Erregung vor der Natur und der Macht, die sie über die Menschen ausübt) bereit war, nicht nach den Regeln der Moral zu handeln, sondern nach gewissen Gesetzen einer romanesken Ästhetik, die aus dem Spion eine mißtrauische, unsichtbare aber mächtige Figur machen. In gewissen Fällen schließlich gewann ich durch solche Überlegungen eine praktische Rechtfertigung für meinen Eintritt in ein Land, in das mich nichts zu gehen zwang, außer natürlich die Ausweisung aus einem Nachbarland.

Ich spreche von Spionage im Zusammenhang mit meinen Empfindungen vor der Natur – aber als ich von Stilitano verlassen wurde, erschien mir dieser Gedanke wie ein Trost, als sollte er mich in Eurem Boden verankern, auf dem die Einsamkeit und das Elend mich nicht gehen, sondern ... stehlen ließen. Denn ich bin so armselig und man hat mich schon so oft der Dieberei bezichtigt, daß ich sogar jetzt noch – wenn ich zu leichtfüßig, auf Fußspitzen, mit angehaltenem Atem ein Zimmer verlasse – nicht sicher bin, ob ich nicht die Löcher aus den Vorhängen oder den Tapeten mitnehme.

Ich weiß nicht, wie weit Stilitano über militärische Geheimnisse auf dem Laufenden war oder was er in der Legion, im Büro eines Colonel, erfahren haben konnte. Jedenfalls hatte er die Idee, Spion zu werden. Weder der Gewinn, den wir daraus ziehen würden, noch die Gefährlichkeit des Unternehmens übten auf mich einen Reiz aus.

Allein die Idee des Verrats besaß bereits diese Macht, die sich mir immer stärker aufdrängte.
»Wem willst du sie verkaufen?«
»Deutschland.«
Doch nachdem er einige Sekunden nachgedacht hatte, entschied er:
»Italien.«
»Aber du bist Serbe. Das sind eure Feinde.«
»Na und?«
Hätten wir es zu Ende geführt, wäre ich durch dieses Abenteuer ein wenig dem Sumpf entronnen, in dem ich versackte. Die Staaten schämen sich der Spionage so sehr, daß sie sie adeln wegen ihrer Schändlichkeit. Dieses Adels wären wir teilhaftig geworden, nur daß es sich in unserem Fall um Verrat handelte. Als man mich später in Italien festnahm und die Offiziere mich über die Befestigung unserer Grenzen verhörten, entdeckte ich eine Dialektik, die meine Geständnisse rechtfertigen konnte. Stilitano hätte mir dabei zur Seite gestanden. Durch diese Enthüllungen eine furchtbare Katastrophe auszulösen, war alles, was ich wünschen konnte. Stilitano konnte sein Land verraten so wie ich das meine – aus Liebe zu Stilitano. Wenn ich Euch von Java erzähle, werdet Ihr dieselben Eigenschaften entdecken – fast das gleiche Gesicht wie das von Stilitano – und wie zwei Seiten eines Dreiecks sich in der Parallaxe im Himmel schneiden, nähern sich Stilitano und Java einem für immer erloschenen Stern: Marc Aubert.*

---

* Dieses Gesicht verschmilzt auch mit dem Rasseneurs, einem Einbrecher, mit dem ich um das Jahr 1936 zusammenarbeitete. Aus dem Magazin »Detective« erfahre ich seine Verurteilung zu lebenslänglicher Verwahrung – in der gleichen Woche, in der eine Petition von Schriftstellern den Präsidenten der Republik um meine Begnadigung von derselben Strafe ersucht. Das Photo von Rasseneur vor dem Tribunal befand sich auf der zweiten Seite. Ironisch merkt der Reporter an, R. scheine sehr vergnügt

Hatte die dem Carabinero entwendete Pelerine aus blauem Tuch mir bereits die Vorahnung einer Schlussfolgerung eingegeben, bei der Gesetz und Gesetzesbrecher miteinander verschmelzen (das eine versteckt sich unter dem anderen – empfindet jedoch mit leichter Wehmut die Tugend seines Gegenteils) – so ermöglichte sie Stilitano ein Abenteuer, das zwar weniger spirituell und subtil war, jedoch tiefer ins tägliche Leben hinabreichte – und größeren Nutzen versprach. Von Verrat ist noch keine Rede. Stilitano war eine Macht. Sein Egoismus setzte die natürlichen Grenzen. (Stilitano war eine Macht *für mich*.)
Als er spät in der Nacht eintrat, sagte er mir, es sei alles geregelt. Er habe den Carabinero getroffen.
»Er wird dich in Ruhe lassen. Die Sache ist beigelegt. Du kannst rausgehen wie früher.«
»Aber die Pelerine?«
»Behalte ich.«
Ich ahnte, daß diese Nacht etwas stattgefunden hatte – eine seltsame Mischung aus Niedertracht und Verführung – wovon ich wie selbstverständlich ausgeschlossen war, und wagte nicht weiter zu fragen.
»Mach schon!«
Mit einer Geste seiner lebendigen Hand gab er mir zu verstehen, daß er sich ausziehen wollte. Wie an den anderen Abenden kniete ich nieder, um die Traube abzuhängen.
Im Inneren seiner Hose hatte er eine von diesen künstlichen Trauben befestigt, deren Zellulose-Beeren mit Watte

---

über seine Verbannung. Das erstaunt mich nicht. In der Santé war er ein kleiner König. In Riom oder Clairevaux wird er ein Pascha sein. Rasseneur stammt, glaube ich, aus Nantes. Er raubte auch Päderasten aus – les Pédales. Von einem Kumpanen habe ich erfahren, ein Auto – gesteuert von einem seiner Opfer - habe lange Zeit quer durch Paris Jagd auf ihn gemacht, um ihn »zufällig« zu überfahren. Die Rache der Tunten ist manchmal furchtbar.

ausgestopft sind. (Sie hatten die Größe einer Mirabelle, und die eleganten Damen des Landes trugen sie in jener Zeit an ihren Strohhauben, so daß deren Krempe sich abwärts bog.) Jedesmal wenn in der Criolla ein Schwuler – verwirrt durch die Schwellung – mit der Hand an seinen Hosenschlitz faßte, berührten seine schaudernden Finger dieses Objekt, das sie für eine Traube seines echten Schatzes hielten – den Ast, an dem komischerweise zu viele Früchte hingen.
Die Criolla war nicht nur ein Schwulenschuppen. Ein paar Jungen tanzten dort in Frauenkleidern, aber auch Frauen. Die Nutten brachten ihre Luden und ihre Kunden mit. Stilitano hätte viel Geld verdient, wenn er auf die Pédés nicht gespien hätte. Er verachtete sie. Mit der Traube machte er sich über ihre Enttäuschung lustig. Das Spiel dauerte einige Tage. Ich machte also diese Traube ab, die mit einer Sicherheitsnadel an seiner blauen Hose festgesteckt war, doch anstatt sie wie gewöhnlich lachend auf den Kaminsims zu legen (denn wir platzten vor Lachen und machten Witze während der Prozedur) konnte ich nicht widerstehen: ich behielt sie zwischen meinen gefalteten Händen und legte meine Wange darauf. Das Gesicht Stilitanos – über mir – verzerrte sich.
»Laß das los, Schlampe!«
Ich war in die Hocke gegangen, um den Hosenschlitz zu öffnen, aber die Wut Stilitanos – als hätte meine gewohnte Inbrunst nicht ausgereicht – ließ mich auf die Knie sinken. Es ist die Stellung, die ich vor ihm – gegen meinen Willen – in der Vorstellung einnahm. Ich rührte mich nicht mehr. Stilitano schlug mit seinen beiden Füßen und seiner einzigen Faust auf mich ein. Ich hätte mich entziehen können, ich blieb, wo ich war.
»Der Schlüssel steckt in der Tür«, dachte ich. Eingeklammert zwischen den Beinen, die mich wutentbrannt traten,

sah ich ihn im Schloß und ich hätte ihn gern zweimal umgedreht, um mich selbst mit meinem Folterer einzuschließen. Ich machte keinen Versuch, mir seine Wut zu erklären, die in keinem Verhältnis zu ihrer Ursache stand, denn mein Verstand kümmerte sich nicht um psychologische Begründungen. Was Stilitano betrifft, so legte er seit diesem Tag die Traube nicht mehr an. Gegen Morgen – ich hatte vor ihm das Zimmer betreten – erwartete ich ihn. In der Stille vernahm ich das geheimnisvolle Rascheln des vergilbten Zeitungspapiers, das die fehlende Fensterscheibe ersetzte.
»Wie feinsinnig«, dachte ich.
Ich entdeckte viele neue Wörter. In der Stille des Zimmers und meines Herzens, in Erwartung Stilitanos, beunruhigte mich dieses leichte Geräusch, denn bevor ich seine Ursache begriffen hatte, verging ein kurzer Augenblick der Angst. Wer – oder was – tut sich kund im Zimmer eines Armen – auf so flüchtige Art?
»Es ist eine spanische Zeitung«, sagte ich mir weiter. Es ist normal, daß ich ihr Geräusch nicht verstehe. Ich fühlte mich wirklich im Exil und meine Nervosität machte mich durchlässig für etwas, was ich mangels anderer Worte die Poesie nennen will.
Die Traube auf dem Kamin ekelte mich. Eines Nachts stand Stilitano auf und schleuderte sie in den Abort. Solange er sie trug, hat diese Traube seiner Schönheit nicht geschadet. Im Gegenteil. Sie behinderte ein wenig seine Beine, abends, buchtete sie aus, sein Gang bekam etwas leicht Gezwungenes und Rundes und wenn er neben oder vor oder hinter mir ging, empfand ich einen wollüstigen Schauder, weil meine Hände sie gerichtet hatten. Es war die heimliche Kraft dieser Traube, so denke ich, die mich an Stilitano fesselte. Ich habe mich erst davon gelöst, als ich eines Tages auf einem Schwof mit einem Matrosen

tanzte und meine Hand zufällig unter seinen Kragen glitt. Diese scheinbar so unschuldige Geste sollte eine fatale Wirkung offenbaren. Meine Hand – flach auf dem Rücken des jungen Mannes liegend – wußte sich versteckt – sanft, andächtig – unter dem Symbol der Unbefangenheit der Matrosen. Sie fühlte, wie sie schlug und meine Hand konnte sich nicht wehren gegen die Vorstellung, es sei Java, der plötzlich flügellahm geworden ist. Es ist noch zu früh, um von ihm zu sprechen.

Die Vorsicht verbietet mir, dieses geheimnisvolle Tragen der Traube zu kommentieren, aber ich würde gern in Stilitano einen Pédé sehen, der sich haßt.

Er möchte die, die ihn begehren, auf eine falsche Fährte locken, er möchte sie verletzen, ekeln – sage ich mir, wenn ich an ihn denke. Wenn ich es mir genauer vorstelle, wächst meine Verwirrung über diese Idee (aus der ich den größten Nutzen ziehen kann) – daß Stilitano eine künstliche Wunde für diese edelste Stelle gekauft hatte (sie war prächtig, wie ich weiß) – um seine abgeschnittene Hand vor der Verachtung zu retten. Und durch diesen primitiven Trick bin ich wieder bei den Bettlern und ihren Gebrechen. Hinter einem echten oder vorgetäuschten körperlichen Gebrechen versteckt sich ein Gebrechen der Seele, zeigt es vor – und macht es uns vergessen. Ich zähle die geheimen Wunden auf:

    faule Zähne
    fauler Atem
    die abgetrennte Hand
    der Geruch der Füße usw.

um sie zu verbergen und unseren Hochmut zu erregen, hatten wir:

    die abgetrennte Hand
    das ausgelaufene Auge
    das Holzbein usw.

Man ist verkommen, solange man die Male der Verkommenheit trägt – das Wissen um den Betrug ändert nichts daran. Nur den Hochmut unseres Elends nutzend, forderten wir das Mitleid heraus, indem wir die scheußlichsten Wunden züchteten. Wir wurden zur Anklage für Euer Glück. *Ich verschärfte dieses abstoßende Abenteuer noch durch eine Vorstellung, die zu einem wahren Laster wurde. Spielerisch meinte Stilitano eines Tages:
»Ich glaube, ich muß dir mal meinen Knüppel reinstecken.«
»Das würde mich schmerzen«, antwortete ich lachend.
»Was glaubst du. Ich werde die Formen wahren.«
In die Schuhe steckt man »Formen«. Ich stellte mir vor, er würde seinen Schwanz in eine Form stecken, damit er noch stärker wird, ein monströses, scheußliches Organ, speziell für meinen Ekel – nicht meine Lust – gepflegt. Ich akzeptierte diese vorgespiegelte Erklärung ohne Abscheu.[13]
Doch Stilitano und ich lebten kümmerlich. Wenn ich – dank einiger Päderasten – ein bißchen Geld anbrachte, gab er sich so aufgeblasen, daß ich mich manchmal frage, ob er in meiner Erinnerung nicht groß ist wegen seiner Prahlerei, deren Vorwand und wichtigster Vertrauter ich war. Die Art meiner Liebe verlangte von ihm, daß er seine Männlichkeit bewies. Wenn er das wundervolle Raubtier war – verdunkelt und leuchtend durch seine Grausamkeit – so mußten die Spiele, denen er sich hingab, seiner würdig sein. Ich stiftete ihn zum Diebstahl an.
Gemeinsam beschlossen wir, in einen Laden einzubrechen. Um die Telefonleitung zu kappen, die unvorsichtigerweise an der Tür entlanglief, bedurfte es einer Zange. Wir betraten die Eisenwarenabteilung eines der zahlreichen Bazare Barcelonas.
»Paß auf und rühr dich nicht, wenn ich was mitgehen lasse.«

»Was soll ich machen?«
»Nichts. Gucken.«
Stilitano trug seine blaue Hose und ein Khakihemd, an den Füßen weiße Espadrilles. Zunächst fiel mir nichts auf, aber beim Hinausgehen bemerkte ich vollkommen verblüfft an dem Stoffaufschlag der Hemdtasche eine kleine Echse, die sich mit den Zähnen festkrallte, mißtrauisch und unbekümmert zugleich. Es war die Stahlzange, die wir benötigten und die Stilitano soeben gestohlen hatte.
»Daß er die Affen, die Männer und die Frauen verzaubert, mag hingehen – aber was für ein Magnetismus verbirgt sich in seinen goldschimmernden Muskeln und Locken – diesem blonden Bernstein – und schnappt nach den Gegenständen?« Ich zweifelte nicht, daß die Objekte ihm ergeben waren, daß er sie verstand. Er war so vertraut mit der Natur des Stahls und mit diesem besonderen Fragment von poliertem Stahl, welches man eine Zange nennt, daß es bis zur Erschöpfung, folgsam, verliebt festgeklemmt blieb an seinem Hemd und sich mit seinen mageren Kinnladen verzweifelt in den Stoff biß, um nicht herabzufallen. Trotzdem geschah es, daß diese Objekte – über eine ungeschickte Bewegung verärgert – ihn verletzten. Stilitano schnitt sich, seine Fingerkuppen wiesen feine Risse auf, sein Fingernagel war zerquetscht und schwarz – doch das machte ihn noch schöner. (Die Purpurfarben des Sonnenuntergangs, sagen die Physiker, sind die Folge einer stärkeren Dichte der Luft, die nur Kurzwellen durchdringen. Gegen Mittag, wenn am Himmel nichts geschieht, würde uns eine solche Erscheinung weniger verwirren – doch zauberhafterweise findet sie am Abend statt, im ergreifendsten Augenblick des Tages, wenn die Sonne *sich zur Ruhe begibt*, verschwindet, um einem geheimnisvollen Schicksal zu folgen, wenn sie möglicherweise – stirbt. Um dem

Himmel diese Pracht zu verleihen, ist ein solches physikalisches Geschehen nur in dem für die Phantasie erregendsten Augenblick möglich – wenn das leuchtendste der Gestirne untergeht.) Die Dinge des täglichen Gebrauchs werden Stilitano verschönen. Sogar aus seiner Feigheit gewinne ich Kraft. Ich mochte seinen Hang zur Trägheit. Er leckte – wie man von einem Behälter sagen würde. Als wir die Zange hatten, suchte er plötzlich eine Ausflucht.
»Vielleicht gibts einen Hund.«
Wir überlegten, ob wir ihn mit einem vergifteten Beefsteak aus dem Weg räumen.
»Diese reichen Hunde fressen nicht alles.«
Plötzlich erinnerte sich Stilitano an einen legendären Zigeunertrick. Der Dieb, sagt man, trägt eine Hose, die mit Löwenfett eingeschmiert ist. Stilitano wußte, daß man es nicht beschaffen konnte – aber die Idee erregte ihn. Er verstummte. Wahrscheinlich sah er sich nachts im Gehölz in einer vom Fett steifen Hose einer Beute auflauern. Er war stark durch die Stärke des Löwen, und so für Krieg, Scheiterhaufen, Spieß und Grab zugerichtet zu sein, machte ihn wild. In seiner Rüstung aus Fett und Phantasie war er bewundernswert. Ich ahne nicht, ob ihm selbst die Schönheit bewußt war, wenn er sich mit der Stärke und Kühnheit eines Zigeuners schmückte und ob er den Gedanken, in die Geheimnisse des Stammes einzudringen, genoß.
»Wärst du gern Zigeuner?« fragte ich ihn einmal.
»Ich?«
»Ja.«
»Ich fände es nicht schlecht – bloß, ich könnte nicht in einem Wagen leben.«
Also träumte er manchmal. Ich glaubte, den Spalt entdeckt zu haben, durch den ein wenig von meiner Zärtlich-

keit unter seinen Panzer gelangen könnte. Die nächtlichen Abenteuer begeisterten ihn zu wenig, als daß es mich wirklich berauscht hätte, mit ihm Mauern, Gäßchen, Gärten auszuspähen, über Zäune zu klettern, zu stehlen. Ich bewahre daran keine besondere Erinnerung. Die tiefe Offenbarung des Einbruchs werde ich in Frankreich haben, mit Guy.
(Als wir in der kleinen Gerümpelkammer eingeschlossen waren, auf die Nacht wartend und den Augenblick, wo wir in die verlassenen Büroräume des Crédit Municipal von B. eindringen würden, schien mir Guy plötzlich abweisend, verschlossen. Er war nicht mehr der Allerweltskerl, an dem man sich reiben konnte, mit dem man sich irgendwo traf, er war so etwas wie ein Würgengel. Er versuchte zu lächeln, brach sogar in ein lautloses Lachen aus, aber seine Brauen zogen sich zusammen. Aus dem Inneren dieses kleinen Strichers, in dem ein Strolch gefangen war, trat ein entschlossener, furchterregender Bursche ans Licht, zu allem – auch zum Mord – bereit, wenn jemand es wagen würde, ihn bei seinem Vorhaben zu behindern. Er lachte und in seinen Augen glaubte ich, eine Mordlust zu lesen, die gegen mich gerichtet war. Je mehr er mich anschaute, desto stärker wurde mein Gefühl, daß er in mir die gleiche Entschlossenheit las, die sich gegen ihn richtete. Da straffte er sich. Seine Augen wurden härter, seine Schläfen metallisch, die Muskeln in seinem Gesicht verknoteten sich. Als Antwort verhärtete ich mich ebenso. Ich rüstete ein Arsenal, belauerte ihn. Wenn in diesem Augenblick jemand hereingekommen wäre, hätten wir uns, so scheint mir, gegenseitig umgebracht, aus Angst, einer von beiden würde sich dem furchtbaren Entschluß des anderen widersetzen.)
Mit Stilitano, den ich stets begleitete, machte ich andere Coups. Ein Nachtwächter gab uns Tips. Dank seiner leb-

ten wir längere Zeit nur von Einbrüchen. Die Kühnheit dieses Lebens als Dieb – sein Glanz – hätten nichts bedeutet, wäre Stilitano an meiner Seite nicht der Beweis gewesen. Mein Leben wurde herrlich in den Augen der Männer, da ich einen Freund hatte, dessen Schönheit sich mit der Vorstellung von Luxus verband. Als Diener pflegte, entstaubte, polierte, wachste ich ein Objekt, welches durch das Wunder der Freundschaft mir gehörte.
»Wenn ich durch die Straßen gehe, wird mich die reichste und schönste Señorita vielleicht beneiden?« dachte ich. »Welcher maliziöse Prinz«, mußte sie sich sagen, »welche Infantin in Lumpen können zu Fuß gehen und einen so schönen Geliebten besitzen?«

Es bewegt mich, von dieser Zeit zu sprechen und ich rühme sie – doch wenn sich mir glanzvolle Worte aufdrängen, Worte, will ich sagen, die in meiner Vorstellung mehr mit Glanz erfüllt sind als mit Bedeutung, so mag das auch heißen, daß das Elend, welches sie ausdrücken, in dem ich damals lebte – eine Quelle der Verwunderung war. Ich möchte diese Epoche von der Schmach befreien, indem ich die Dinge mit ihren edelsten Namen benenne. Mein Sieg besteht in Worten, ich verdanke ihn der Pracht der Worte – doch gesegnet sei dieses Elend, das mich zu dieser Wahl zwingt. An der Seite von Stilitano hörte ich auf, mich nach moralischer Verworfenheit zu sehnen – in der ich damals lebte – ich haßte, was als ihr Zeichen gilt: meine Läuse, meine Lumpen und meinen Schmutz. Stilitano beeindruckte vielleicht allein durch seine Ausstrahlung, ohne daß es einer verwegenen Tat bedurfte – doch hätte ich gern ein glanzvolleres Leben mit ihm geführt, obwohl es mir wohltat, in seinem Schatten (dunkel wie der eines Negers, sein Schatten war mein Serail!) durch die bewun-

dernden Blicke der Dirnen und ihrer Männer hindurchzugleiten, wissend, daß wir nur zwei armselige Diebe waren. Ich stachelte ihn zu immer kühneren Abenteuern an.
»Wir brauchen einen Revolver«, sagte ich zu ihm.
»Würdest du ihn benutzen?«
»Mit dir würde ich einen Typ kaltmachen.«
Als sein rechter Arm wäre es an mir gewesen, die Tat auszuführen. Je mehr ich düsteren Befehlen gehorchte, desto enger war meine Vertrautheit mit der Kraft, die sie erteilte. Er lächelte bloß. In einer Bande (einer Vereinigung von Missetätern) sind es die jungen Burschen und die Invertierten, die Verwegenheit zeigen. Als Anstifter kühner Handstreiche übernehmen sie die Rolle des befruchtenden Stachels. Der Beistand der Älteren, die Kraft der Männer, ihr Ansehen, ihre Freundschaft stärken sie, geben ihnen Selbstvertrauen. Die Männer sind nur von sich selbst abhängig. Sie sind ihr eigener Himmel und – ihre Schwäche kennend – zögern sie. Mir schien, daß die Männer, die Unbeugsamen, eine Art weiblicher Nebel waren, worin ich mich verlieren möchte – um mich noch mehr wie ein harter Block zu fühlen.
Etwas Vornehmes in meinem Auftreten, mein festerer Gang, waren mir Beweis für meinen Erfolg, meinen Aufstieg in den weltlichen Rängen. Neben Stilitano schritt ich wie im Gefolge eines Herzogs. Ich war sein treuer – eifersüchtig wachender – Hund. Meine Miene bekundete Stolz. Auf den Ramblas kreuzten wir eines Abends eine Frau und ihren Sohn, einen hübschen Burschen, vielleicht fünfzehn Jahre alt. Mein Auge versenkte sich in sein blondes Haar. Nachdem wir an ihnen vorbeigegangen waren, wandte ich mich um. Der Junge schien nichts zu bemerken. Weil er wissen wollte, wem ich nachschaute, drehte sich Stilitano ebenfalls um. In diesem Augenblick, wäh-

rend meine und Stilitanos Augen lauernd auf den Sohn blickten, drückte ihn die Mutter an sich – oder sie drückte sich an ihn – als wollte sie ihn vor der Gefahr unser beider Blicke behüten, von denen sie freilich nichts wissen konnte. Ich war eifersüchtig auf Stilitano, der mit einer einzigen Kopfbewegung, wie mir schien, den Rücken dieser Mutter eine Gefahr wittern ließ.

Einmal wartete ich in einer Bar des Parallelo auf ihn (sie war damals der Treffpunkt aller ehemaligen Zuhälter, Diebe, Betrüger, Ausbrecher aus französischen Gefängnissen oder dem Bagno. Der Argot, ein wenig singend, mit dem Akzent von Marseille, um ein paar Jahre hinter dem Argot des Montmartre zurück – war dort die offizielle Sprache. Man spielte nicht Ronda, sondern knobelte und pokerte) – als Stilitano schließlich aufkreuzte. Mit ihrer gewohnten, ein wenig zeremoniellen Höflichkeit begrüßten ihn die Pariser Luden. Streng, doch mit einem Lächeln im Auge, ließ er seinen gravitätischen Hintern gemächlich auf dem Strohgeflecht des Stuhles nieder. Sein Holz ächzte schamlos wie ein Sprungfederkasten. Dieses Röcheln des Sitzes drückte auf vollkommene Weise meinen Respekt vor dem feierlichen Hinterteil Stilitanos aus – dessen Zauber sich zwar nicht nur und nicht immer in diesem Körperteil konzentrierte, doch dort, an dieser Stelle – auf ihr vielmehr – trafen und sammelten sich seine sanftesten Ondulationen – und Massen von Blei! – und gaben der Kruppe ein wogendes und tosendes Gewicht.

Obwohl ich eine gewisse Automatik des Ausdrucks verabscheue, kann ich nicht umhin, noch einmal ein religiöses Gleichnis zu benutzen: dieses Hinterteil war wie ein Ruhealtar. Stilitano setzte sich. Stets mit der gleichen eleganten Trägheit – »ich bin ein faules Aas«, sagte er bei jeder Gelegenheit – verteilte er die Karten für die Poker-

partie, von der ich ausgeschlossen war. Keiner der Anwesenden hätte verlangt, daß ich mich dem Spiel fernhalte, doch spontan, aus Höflichkeit, plazierte ich mich hinter Stilitano. Als ich mich neigte, um mich zu setzen, sah ich auf dem Kragen seiner Jacke eine Laus. Stilitano war schön, stark, er war aufgenommen in einen Kreis ähnlicher Männer, deren Macht auf ihren Muskeln und der Kenntnis ihres Revolvers beruht. Auf dem Kragen Stilitanos – noch unsichtbar für die anderen Männer – war die Laus kein unscheinbarer, verirrter Flecken, sie bewegte sich, lief mit beunruhigender Geschwindigkeit, als wollte sie den Umkreis ihrer Domäne – oder ihres Territoriums – abmessen. Aber nicht nur war sie hier in ihrem Reich, auf diesem Kragen war sie auch das Zeichen, daß Stilitano zu einer lausigen Welt gehörte, trotz Kölnisch Wasser und Seidenhemd. Ich betrachtete ihn genauer: die Haare am Hals waren zu lang, schmutzig und unregelmäßig geschnitten.
»Wenn die Laus weiterrennt, plumpst sie auf seinen Ärmel oder in sein Glas. Die Louis werden sie bemerken...«
Wie aus Zärtlichkeit stützte ich mich auf Stilitanos Schulter und näherte meine Hand nach und nach seinem Kragen, aber ich konnte die Bewegung nicht zu Ende führen – mit einem heftigen Zucken löste sich Stilitano und das Insekt setzte seine Vermessung fort. Es war ein Zuhälter von Pigalle – Komplize, wie es hieß, einer internationalen Bande von Frauenschmugglern – der sie bemerkte:
»Das ist aber eine Hübsche, die dich da besteigt.«
Alle Blicke wandten sich – ohne das Spiel aus dem Auge zu verlieren – dem Kragen Stilitanos zu, der den Hals verdrehte und das Tier schließlich erblickte.
»Wo du die wieder aufgelesen hast«, sagte er zu mir, während er sie zerdrückte.
»Wieso ich?«

»Du. Klar. Das sag ich doch.«
Der Ton seiner Stimme war von einer Arroganz ohne Widerrede, aber seine Augen lächelten. Die Männer setzten ihre Partie fort.
Am gleichen Tag erfuhr ich von Stilitano, daß man Pépé verhaftet hatte. Er war im Gefängnis von Montjuich.
»Wie hast du es erfahren?«
»Die Zeitung.«
»Was riskiert er?«
»Lebenslänglich.«
Wir sprachen nicht weiter darüber.

Dieses Tagebuch ist nicht nur eine literarische Atempause. Je weiter ich darin fortschreite – ordnend, was mein vergangenes Leben mir bietet – je hartnäckiger ich auf der Strenge der Komposition – der Kapitel, der Sätze, des Buches selbst – beharre, desto deutlicher spüre ich meinen Willen, aus der vergangenen Not Kraft zu schöpfen. Ich fühle, daß es mir gelingen wird.

In den Pissotières, die Stilitano nie betrat, klärte mich das Verhalten der Pédés auf: es war wie ein Tanz, die erstaunliche Bewegung einer sich wiegenden Schlange, *aufgerichtet auf ihrem Schwanz,¹⁴ die sich nach rechts neigt, nach links, ein wenig nach hinten, *um einen verstohlenen Blick auf mein Glied zu werfen, welches aus dem Hosenschlitz ragte.¹⁵ Den, der am betuchtesten aussah, nahm ich mit.
Zu meiner Zeit zogen durch die Ramblas zwei junge Mariconas, die auf der Schulter einen kleinen gezähmten Affen trugen: ein schlichter Vorwand, um Kunden anzumachen. Der Affe hüpfte auf den Mann, den man ihm zeigte. Die eine dieser Mariconas nannte sich Pedro. Er war blaß und schmal, hatte eine geschmeidige Taille und einen raschen

Gang. Vor allem seine Augen waren wundervoll, seine unglaublich langen gebogenen Wimpern.

Als ich ihn im Spaß fragte, wer der Affe sei, er oder das Tier auf seiner Schulter, begann ein Streit. Ich versetzte ihm einen Faustschlag: seine Wimpern blieben an meinen Knöcheln hängen, sie waren falsch. So erfuhr ich von gewissen Tricks.

Stilitano ließ sich von den Huren etwas Geld aushändigen. Meistens stahl er es ihnen, entweder wenn sie etwas bezahlten, indem er das Kleingeld behielt, oder nachts aus ihrer Handtasche, wenn sie auf dem Bidet saßen. Er lief durch den Barrio Chino, den Parallelo und machte alle Frauen an, manchmal pöbelhaft, manchmal zärtlich, immer mit Ironie. Wenn er gegen Morgen ins Zimmer zurückkam, hatte er ein Bündel Kindermagazine bei sich, voller greller Bilder. Manchmal machte er einen langen Umweg, um sie an einem Kiosk zu kaufen, der spät nachts geöffnet war. Er las die Geschichten, die den Tarzan-Abenteuern unserer Tage entsprachen. Der Held ist liebevoll gezeichnet. Der Künstler hatte sich mit großer Sorgfalt der imposanten Muskulatur dieses Ritters gewidmet, der stets nackt oder obszön gekleidet war. Dann schlief Stilitano ein. Er achtete darauf, daß sein Körper den meinen nicht berührte. Das Bett war sehr schmal. Wenn er das Licht löschte, sagte er:

»Salut, Kleiner.«

Und beim Erwachen:

»Salut, Kleiner.«[*]

---

[*] Während ich meine Kleider herumliegen ließ, wo sie sich gerade befanden, ordnete Stilitano seine auf einem Stuhl, faltete Hose, Jacke, Hemd, damit nichts zerknitterte. Es sah aus, als billigte er seinen Kleidern ein eigenes Leben zu und wollte, daß sie sich in der Nacht ausruhen von der Mühsal des Tages.

Unser Zimmer war winzig und starrte vor Schmutz. Das Becken war verkrustet. Keiner im Barrio Chino hätte daran gedacht, sein Zimmer zu reinigen oder seine Habe, die Wäsche – ausgenommen das Hemd (und meistens auch nur den Kragen). Um den Preis des Zimmers zu entrichten, vögelte Stilitano einmal pro Woche die Wirtin, die ihn an den anderen Tagen Señor nannte.
Einmal abends sollte er kämpfen. Wir schlenderten die Calle Carmen entlang, es war schon tiefe Dämmerung. Die Spanier haben manchmal eine wiegende Biegsamkeit des Körpers. Gewisse Posen bekommen dadurch etwas Zweideutiges. Bei Tage, im hellen Licht, hätte Stilitano sich nicht getäuscht. In der einbrechenden Dunkelheit streifte er die drei Männer, deren leise Reden von lebhaften, schmachtenden Gebärden begleitet waren. Stilitano rief ihnen im Vorbeigehen mit seiner dreistesten Stimme einige Obszönitäten zu. Es waren drei schlagkräftige, schlagfertige Luden, die auf die Beleidigungen antworteten. Entgeistert blieb Stilitano stehen. Die drei Männer traten näher.
»Hältst du uns für Mariconas?«
Stilitano hatte zwar seinen Irrtum erkannt, aber vor mir wollte er nicht klein beigeben.
»Na und?«
»Selber Maricona.«
Frauen näherten sich und Männer. Es bildete sich ein Kreis. Eine Schlägerei schien unvermeidlich. Einer der jungen Leute provozierte Stilitano unverhohlen.
»Hau doch zu, wenn du kein Waschlappen bist!«
Bevor sie mit Fäusten oder Waffen aufeinander losgehen, palavern die Strolche eine lange Zeit. Nicht um den Konflikt beizulegen, sondern um sich aufzustacheln. Andere Spanier, ihre Freunde, feuerten die Zuhälter an. Stilitano

spürte, daß er in Gefahr war. Meine Anwesenheit störte ihn nicht mehr. Er sagte:
»Hört mal, Leute, ihr wollt euch doch nicht mit einem Krüppel schlagen?«
Er streckte ihnen seinen Armstumpf hin. Er tat es so einfach und selbstverständlich, daß dieses scheußliche Schmierentheater Stilitano in meinen Augen nicht herabsetzte, sondern adelte. Er zog sich zurück – nicht unter Hohngelächter, sondern begleitet von einem Gemurmel, in dem sich das Unbehagen loyaler Männer ausdrückt, wenn sie neben sich plötzlich das Elend entdecken. Stilitano wich langsam zurück, geschützt durch seinen ausgestreckten Stumpf, den er einfach vor sich hielt. Das Fehlen der Hand war so wirklich und wirkungsvoll wie ein königliches Attribut, wie der Arm der Gerechtigkeit.

Las Carolinas – wie eine unter ihnen sie nannte – begaben sich in feierlicher Prozession an den Ort einer zerstörten Vespasiana. Während der Meutereien von 1933 hatten die Aufständischen eine der verdrecktesten, doch teuersten Pißbuden herausgerissen. Sie stand nicht weit vom Hafen und der Kaserne, der laue Urin Tausender von Soldaten hatte das Blech durchgefressen. Nachdem ihr unwiderrufliches Hinscheiden festgestellt war, kamen die Carolinas (nicht alle, sondern eine ehrwürdige Delegation derselben) in Schals, Mantillen, Seidenroben, geschnürten Vestons an dem Ort zusammen und legten einen Kranz roter Rosen mit einem Trauerflor nieder. Der Zug nahm seinen Ausgang am Parallelo, überquerte die Calle Sao Paolo, folgte den Ramblas de las Flores bis zur Statue von

Cristóbal Colón. Vielleicht dreißig Stricherinnen um acht Uhr morgens, als die Sonne aufging. Ich sah sie vorbeiziehen und begleitete sie aus der Ferne. Mein Platz wäre in ihrer Mitte gewesen, das wußte ich, nicht weil ich eine von ihnen war, sondern weil ihre schrillen Stimmen, ihr Gezeter, ihre überspannten Posen – so schien es mir – keinen anderen Zweck hatten, als die Wand der Verachtung zu durchstoßen, die die Welt um sie errichtet hatte. Die Carolinas waren hochgewachsen. Sie waren die Töchter der Schande.

Am Hafen angekommen, wandten sie sich nach rechts, der Kaserne zu und auf dem verrosteten, stinkenden Eisenblech der niedergerissenen Pissotière, auf dem Haufen von totem Schrott, legten sie die Blumen nieder.

Ich war nicht in dem Zug. Ich befand mich in der ironischen, herablassenden Menge, die sich darüber amüsierte. Pedro trug ungeniert seine falschen Wimpern zur Schau, die Carolinas ihren närrischen Mummenschanz.

Während Stilitano, sich meiner Lust verweigernd, zum Symbol der Keuschheit, ja der Kälte wurde. Ob er häufig die Huren vögelte, weiß ich nicht. In unserem Bett und wenn er sich hinlegte, steckte er schamhaft und so geschickt den Hemdzipfel zwischen die Beine, daß ich von seinem Geschlecht nichts sah. Sogar seinen aufreizenden Gang dämpfte die Makellosigkeit seiner Gesichtslinien. So wurde er zur Verkörperung eines Eisbergs. Dem bestialischsten der Neger mit dem stumpfesten, gewaltsamsten Gesicht hätte ich mich hingeben wollen – da ich völlig vom Sexus besessen war – um meine Liebe zu Stilitano noch mehr zu stilisieren. So konnte ich wagen, vor ihm die lächerlichsten und demütigendsten Haltungen einzunehmen.

Gemeinsam besuchten wir häufig die Criolla. Bisher war es ihm noch nicht in den Sinn gekommen, mich auszubeu-

ten. Als ich ihm die Pesetas brachte, die ich mit ein paar Männern in den Pißbuden verdient hatte, beschloß Stilitano, daß ich in der Criolla arbeiten würde.
»Du möchtest, daß ich mich als Frau verkleide?« murmelte ich.
Von seiner mächtigen Schulter gestützt – hätte ich gewagt, von der Calle Carmen zur Calle Mediodía in einem Paillettenröckchen auf den Strich zu gehen? Höchstens die fremden Matrosen wären erstaunt gewesen, doch weder Stilitano noch ich hätten ein Kleid, eine Frisur zu wählen gewußt, denn dazu braucht es Geschmack. Vielleicht war es das, was uns abhielt. Mir klangen noch die Seufzer Pedros im Ohr, dem ich gern beim Ankleiden zusah.
»Wenn ich den Flitterkram hier hängen sehe, habe ich das Gefühl, ich komme in eine Sakristei und muß mich auf ein Leichenbegängnis vorbereiten. Dieser Pfaffendunst! Es riecht nach Weihrauch und Pisse. Wie das schlackert! Wie soll ich mich da überhaupt reinzwängen, in diese Gedärme?«
»So was soll ich anziehen? Muß ich sie vielleicht auch zuschneiden und nähen? Mit meinem Kerl? Und dazu ein Schleifchen – oder mehrere – im Haar?«
Entsetzt sah ich mich schon herausgeputzt mit riesigen Quasten – nicht aus Stoffbändern, sondern obszönen Wursthäuten.
»Vielleicht ein zerknitterter Pimmel?« sagte mir eine innere Stimme spöttisch. Der Pimmel eines Greises! Eine Gaunerschleife! Ein Gaunerpimmel! Und in was für Haaren? In einer künstlichen Perücke oder in meinen eigenen schmutzigen Locken?
Ich würde, das wußte ich, sehr unauffällige Kleider tragen – obwohl doch meine einzige Rettung in der närrischsten Extravaganz bestanden hätte. Allerdings träumte

ich davon, eine Stoffrose aufzunähen. Sie würde das Kleid ausbeulen und wäre das feminine Pendant zur Traube Stilitanos.
(Lange nachdem ich ihn in Antwerpen wieder getroffen hatte, erwähnte ich Stilitano gegenüber die falsche Traube in seiner Hose. Und er erzählte mir, daß eine spanische Nutte unter ihrem Kleid eine Etamin-Rose trug – an der entsprechenden Höhe festgesteckt.
»Um die verlorene Blume zu ersetzen«, sagte er.)
Mit trüben Gefühlen betrachtete ich in Pedros Zimmer die Frauenröcke. Er nannte mir ein paar Adressen von Señoras, die einen Handel mit Damentoiletten trieben, wo ich Kleider in meiner Größe finden würde.
»Du bekommst eine neue Hülle, Juan.«
Ich mußte an die fettige Haut denken, die die Eingeweide im Bauch der Tiere umhüllt – eine Metzger-Vorstellung, vor der mir ekelte. Schließlich war es Stilitano, der sich weigerte – vielleicht verletzte ihn der Gedanke, einen Transvestiten als Freund zu haben.
»Es lohnt nicht«, sagte er, »du schaffst das auch so, die Typen aufzureißen.«
Leider verlangte der Patron der Criolla, daß ich als Demoiselle auftrete.
Als Demoiselle!

Bin selbst Demoiselle
Und schwinge die Hüften...

Da begriff ich, wie schwierig es ist, den Abszeß der Scham aufzubrechen und sich ans Licht zu wagen. Einmal konnte ich als Transvestit mit Pedro auftreten, mich zur Schau stellen. Wir waren von einer Gruppe französischer Offiziere eingeladen worden. An ihrem Tisch saß eine Dame

von etwa fünfzig Jahren. Sie lächelte mir mit freundlicher Herablassung zu, doch am Ende konnte sie nicht mehr an sich halten und fragte:
»Lieben Sie die Männer?«
»Ja, Madame.«
»Und ... wann hat das angefangen?«
Ich habe niemanden geohrfeigt, aber meine Stimme klang so erregt, daß ich meiner Wut und meiner Scham innewurde. Um mich zu befreien, plünderte ich diese Nacht einen der Offiziere aus.
»Unter meiner Scham«, sagte ich mir, »lauert ein spitzer, gefährlicher Stachel, der alle bedroht, die sie provozieren.«
Während des Karneval war es einfach, sich zu verkleiden; in einem Hotelzimmer entwendete ich einen Flamenco-Rock und eine Bluse. Von der Mantille getarnt und dem Fächer, eilte ich am Abend durch die Stadt zur Criolla. Damit der Riß zwischen Eurer Welt und mir nicht zu brutal wäre, trug ich unter dem Rock meine Hose. Kaum war ich an der Theke angekommen, zerriß die Schleppe meines Kleids. Wutentbrannt drehte ich mich um.
»Pardon, Tschuldigung.«
Der Fuß eines blonden jungen Mannes hatte sich in den Spitzen verfangen. Ich besaß kaum die Kraft zu murmeln: »Atención!« Das Gesicht des Tölpels, der sich entschuldigte und gleichzeitig lächelte, war dermaßen blaß, daß ich errötete. Neben mir sagte jemand leise:
»Verzeihen Sie ihm, Señora, er hinkt.«
»Man hinkt nicht in meine Roben«, brüllte in mir die gefangene Tragödin. Doch um uns herum wurde gelacht.
»Man hinkt nicht in meine Häute«, schrie ich mir zu. Dieser Satz, der in meinem Magen entstand, oder in den Gedärmen, welche »die Haut umhüllt«, verwandelte sich in einen haßerfüllten Blick. Wütend und gedemütigt verließ

ich das Lokal unter dem Gelächter der Männer und der Carolinas. Ich lief bis zum Meer und versenkte Rock, Bluse, Mantille und Fächer. Die ganze Stadt war im Freudentaumel, trunken vom Karneval, abgehoben von der Erde, allein mitten im Ozean.* Ich fühlte mich armselig und traurig.
(»Geschmack ist vonnöten ...« Schon damals weigerte ich mich, Geschmack zu haben. Ich versagte ihn mir. Von Natur aus hätte ich viel Geschmack besessen. Aber ihn zu pflegen, das wußte ich, hätte mich nicht verfeinert, sondern verweichlicht. Sogar Stilitano war erstaunt über meine Tölpelei. Meine Finger sollten steif sein: *ich wehrte mich, nähen zu lernen.*)
Stilitano und ich machten uns auf den Weg nach Cádiz. Von einem Güterzug in den anderen umsteigend, kamen wir schließlich in die Nähe von San-Fernando, wo wir beschlossen, zu Fuß weiterzuwandern. Stilitano verschwand. Er hatte sich mit mir am Bahnhof verabredet. Er war nicht da. Ich wartete lange, kehrte an den beiden folgenden Tagen zurück, obwohl ich sicher war, daß er mich verlassen hatte. Ich war allein und ohne Geld. Als ich das begriff, fühlte ich wieder die Läuse, ihre schauerliche, sanfte Anwesenheit im Saum meines Hemds, meiner Hose: Stilitano und ich hatten nicht aufgehört, jene Nonnen der Thebais zu sein, die sich nie die Füße wuschen und deren Hemd verfaulte.
San Fernando liegt am Ufer des Meers. Ich beschloß, Cádiz zu erreichen, das – mitten im Wasser erbaut – mit dem Festland durch einen sehr langen Damm verbunden

---

* Beim Überlesen des Textes stelle ich fest, daß ich eine Szene aus meinem Leben, die in Cádiz spielt, nach Barcelona verlegt habe. Es ist der Satz »allein, mitten im Ozean«, der mich daran erinnert. Als ich ihn schrieb, irrte ich mich, indem ich ihn auf Barcelona bezog – aber in die Beschreibung muß sich ein Detail eingeschlichen haben, das mir erlaubt, ihn an seinen wirklichen Ort zurückzuverlegen.

ist. Als ich ihn betrat, war es Abend. Vor mir ragten die hohen Salzpyramiden der Salzsümpfe von San Fernando auf und weiter entfernt, im Meer, erblickte ich die Silhouette einer Stadt voller Kuppeln und Minarette: an der äußersten Spitze des Okzidents stand plötzlich die Synthese des Orients vor mir. Zum ersten Mal in meinem Leben trat ein Mensch zurück hinter die Dinge. Ich vergaß Stilitano.

Um nicht zu verhungern, ging ich morgens zu früher Stunde an den Hafen, zur Pescatoria, wo die Fischer aus ihren Barken einige Fische zu werfen pflegen, die sie in der Nacht gefangen hatten. Alle Bettler kennen diesen Brauch. Statt sie wie in Málaga am Feuer der anderen Zerlumpten zu braten, kehrte ich allein zu den Felsen zurück, die auf Porto Reale blicken. Die Sonne ging auf, wenn meine Fische gebraten waren. Fast immer aß ich sie ohne Brot und Salz. Stehend, in den Felsen liegend oder auf ihnen sitzend, im äußersten Osten der Insel, dem Land gegenüber, war ich der erste Mensch, den der erste Sonnenstrahl erleuchtete und wärmte. Er war das erste Zeichen von Leben. In der Finsternis, auf den Landequais, hatte ich die Fische aufgelesen. Finster war es noch, als ich zu den Felsen zurückkehrte. Die Ankunft der Sonne schleuderte mich zu Boden. Ich widmete ihr einen Kult. Eine boshafte Vertrautheit entspann sich zwischen ihr und mir. Ich verehrte sie ohne umständliche Rituale, es wäre mir nicht eingefallen, die Primitiven nachzuäffen, aber ich weiß, dieses Gestirn wurde mein Gott. In meinem Körper erwachte es, beschrieb es seine Bahn und beschloß sie. Wenn ich den Stern im Himmel der Astronomen sah, war er die kühne Projektion des Gestirns in mir. Vielleicht verwechselte ich ihn sogar dunkel mit Stilitano, der verschwunden blieb.

Auf diese Weise nenne ich Euch, was die Form meiner Sensibilität sein mochte. Die Natur wirkte auf mich bedrohlich. Meine Liebe zu Stilitano, daß er mit solcher Wucht in mein Elend eingebrochen war ... ich weiß nicht, was mich den Elementen auslieferte. Sie sind bösartig. Um sie gefügig zu machen, wollte ich ihnen Grenzen setzen. Aber ich leugnete nicht ihre Grausamkeit, im Gegenteil, ich lobte sie dafür, ich wurde ihr Schmeichler.
Eine solche Unternehmung konnte nicht mit Hilfe der Dialektik gelingen, und ich wandte mich der Magie zu, das heißt, ich suchte eine *Prädisposition*, ein intuitives Einverständnis mit der Natur. Die Sprache hätte mir nicht genutzt. So wurden die Dinge und die Umstände für mich – mütterlich, doch – wie der Stachel einer Biene – lauerte dort auch der Stachel des Hochmuts. (Mütterlich: das heißt, das wesentliche Element ist die Feminität, womit ich nicht auf den Mazdaismus anspiele. Ich will nur zeigen, daß meine Sensibilität nach einer femininen Umgebung verlangte, was möglich war, weil sie sich die männlichen Eigenschaften angeeignet hatte: Härte, Grausamkeit, Indifferenz.)
Wenn ich meine damaligen Vorstellungen mit Worten wiederzugeben versuche – wird sich der Leser ebensowenig irreführen lassen wie ich selbst. Wir wissen, daß unsere Sprache nicht in der Lage ist, auch nur einen Schimmer dieser verblichenen, fremden Zustände zurükkzurufen. Und das würde für dieses ganze Journal gelten, wenn ich darin notieren wollte, wer ich war. Nein, ich stelle fest, es soll Auskunft geben über den, der ich bin, heute, im Augenblick des Schreibens. Es ist keine Suche nach der vergangenen Zeit, sondern ein Werk der Kunst, dem mein früheres Leben als Vorwand dient. Also eine Gegenwart, fixiert mit Hilfe der Vergangenheit, nicht umgekehrt.

Die Fakten waren, wie ich es sage, aber ich interpretiere sie als der, der ich geworden bin.
Nachts eilte ich durch die Stadt. Ich schlief an irgendeiner windgeschützten Mauer, von Tanger träumend, dessen Nähe und Glanz als Verräterhöhle mich verzauberte. Um meiner Not zu entrinnen, erfand ich die waghalsigsten Verrätereien, und wie ich sie ungerührt begangen hätte. Heute weiß ich, mit Frankreich verbindet mich nichts als die Liebe zur französischen Sprache – doch damals!
Diese Neigung zum Verrat wird sich besser darstellen lassen, wenn man mich anläßlich der Verhaftung Stilitanos verhört. »Für Geld«, fragte ich mich, »und von Schlägen bedroht – sollte ich Stilitano verraten? Ich liebe ihn noch immer und meine Antwort ist nein, aber soll ich Pépé verraten, der den Ronda-Spieler auf dem Parallelo ermordete?«
Vielleicht hätte ich hingenommen – aber um den Preis welcher Schmach – zu wissen, daß meine Seele im Inneren verfault war, da sie diesen Geruch verströmt, bei dem die Leute sich die Nase zuhalten. Doch der Leser wird sich vielleicht erinnern, daß Bettelei und Prostitution mir eine Schule waren, die mich lehrte, alle gemeinen Elemente zu nutzen, mich ihrer zu bedienen, mir selbst zu gefallen in der Wahl, die ich getroffen hatte. Gleiches hätte ich vollbracht (dank meines Geschicks, aus der Schmach einen Vorteil zu gewinnen) mit meiner durch den Verrat verfaulten Seele. Es war ein Glück, daß sich mir die Frage stellte in dem Augenblick, als das Marinetribunal in Toulon einen jungen Fähnrich zur See zum Tode verurteilte. Er hatte dem Feind die Pläne einer Waffe oder eines Kriegshafens oder eines Schiffes ausgehändigt. Ich rede nicht von einem Verrat, der zum Verlust einer bedeutungslosen, unwirklichen Seeschlacht geführt hätte – die an den

Segeln einer Goélette hing –, sondern von einer Niederlage in einem Kampf zwischen Stahlmonstern, auf denen der Stolz eines – nicht mehr kindischen, sondern gestrengen – Volkes ruhte, unterstützt von den gelehrten mathematischen Berechnungen der Techniker. Kurz, es handelte sich um einen Verrat der modernen Zeit. Die Zeitung, die die Nachricht brachte (ich entdeckte sie in Cádiz), schrieb – ziemlich töricht, denn was konnte sie darüber wissen: »... aus Neigung zum Verrat«. Den Text zierte das Photo eines jungen, sehr schönen Offiziers. Ich verliebte mich in sein Bild, das ich ständig bei mir trage. Die Liebe berauscht sich an gefährlichen Situationen und insgeheim, in meinem Inneren, bot ich dem Ausgestoßenen an, sein Sibirien mit ihm zu teilen. Der Marinegerichtshof, dem ich mich entgegenstellte, begünstigte noch meinen Aufstieg zu ihm, dem ich mich auf bleiernen und doch geflügelten Fersen näherte. Er hieß Marc Aubert. Ich gehe nach Tanger, sagte ich mir, vielleicht beruft man mich unter die Verräter und ich werde einer der ihren.

Ich verließ Cádiz und ging nach Huelva. Von der Guardia Municipal verjagt, kehrte ich nach Jerez zurück. Von dort lief ich am Meer entlang bis Alicante. Ich ging allein. Manchmal kreuzte oder überholte ich einen anderen Clochard. Wir hockten uns nicht auf einen Steinhaufen, sagten uns nur, welches Dorf für Bettler am günstigsten, welcher Alcalde weniger unmenschlich ist – und setzten unseren einsamen Weg fort. Damals hieß es, wenn man unseren Bettelsack verspottete: »Er geht auf die Jagd mit einer Stoffflinte.« Ich war allein. Demütig lief ich am äußersten Straßenrand, neben dem Graben, und der Staub von weißem Gras puderte meine Füße. In diesem Schiffbruch, bei dem alles Unglück der Welt mich in einem Ozean der Verzweiflung untergehen ließ, war es ein

Balsam, daß ich mich an dem furchterregenden, kräftigen Mast eines Negers anklammern konnte. Er war stärker, gewisser, tröstender als alle Ströme der Welt und eines einzigen meiner Seufzer würdiger als alle Eure Kontinente. Gegen Abend schwitzten meine Füße, so lief ich an den Sommerabenden im Schlamm. Die Sonne senkte in meinen Schädel anstelle von Gedanken ein Bleigewicht und leerte ihn aus. Andalusien war schön, heiß und steril. Ich habe es ganz durchquert. In diesem Alter kannte ich keine Müdigkeit. Ich schleppte mit mir ein solches Bündel von Elend, daß ich gewiß war, mein ganzes Leben umherirren zu müssen. Kein Ornament mehr war dieses Landstreicherleben – es war meine Realität geworden. Ich weiß nicht mehr, was ich dachte, aber ich erinnere mich, daß ich Gott meine ganze Not darbrachte. In meiner Einsamkeit, fern den Menschen, war ich nahe daran, nur noch Liebe, nur noch Andacht zu sein.

»Ich bin so fern von ihnen«, sagte ich mir wohl, »daß keine Aussicht besteht, sie einzuholen. Also will ich mich ganz von ihnen losreißen. Zwischen ihnen und mir werden die Bande immer loser, und das letzte Band wird zerreißen, wenn ich der Verachtung, die sie für mich empfinden, meine Liebe entgegenhalte.«

So das Ruder herumwerfend, schenkte ich Euch mein Erbarmen. Nicht daß meine Verzweiflung sich in dieser Form ausgedrückt hätte. Tatsächlich zerflatterten alle meine Gedanken, aber dieses Erbarmen, wie ich sagte, kristallisierte sich zu genauen Überlegungen und nahm in meinem von der Sonne ausgebrannten Kopf eine endgültige, zwanghafte Gestalt an. Mein Überdruß – ich glaubte nicht, daß es die Müdigkeit war – hinderte mich zu ruhen. An den Brunnen trank ich nicht mehr. Meine Kehle war ausgetrocknet. Meine Augen brannten. Ich hatte Hunger.

Auf meinem Gesicht mit den verkrusteten Bartstoppeln schimmerten kupfern die Sonnenreflexe. Ich war wie Leder, vergilbt, trist. Ich lernte, wie man die Dinge anlächelt und über sie meditiert. Aus meiner Anwesenheit als junger Franzose an dieser Küste, aus meiner Einsamkeit, meinem Bettlerdasein, dem Staub der Gräben, der bei jedem Schritt in winzigen Wolken um meine Füße wirbelte – um jeden einzeln – aus dieser tröstlichen Vereinzelung zog mein Stolz Gewinn – dem sich die ganze banale Zerlumptheit meines Aufzugs widersetzte. Meine ausgetretenen Schuhe, meine verdreckten Socken besaßen niemals die Würde, die die Sandalen der Karmeliter über den Staub erhebt und meine schmutzige Jacke verhinderte die geringste Grandezza in meinen Gesten. Es war der Sommer 1934, als ich auf den Straßen Andalusiens umherzog. Nachts – nachdem ich ein paar Centavos in einem Dorf zusammengebettelt hatte – ging ich hinaus aufs Land und schlief in irgendeinem Graben ein. Die Hunde schnupperten – auch mein Geruch isolierte mich – auf den Höfen bellten sie mich an, wenn ich wegging und wenn ich ankam.

»Soll ich oder soll ich nicht«, fragte ich mich, wenn ich an einem weißen Haus vorbeiging, das von gekalkten Mauern umfriedet war.

Mein Zögern dauerte nicht. Der Hund – an die Tür gekettet – kläffte. Ich kam näher. Er kläffte stärker. Die Frau, die nicht über die Schwelle trat, bat ich um einen Sou – in schlechtestem Spanisch – Ausländer zu sein, schützte mich ein wenig –, und wenn man mir das Almosen verweigerte, zog ich mich mit tief geneigter Stirn und unbeweglichem Gesicht zurück.

Die Schönheit dieses Teils der Welt wagte ich nicht zu erkennen. Oder es war die Suche nach dem Geheimnis dieser Schönheit, nach dem Betrug dahinter, dem man zum Opfer fällt, wenn man ihr vertraut. In der Verweigerung entdeckte ich die Poesie.

»Soviel Schönheit ist doch für mich da. Ich registriere sie und weiß, sie ist so unabweislich um mich herum, damit man mein Elend nicht übersieht.«

An den Küsten des Atlantik und des Mittelmeers kam ich durch Fischerhäfen, deren elegante Armut meine eigene verletzte. Ohne daß sie mich gesehen hätten, streifte ich Männer und Frauen, die in einer schattigen Ecke standen, oder Knaben, auf einem Platz spielend. Die Liebe, die die Menschen einander entgegenzubringen scheinen, zerriß mich. Wenn zwei Jünglinge im Vorübergehen einen Gruß tauschten, ein Lächeln, wich ich zurück bis hinter die Grenzen der Welt. Die Blicke, die die zwei Freunde tauschten – ihre Worte manchmal – waren die subtilste Emanation eines Liebesstrahls, der aus beider Herzen strömte. Eines ganz sanften Lichtstrahls, und fein verschlungen: wie gesponnen. Ich war erstaunt, daß soviel Feinheit – ein so zartes und keusches Band einer so empfindlichen Materie wie der Liebe – in der finsteren Schmiede dieser muskulösen Körper entstehen konnte...

Während die Männer immer weiter diesen sanften Strahl aussandten, an dem manchmal die Tropfen eines mysteriösen Taus glänzen. Ich glaubte, den Älteren zu hören, wie er zu dem anderen (nicht zu mir) sagte – er sprach von der Stelle des Körpers, nach der er schmachtete:

»Heut Nacht plätt ich ihn dir wieder, deinen Heiligenschein!«

Ich konnte nicht leicht ertragen, daß man sich liebte – draußen, ohne mich.

(In der Strafkolonie von Belle-Isle treffen sich Maurice G. und Roger B. Sie sind siebzehn. Ich habe sie in Paris gekannt. Ich hatte ein paar Mal mit ihnen Liebe gemacht,

ohne daß einer von dem anderen wußte. Irgendwann sehen sie sich in Belle-Isle, beim Kühe- oder Schafehüten. Ich weiß nicht, wie es zuging, sie sprechen von Paris und die erste Person, die sie nennen, bin ich. Sie amüsieren sich – und wundern sich – weil der andere auch mein Freund war. Maurice hat es mir erzählt.
»So sind wir wirklich Kumpane geworden – indem wir an dich dachten. Es machte mir Kummer ... am Abend ...«
»Warum?«
»Hinter dem Verschlag – der Trennwand zwischen den Männern – hörte ich ihn stöhnen. Er war hübscher als ich und alle Schläger machten sich über ihn her. Ich konnte nichts tun.«
Es berührt mich zu hören, daß das wunderliche Unglück meiner Kindheit in Mettray noch immer fortlebt.)
Im Landesinneren durchstreifte ich Landschaften, deren spitze Felsen in den Himmel ragten und den Azur zerrissen. Diese starre, trockene, bösartige Dürftigkeit spottete meiner eigenen und meinem menschlichen Zartgefühl. Doch sie spornte mich zur Härte an. Ich fühlte mich weniger einsam, seit ich in der Natur mein eigenes Wesen entdeckte: den Hochmut. Ich wollte ein Fels sein unter den Felsen. Ich war glücklich darüber und stolz. So haftete ich an der Erde. Ich hatte meine Begleiter. Ich lernte das Reich der Minerale kennen.
»Wir bieten den Winden, dem Regen, den Schlägen die Stirn.«
Mein Abenteuer mit Stilitano trat in den Hintergrund. Er selbst schrumpfte und war nur noch ein strahlender Punkt von wundervoller Reinheit.
»Das war ein Mann«, sagte ich mir.
Hatte er mir nicht gestanden, er habe in der Legion einen Mann getötet und rechtfertigte er sich nicht auf diese Weise:

»Er drohte, mich abzuknallen. Ich hab ihn getötet. Er hatte ein größeres Kaliber als ich. Ich bin nicht schuldig.«
Ich sah nur noch die männlichen Eigenschaften und Gesten, die ich an ihm kannte. Erstarrt, für immer in der Vergangenheit fixiert, bildeten sie einen festen Gegenstand – unzerstörbar, weil er aus diesen wenigen unvergeßlichen Einzelheiten bestand.
Manchmal – im Inneren dieses negativen Lebens – erlaubte ich mir eine Tat, Diebstähle an armen Teufeln – etwas Ernstes, das mein Gewissen rührte.
Palmen! Die Morgensonne vergoldete sie. Es war das Licht, das fröstelte, nicht die Palmen. Ich sah die ersten. Sie säumten das Mittelmeer. Die Eisblumen auf den Fensterscheiben im Winter waren abwechslungsreicher, aber gleich ihnen – vielleicht noch stärker – versetzten mich die Palmen ins Innere eines weihnachtlichen Bildes, welches paradoxerweise aus dem Vers über das Fest entstand, das dem Tod Gottes vorausgeht: der Einzug in Jerusalem, die Palmwedel, die vor Jesu Füße geworfen werden. Meine Kindheit hatte von Palmen geträumt. Nun war ich bei ihnen. Man hatte mir erzählt, daß in Bethlehem kein Schnee fällt. Durch den Namen Alicante, um einen Spalt geöffnet, schimmerte der Orient. Ich war im Herzen meiner Kindheit, bei jenem Augenblick, den ich mit der größten Inbrunst bewahrt habe. Hinter einer Windung der Straße würde ich unter drei Palmen jene Weihnachtskrippe entdecken, wo ich als Kind *meiner Geburt* zwischen Ochse und Esel beiwohnte. Ich war der niedrigste der Armen dieser Welt, ich lief durch Staub und Erschöpfung, und verdiente endlich – die Palme: reif fürs Bagno, die Strohhüte, die Palmenbäume.
Bei einem Armen sind Geldstücke nicht das Zeichen von Reichtum, sondern des Gegenteils. Gewiß bestahl ich bei

Gelegenheit auch einen reichen Hidalgo – selten, so sehr sind sie auf der Hut –, doch diese Diebstähle hatten keine Wirkung auf meine Seele. Ich werde von denen sprechen, die ich an anderen Bettlern beging. Das Verbrechen von Alicante wird uns aufklären.

Man erinnert sich, wie Pépé in Barcelona auf der Flucht noch Zeit fand, mir das Geld, das er aus dem Staub gerafft hatte, zuzustecken. Aus heldischer Treue zu einem Helden, auch aus Furcht, Pépé oder einer der Seinen könnte mich finden, hatte ich dieses Geld am Fuß einer Katalpa vergraben – auf einem kleinen Platz in der Nähe von Montjuich. Ich war stark genug, es gegenüber Stilitano nie zu erwähnen, aber als wir beschlossen, gemeinsam nach Süden zu wandern, grub ich das Geld aus (zwei- oder dreihundert Pesetas) und schickte es auf meinen eigenen Namen – poste restante – nach Alicante. Über die Wirkung der Landschaft auf die Gefühle hat man oft diskutiert, nicht jedoch, scheint mir, über ihre Wirkung auf ein moralisches Verhalten. Bevor ich Murcia betrat, durchquerte ich den Palmenwald von Elche und die Natur hatte bereits so stark von mir Besitz ergriffen, daß ich anfing, mit Menschen umzugehen wie mit Dingen. In der Nacht kam ich in Alicante an. Ich muß auf einer Baustelle eingeschlafen sein – und als der Morgen graute, offenbarte sich mir das Mysterium der Stadt und des Namens: am Ufer eines ruhigen Meeres, steil abfallend, weiße Berge, ein paar Palmen, ein paar Häuser, der Hafen und in der aufgehenden Sonne die leuchtend-klare und frische Luft. (In Venedig erlebte ich später einen ähnlichen Augenblick.) Zwischen allen Dingen herrschte Frohlocken. Damit ich würdig wäre, in ein solches Reich einzutreten, schien es mir notwendig, freundlich mit den Menschen zu brechen, mich zu reinigen. Es war ein sentimentales Band, das mich an sie

fesselte, und ich mußte es ohne Aufsehen lösen. Den ganzen Weg über hatte ich mir – als eine bittere Freude – ausgemalt, wie ich das Geld am Postbüro abheben und es Pépé ins Gefängnis von Montjuich schicken würde. An einem Kiosk, der gerade öffnete, trank ich eine Tasse warmer Milch und ging dann zum Postschalter. Man machte keine Schwierigkeiten, mir den gefüllten Umschlag auszuhändigen. Das Geld war da, unberührt. Ich ging nach draußen – und zerriß die Scheine. Ich wollte sie in einen Gully werfen – aber dann, damit der Bruch noch deutlicher würde, setzte ich mich auf eine Bank, klebte die Stücke wieder zusammen und gönnte mir ein üppiges Mahl. Sicher verschmachtete Pépé im Knast vor Hunger – aber durch dieses Verbrechen glaubte ich mich von moralischen Skrupeln befreit.
Ich lief jedoch nicht aufs Geratewohl über die Landstraßen. Mein Weg war der aller Bettler, er führte nach Gibraltar. In der Nacht war ich entgeistert über die geballte Erotik des Felsens, der von schlafenden Soldaten und Kanonen wimmelte. Ich hielt mich im Dorf von La Linea auf, das nichts anderes ist als ein riesiges Bordell – dort begann für mich die Zeit der Konservenbüchse. Alle Bettler der Welt – so sah ich sie in Zentraleuropa wie in Frankreich – besitzen eine oder mehrere Weißblechdosen (die zuvor Erbsen enthielten oder Cassoulet), an denen sie einen Henkel aus Eisendraht befestigen. Auf den Straßen und Gleisen marschieren sie mit diesen Büchsen über der Schulter. Meine erste Dose bekam ich in La Linea. Sie war neu. Ich klaubte sie aus einem Abfalleimer, in den man sie am Tage zuvor geworfen hatte. Ihr Metall glänzte. Mit einem Kiesel klopfte ich den schartigen Rand breit, damit er nicht schneidet, und begab mich zu den Stacheldrähten von Gibraltar, wo ich Essensreste englischer Soldaten einsam-

melte. So sackte ich immer tiefer. Ich bettelte nicht mehr Münzen, sondern Suppenreste. Dazu kam die Schmach, Soldaten anzubetteln. Ich fühlte mich unwürdig, wenn mich einer durch seine Schönheit oder durch den Glanz seiner Uniform verwirrte. Nachts versuchte ich, mich ihnen zu verkaufen, und dank der Dunkelheit der Gäßchen gelang es mir. Mittags konnten sich die Bettler an jeder beliebigen Stelle der Einzäunung postieren, aber abends standen wir Schlange in einem der engen Durchgänge in der Nähe der Kaserne. In der Schlange erkannte ich eines Abends Salvador.

Wenn ich zwei Jahre später in Antwerpen Stilitano begegne, wird er Fett angesetzt haben und an seinem Arm wird eine Luxusnutte hängen, mit langen künstlichen Wimpern, eingezwängt in ein schwarzes Satinkleid. Er war immer noch sehr schön, trotz der groben Gesichtszüge, er trug üppige Wollkleidung und goldene Ringe und wurde von einem lächerlich winzigen, aufgeregten weißen Hündchen gezogen. Es war eine Offenbarung: am Zügel führte dieser Lude seine Dummheit, seine lockige, gestriegelte, verhätschelte Spießigkeit. Sie war es auch, die ihm vorausging und ihn in diese triste, regenverhangene Stadt geführt hatte. Ich wohnte rue du Sac, nahe den Docks. Nachts irrte ich durch die Bars, an den Scheldekais. Mit diesem Strom, dieser Stadt der geschliffenen und gestohlenen Diamanten verband ich das strahlende Abenteuer von Manon Lescaut. Aus größter Nähe nahm ich an dem Roman teil, versenkte mich in dieses Bild und verwandelte mich in eine Idee, worin Bagno und Liebe verschmolzen. Mit einem jungen Flamen zusammen, der bei einem Jahrmarkts-Karussell angestellt war, stahl ich Fahrräder in der Stadt des Goldes, der Gemmen und der transatlantischen Raubzüge. Wo Stilitano reich und geliebt war, lebte ich weiter in Armut.

Nie werde ich wagen, ihm vorzuwerfen, daß er Pépé an die Polizei verraten hat. Weiß ich denn, ob mich dieser Verrat Stilitanos nicht freudiger erregte als das Verbrechen des Zigeuners? Ohne daß er mir Einzelheiten nennen konnte – die Unbestimmtheit verlieh dem Bericht Echtheit, verschönte ihn noch – war Salvador glücklich darüber, mich aufzuklären. Die lebhafte, trunkene Stimme – ein wenig brüchig manchmal, um nicht in den triumphierenden Gesang des Opfers einzustimmen – bezeugte seinen Haß auf Stilitano, seine Erbitterung. Ein solches Gefühl ließ Stilitano stärker und größer scheinen. Weder Salvador noch ich waren erstaunt, uns zu sehen.
Da er einer der ersten war und schon zu den Alten in La Linea gehörte, erließ man mir den Zoll, den zwei oder drei brutale, kräftige Bettler von den anderen erhoben. Ich ging zu ihm.
»Ich habe alles erfahren«, sagte er mir.
»Was?«
»Wie, was? Die Verhaftung von Stilitano.«
»Verhaftet? Weshalb?«
»Tu nicht so unschuldig. Du weißt es besser als ich.«
Salvadors ganze Sanftmut war umgeschlagen in eine Art mißgelaunte Bitterkeit. Voller Bosheit berichtete er über die Verhaftung meines Freundes. Es war nicht wegen des Diebstahls der Pelerine oder einer anderen Tat, sondern wegen des Mordes an dem Spanier.
»Er wars nicht.«
»Weiß ich. Klar. Der Zigeuner wars. Aber Stilitano hat alles ausgeplaudert. Er wußte den Namen. Den Zigeuner hat man im Albarracín gefunden. Stilitano ist verhaftet worden, um ihn zu schützen vor den Brüdern und Kumpanen des Zigeuners.«
Auf der Straße nach Alicante – dank des Widerstands, den ich überwinden mußte und allem übrigen, womit ich die

sogenannten Gewissensbisse unterdrückte, – wurde der Diebstahl, den ich beging, zu einer Tat, so hart und rein – fast leuchtend –, daß nur ein Diamant sie auszudrücken vermag. Indem ich sie ausführte, zerstörte ich einmal mehr – ein für allemal, sagte ich mir – das teure Band der Brüderlichkeit.
»Welche moralische Perfektion darf ich nach einem solchen Verbrechen erwarten?«
Da dieser Diebstahl unwiderruflich war, beschloß ich, ihn zur Quelle einer moralischen Vervollkommnung zu machen.
»Er ist feig, gemein, schmutzig, niedrig ...« (ich will ihn nur mit Wörtern benennen, welche die Schande bezeichnen) – nichts woraus er sich zusammensetzt, läßt mir die Chance, ihn zu verherrlichen. Aber ich verleugne nicht diesen ungeheuerlichsten meiner Söhne. Die Welt soll übersät werden von seiner scheußlichen Nachkommenschaft.
Doch diese Zeit meines Lebens kann ich nicht allzu gut beschreiben. Mein Gedächtnis möchte sie vergessen. Es möchte ihre Umrisse verwischen, sie mit Talg pudern und mit einer Formel schmücken – ähnlich jenem Milchbad, das die eleganten Damen des sechzehnten Jahrhunderts ein *bain de modestie* nannten.
Ich ließ mir den Napf mit einem Rest Suppe füllen und aß sie allein, in einer Ecke. Den Kopf unter dem Gefieder, bewahrte ich mir die Erinnerung an einen Stilitano, der sublim und niederträchtig war. Ich war stolz auf seine Stärke und stark durch seine Komplizenschaft mit der Polizei. Den ganzen Tag über erfüllte mich eine ernste Traurigkeit. Auf allen meinen Handlungen, auch den einfachsten lastete ein Gefühl des Unbefriedigtseins. Ich wollte, daß ein sichtbarer, strahlender Ruhm sich auf meinen Fingerspitzen kundtut, daß meine Kraft mich vom

Boden hebt, in mir explodiert, mich auflöst – und mich wie Regen in alle vier Himmelsrichtungen zerstreut. Ich hätte auf die Welt geregnet. Mein Staub, mein Blütenstaub hätte die Sterne berührt. Ich liebte Stilitano. Aber ihn zu lieben in der steinigen Dürre dieses Landes, unter einer unwiderruflichen Sonne, erschöpfte mich, umrandete wie Feuer meine Lider. Vielleicht hätten mich ein paar Tränen befreit. Oder eine lange, brillante Rede vor einem aufmerksamen und ehrfürchtigen Publikum. Ich war allein, ohne Freunde.

Ich blieb einige Tage in Gibraltar, aber vor allem in La Linea. Gleichgültig traf ich mich mit Salvador vor dem englischen Stacheldraht, zur Stunde der Mahlzeiten. Mehr als einmal sah ich ihn aus der Ferne, wie er mich mit dem Finger oder dem Kinn einem anderen Clochard zeigte. Die Zeit meines Lebens, als ich mit Stilitano war, beunruhigte ihn. Er versuchte, das Geheimnis zu ergründen. Die Nähe eines »Mannes«, und daß dieses Leben sein eigenes berührte – von einem Zeugen mitgeteilt, einem wahren Märtyrer in den Augen der anderen Bettler – verschaffte mir ein merkwürdiges Ansehen. Ich bemerkte es an deutlichen, wenn auch geringfügigen Anzeichen und ich akzeptierte es ohne Arroganz, während ich in mir selbst den Weg weiterging, den mir Stilitano, wie ich glaubte, wies.

Ich hätte mich gern nach Tanger eingeschifft. Die Filme und Romane haben diese Stadt zu einem schauervollen Ort gemacht, einer Art Spelunke, wo die Spieler die Geheimpläne aller Armeen der Welt verhökern. Von der spanischen Küste aus schien mir Tanger eine Märchenstadt. Sie war das Symbol des Verrats.

Manchmal ging ich zu Fuß nach Algeciras, irrte im Hafen umher und schaute in die Ferne, dorthin, wo am Horizont die berühmte Stadt auftauchte.

»Was für Orgien von Verrat und Gefeilsche kann man sich dort hingeben?« fragte ich mich.
Gewiß, die Vernunft hinderte mich zu glauben, daß man mich mit Spionageaufträgen betraut hätte, aber so heftig war meine Begierde, daß ich mich erleuchtet, auserwählt glaubte. Auf meiner Stirn war, für alle sichtbar, das Wort Verräter eingraviert. Also sparte ich etwas Geld und nahm in einem Fischerboot Platz – doch der Sturm nötigte uns, nach Algeciras zurückzukehren. Ein anderes Mal konnte ich mit Hilfe eines Matrosen auf ein Passagierschiff gelangen. Meine abgerissenen Kleider, mein verdrecktes Gesicht, meine langen, schmutzigen Haare erschreckten die Zöllner, so daß sie mich hinderten, an Land zu gehen. Zurück in Spanien beschloß ich, es über Ceuta zu versuchen: dort sperrte man mich für vier Tage ein – und ich mußte zurückkehren, von wo ich hergekommen war.
Wahrscheinlich wäre es mir in Tanger ebensowenig wie anderswo gelungen, mich einem Abenteuer zu verschreiben, das von einer Organisation mit Sitz in irgendwelchen Büros gelenkt wird – einem Abenteuer nach den Regeln der Strategie internationaler Politik – doch diese Stadt verkörperte für mich auf so einzigartig-wunderbare Weise den Verrat, daß ich dachte, nur hier könnte ich am Ende landen.
»Was für wunderbare Vorbilder ich dort treffen würde!«
Marc Aubert zum Beispiel, Stilitano und noch andere, die ich im Verdacht hatte – ohne daß ich allzu sehr daran zu glauben wagte –, daß ihnen die Regeln der Loyalität und Rechtschaffenheit nichts bedeuteten. Von ihnen zu sagen, »sie sind falsch«, rührte mich. Rührt mich noch immer, manchmal. Sie sind die einzigen, die ich jeder Kühnheit für fähig halte. Aus der Vielzahl dieser Linien, ihrer Gewundenheit, ihren Verschränkungen entsteht, was ich

das Abenteuer nenne. Diese Männer entfernen sich von Euren Regeln. Sie halten keine Treue. Vor allem haben sie einen Makel, eine Wunde, ähnlich wie die Traube in der Hose von Stilitano. Je größer in Euren Augen meine Schuld ist, je vollständiger ich sie auf mich nehme, desto größer wird meine Freiheit sein. Desto vollkommener meine Einsamkeit und meine Einmaligkeit. Durch meine Schuld gewann ich zudem das Recht auf Klugheit. Zu viele Leute denken, sagte ich mir, ohne ein Recht darauf zu haben. Sie haben nicht bezahlt mit einer Tat, die das Denken unerläßlich macht zu *Eurem Heil*.
Diese *Verfolgung* der Verräter und des Verrats war nur eine der Formen des Erotismus. Es ist selten – es kommt fast nicht vor –, daß ein Junge mir jene schwindelhafte Freude schenkt, die mir nur das Geflecht eines Lebens bieten kann, in das ich mit ihm verschlungen bin. Ein Körper unter meinen Laken liegend, im Stehen auf einer Straße gestreichelt, oder nachts in einem Wald, am Strand, gibt mir die Hälfte der Lust: ich wage nicht, mich als Liebenden zu sehen, denn ich habe so viele Situationen erlebt, wo meine Person etwas bedeutete und den Zauber des Augenblicks beherrschte. Sie werden nie wiederkehren. So stelle ich fest, daß ich immer nur Situationen gesucht habe, die geladen waren mit erotischen Absichten. Das ist es, unter anderem, was mein Leben leitete. Die Helden und Einzelheiten mancher Abenteuer sind erotisch. Sie waren es, die ich erleben wollte.
Ein paar Tage darauf erfuhr ich, daß man Pépé zum Bagno verurteilt hatte. Ich schickte alles Geld, das ich besaß, an Stilitano ins Gefängnis.

Zwei Photos der Ermittlungsbehörden sind wieder aufgetaucht. Auf dem einen bin ich sechzehn oder siebzehn Jahre alt. Unter einer Jacke der Öffentlichen Fürsorge trage ich einen zerrissenen Pullover. Mein Gesicht ist ein reines Oval, meine Nase breitgequetscht, eingedrückt durch einen Fausthieb bei einer Rauferei, die ich vergessen habe. Mein Blick ist unbeteiligt, trist, herzlich und sehr ernst. Ich habe dichtes, zerzaustes Haar. Als ich mich in diesem Alter betrachtete, sprach mein Gefühl fast mit lauter Stimme:
»Armer Kleiner, du hast gelitten.«
Ich sprach gnädig von einem anderen Jean als mir selbst. Damals litt ich unter einer Häßlichkeit, die ich auf meinem Kindergesicht nicht wiederfinde. Dank meiner Dreistigkeit – ich war unverfroren – bewegte ich mich im Leben zwanglos. Von meiner Ängstlichkeit bemerkte man zunächst nichts. Aber in der Dämmerung, wenn ich erschlaffte, neigte sich mein Kopf und ich fühlte, wie sich mein Blick schwer auf die Welt senkte, sich in ihr auflöste oder sich zurückzog und in mir erlosch – er kannte, so glaube ich, meine absolute Einsamkeit. Als Knecht auf dem Bauernhof, als Soldat, in der Verwahranstalt der Fürsorgekinder – trotz der Freundlichkeit und manchmal Zuneigung meiner Oberen – war ich vollkommen allein. Das Gefängnis schenkte mir den ersten Trost, den ersten Frieden, die erste freundschaftliche Verwirrung: in der Verworfenheit. So viel Einsamkeit machte mich selbst zu meinem eigenen Gefährten. Indem ich die Welt außerhalb meiner Person betrachtete, ihre Unbestimmtheit, ihre Wirrnis, die nachts noch verworrener wurde, erhob ich sie zur Gottheit – und ich selbst war nicht nur ihr bevorzugter Vorwand – umhegter, behutsam gepflegter Gegenstand, auserwählt und umsichtig gelenkt – wenngleich durch

schmerzvolle, entkräftende Prüfungen, am Rande der Verzweiflung – sondern einziger Zweck dieses ganzen Aufwands. Und nach und nach, in einem Verfahren, das ich nur schwer beschreiben kann – ohne die Umrisse meines Körpers zu verändern – vielleicht weil es auf diese Art einfacher war, einen so kostbaren Grund für all die Glorie zu bewahren, verlegte ich in mich selbst diese Gottheit, die mein Ursprung war und die über mich verfügte. Ich verschlang sie. Widmete ihr Gesänge, die ich erfand. Nachts pfiff ich. Die Melodie war religiös, getragen und der Rhythmus ein wenig schwerfällig. Sie verband mich mit Gott, denn Gott war nur die Hoffnung und die Inbrunst meines Gesangs. Über die Straßen hin, die Hände in den Taschen, den Kopf geneigt oder aufgerichtet, die Häuser betrachtend oder die Bäume, pfiff ich meine unbeholfenen Hymnen, die weder fröhlich noch traurig waren, sondern ernst. Ich entdeckte, daß die Hoffnung nur in ihrem Ausdruck besteht. Auch die Geborgenheit. Nie hätte ich auf einen leichten Rhythmus gepfiffen. Ich erkannte die religiösen Themen wieder: Sie erschaffen Venus, Merkur oder die Jungfrau.

Auf dem zweiten Photo bin ich dreißig. Mein Gesicht ist härter geworden. Die Backenknochen treten hervor. Der Mund ist verbittert und feindselig. Ich habe das Aussehen eines Strolches, obwohl meine Augen sehr sanft geblieben sind. Ihre Sanftheit war übrigens kaum auszumachen wegen der Starre, zu der mich der offizielle Photograph nötigte. Durch diese beiden Bilder entdecke ich die Gewalttätigkeit wieder, die mich damals beherrschte. Von meinem sechzehnten bis zu meinem dreißigsten Jahr – in den Kinderkerkern, den Zuchthäusern, den Bars – suchte ich nicht das heroische Abenteuer, sondern ich identifizierte mich mit den schönsten und unglücklichsten der

Verbrecher. Ich wollte die junge Prostituierte sein, die ihren Geliebten nach Sibirien begleitet – oder die ihn überlebt, nicht um ihn zu rächen, sondern um ihn zu beweinen und sein Andenken zu rühmen.

Zwar glaubte ich nicht, daß ich von prächtiger Geburt wäre, doch die Ungewißheit meiner Herkunft ermöglichte mir, sie auszumalen. Ich fügte ihr die Einzigartigkeit meines Elends hinzu. Von meiner Familie im Stich gelassen, schien es mir nur natürlich, diesen Umstand noch zu verschärfen durch die Knabenliebe und diese Liebe durch den Diebstahl, den Diebstahl durch das Verbrechen oder die Neigung zum Verbrechen. So verwarf ich entschlossen eine Welt, die mich verworfen hatte. Daß ich mich beinahe freudig auf die Augenblicke der größten Demütigung stürzte, erklärt sich vielleicht aus einem Bedürfnis meiner kindlichen Phantasie, die sich Schlösser erfand, Parks (in denen es mehr Wächter gab als Statuen), Brautkleider, Trauerzüge, Hochzeiten, um darin die schmächtige, stolze Gestalt eines verlassenen kleinen Jungen spazierenzuführen – und später, aber nur wenig später, als diese Träumereien in einem elenden Leben aufs Heftigste und bis zur Erschöpfung durchkreuzt werden durch die Strafanstalten, Gefängnisse, Diebstähle, Verhöhnungen, die Prostitution, drapierte ich mit diesen Ornamenten (und ihrem erlesenen Ausdruck) – meinen mentalen Gewohnheiten, den Objekten meiner Begierde – mein wirkliches Leben als Mann, aber vorher noch als unterdrücktes Kind, welches die Gefängnisse mit Genugtuung erfüllen. Dem Gefangenen bietet das Gefängnis das gleiche Gefühl von Sicherheit wie der königliche Palast dem Gast eines Königs. Es sind die beiden Gebäude, die mit dem stärksten Glauben errichtet wurden, die die größte Gewißheit ausstrahlen zu sein, was sie sind – die sind, was sie sein wollten und es bleiben. Gemäuer, Materialien, Proportionen, die Architektur stimmen überein mit einem moralischen Gefüge, das diese Stätten vor Zerstörung bewahrt, solange das soziale Gebilde besteht, welches sie symbolisieren. Das Gefängnis ist eine vollkommene Garantie. Ich hege keinen Zweifel, daß es für mich erbaut wurde – nicht anders als der Justizpalast, dessen Nebengebäude und gewaltige Vorhalle. Mit dem größten Ernst wurde mir dies alles zugedacht. Die Unerbittlichkeit des Reglements, seine Engstirnigkeit, seine Genauigkeit sind von der gleichen Art wie die Etikette eines königlichen Hofes, wie die vollendete, tyrannische Höflichkeit, die dem Gast an diesem Hofe zuteil wird. Das Gefängnis wie der Palast ruht auf behauenen Quadern von hervorragender Qualität, auf Marmortreppen, auf reinem Gold, auf den seltensten Skulpturen des Königreichs, der absoluten Macht seiner Bewohner; aber die Ähnlichkeit besteht auch darin, daß das eine Gebäude die Wurzel, das andere die Krone eines lebendigen Organismus bildet, welcher pendelt zwischen diesen beiden Polen, die ihn einfassen, verdichten, die Gewalt in ihrer reinsten Form verkörpernd. Welche Geborgenheit in diesen Teppichen, diesen Spiegeln, sogar in der Intimität der Latrinen des Palastes. Der Akt des Scheißens am frühen Morgen hat nirgendwo sonst jene feierliche Bedeutung, die ihm der Vollzug in einem Kabinett gewährt, durch dessen getönte Scheiben man das Relief der Fassade, die Garden, die Statuen, den Ehrenhof ahnt; in einem kleinen Abtritt, wo das Seidenpapier von gleicher Beschaffenheit ist wie anderswo, und wo sich alsbald im seidenen Morgenrock und in rosa Pantöffelchen, zerzaust, entpudert, voller Puder eine Demoiselle d'honneur schwerfällig entleeren wird; in einem kleinen Abtritt, aus dem ich nicht brutal durch kräftige Gardisten gezerrt werde, denn dort zu scheißen ist eine wichtige Handlung in dem Leben, zu dem mich der König berufen hat. Dieselbe Sicherheit bietet mir das Gefängnis. Nichts kann es vernichten. Kein Windstoß, kein Sturm, kein Bankrott. Es bleibt seiner gewiß, und Ihr seid Eurer gewiß – mitten darin. Trotzdem: der Ernst, mit dem diese Gebäude errichtet wurden, mit dem sie sich selbst achtungsvoll betrachten, sich aus der Ferne messen und verständigen – durch diesen Ernst, durch ihre Verankerung in der Erde werden sie untergehen. Hätte man sie nachlässiger auf den Boden und in die Welt gestellt, könnten sie vielleicht länger dauern, aber ihr gravitätisches Gehabe zwingt mich, sie ohne Erbarmen anzuschauen. Ich erkenne, daß sie ihre Fundamente in mir selbst haben, daß sie das Zeichen meiner extremsten, gewalttätigen Neigungen sind und mein ätzender Geist arbeitet bereits an ihrer Zerstörung. Blindlings stürzte ich mich in ein elendes Dasein, das aussah wie zerstörte Paläste, verwüstete Gärten, toter Glanz. Es waren diese Ruinen, aber je verstümmelter die Ruinen, um so weiter entfernt schien mir das, wovon sie das sichtbare Zeichen waren (vergraben in einer geheiligten Vergangenheit) –, so daß ich nicht mehr weiß, ob ich in einem prächtigen Elend hauste oder ob meine Verworfenheit herrlich war. Doch nach und nach löste sich diese Idee der Erniedrigung aus ihrem Zusammenhang, die Taue, mit denen sie an diesen idealisierenden Vergoldungen festgemacht war – die sie rechtfertigen sollten in den Augen der Welt, meinen eigenen Augen, sie beinahe entschuldigend – zerrissen, und sie blieb allein zurück, sich selbst der einzige Grund, die einzige Notwendigkeit und ihr einziges Ziel. Und die verliebte Vorstellung des königlichen Pomps durch den verlassenen Buben ließ mich meine Schmach vergolden, sie ziselieren, ein Goldschmiedewerk daraus

machen – in der gewöhnlichen Bedeutung dieses Wortes – bis durch den Gebrauch und vielleicht die Abnutzung der verschleiernden Wörter die Demut zum Vorschein kam. Meine Liebe zu Stilitano verdeutlichte mir wieder diese außergewöhnliche Anlage. Durch ihn – falls ich irgendeinen Adel gekannt habe – fand ich die Richtung meines Lebens wieder – wie man sagt: die Maserung im Holz – und daß sein Sinn außerhalb Eurer Welt liegen mußte. Ich kannte in dieser Zeit eine Härte und Hellsicht, die meine Haltung den Armen gegenüber erklärt: meine Not war so groß, daß ich aus einem Teig zu bestehen schien, der von ihr geknetet war. Sie durchdrang und nährte meinen Körper wie meine Seele. Ich schreibe dieses Buch in einem Palast einer der prunkvollsten Städte der Welt, wo ich reich bin, während ich die Armen doch nicht beklagen kann: ich bin sie. Wenn es mir süß ist, mich vor ihnen zu spreizen, so bedaure ich – das ist die Wahrheit – daß ich es nicht mit größerem Pomp und noch schamloser tun kann.
Ich hätte einen lautlosen, schwarz-lackierten Wagen, aus dessen Fond ich unbekümmert das Elend betrachten würde. Vor ihm würde ich Umzüge mit mir selbst defilieren lassen, prächtig ausstaffiert, damit das Elend mich vorübergehen sieht, damit die Armen – die ich nicht aufhöre zu sein – sehen, wie ich die Fahrt verlangsame, mit Noblesse, in der Stille eines Luxusmotors, im irdischen Glorienschein, der – wenn ich es will – Symbol des anderen ist.
Mit Stilitano war ich die Armut ohne Hoffnung und kannte in dem ausgedorrtesten Land Europas die trockenste Formel der Poesie – die nachts manchmal gemildert wurde durch mein ängstliches Schaudern vor der Natur.
Weiter oben schrieb ich: ... »Gefilde in der Dämmerung«. Ich dachte damals nicht, daß dort Krieger verborgen sein

könnten, die mich töten oder foltern würden, im Gegenteil, dieser Ort war so sanft, mütterlich, gütig, daß ich nicht ich selbst bleiben wollte, um besser mit dieser Güte zu verschmelzen. Oft stieg ich aus einem Güterzug und irrte durch die Nacht, auf ihr träges Rumoren lauschend; ich hockte mich ins Gras – oder ich wagte nicht, es zu tun und blieb reglos, mitten auf einer Wiese, stehen. Manchmal vermutete ich hier den Schauplatz einer Untat und ließ darin jene Helden auftreten, die bis zum Tode mein wahres Drama symbolisieren werden: zwischen zwei alleinstehenden Weiden ein junger Mörder, der – eine Hand in der Tasche – mit einem Revolver auf den Rücken eines Bauern zielt und schießt. War es die Teilnahme an einem menschlichen Drama, welche die Pflanzen so sanft und empfänglich machte? Ich verstand sie. Ich rasierte nicht mehr den Flaum, der Salvador mißfiel und nahm noch mehr das Aussehen eines vermoosten Strunks an.
Salvador erwähnte jetzt Stilitano mit keinem Wort mehr. Er wurde immer abstoßender, und doch schenkte er anderen Clochards noch Lust, wie es sich traf, in einem Gäßchen oder auf einer elenden Pritsche.
»Man muß pervers sein, um mit diesem Typ Liebe zu machen«, hatte mir Stilitano einmal von Salvador gesagt. Was für eine wunderbare Perversion – sanft und gnädig –, die uns die Häßlichen, die Verdreckten, die Entstellten lieben läßt!
»Findest du immer noch Kerle?«
»Ich schlage mich durch«, sagt er und zeigt seine spärlichen schwarzen Zähne. »Manchmal geben sie mir einen Rest aus dem Brotbeutel oder dem Eßnapf.« Mit treuer Regelmäßigkeit führte er seine immer gleiche Funktion aus. Seine Bettelei war ein stagnierendes Gewässer, ein ruhender, durchsichtiger, von keinem Hauch berührter

See – und diese trübe Gestalt war das vollkommene Bild dessen, der ich hätte sein wollen. Wenn ich in diesem Augenblick meiner Mutter begegnet wäre – und sie wäre demütiger gewesen als ich – hätten wir beide vielleicht den Aufstieg fortgesetzt – obwohl die Sprache das Wort Abstieg verlangt oder irgendein anderes, welches nach unten zeigt – den schwierigen, schmerzhaften Anstieg, sage ich, der zur Erniedrigung führt. Mit ihr zusammen hätte ich dieses Abenteuer erlebt, ich hätte es aufgeschrieben, und die gemeinsten Wendungen – Gesten oder Wörter – verherrlicht durch die Gnade der Liebe.

Ich kehrte nach Frankreich zurück. Mühelos überquerte ich die Grenze, aber nach einigen Kilometern wurde ich in Frankreich von Gendarmen festgenommen. Meine Lumpen sahen zu spanisch aus.
»Papiere!«
Ich zeigte ein paar schmutzige Zettel, die vom vielen Falten zerrissen waren.
»Und das Carnet?«
»Welches Carnet?«
So erfuhr ich von der Existenz des demütigenden anthropometrischen Carnets. Es wird an alle Landstreicher ausgegeben. Auf jeder Gendarmerie wird es kontrolliert. Man warf mich ins Gefängnis.

Nach vielen Aufenthalten im Gefängnis verließ der Dieb Frankreich. Er wanderte zunächst durch Italien. Die Gründe, die ihn dorthin führten, sind dunkel. Vielleicht war es die Nähe der Grenze. Rom. Neapel. Brindisi. Albanien. Auf der »Rodi«, die mich in Santi-Quaranta ausschiffte, stehle ich einen Koffer. In Korfu verweigern mir die Hafenbehörden die Einreise. Sie zwingen mich, die Nacht in dem Boot zu verbringen, das ich gemietet hatte, um auf die Insel zu gelangen. Danach Serbien. Dann Österreich. Die Tschechoslowakei. Polen, wo ich versuchte, gefälschte Zlotys abzusetzen. Überall Diebstahl, Gefängnis und die Ausweisung aus jedem dieser Länder. Ich durchquere Grenzen bei Nacht, trostlose Herbste, in denen alle Burschen schwerfällig und erschöpft sind, und Frühlinge; plötzlich kriechen sie, wenn der Abend einbricht, aus irgendeinem Unterschlupf und schwärmen in die Gäßchen aus, auf die Kais, die Wälle, in die öffentlichen Parks, die Kinos und Kasernen. Schließlich Hitler-Deutschland. Von dort nach Belgien. In Antwerpen werde ich Stilitano wiederbegegnen.

Brno – oder Brünn – ist eine Stadt der Tschechoslowakei. Ich kam zu Fuß an, im Regen, nachdem ich in Retz die Grenze zu Österreich überquert hatte. Mit kleinen Diebstählen in den Geschäften konnte ich ein paar Tage überleben, aber ich war ohne Freunde, verloren in einem verstörten Volk. Gern hätte ich mich ausgeruht von einer turbulenten Wanderung durch Serbien und Österreich, auf der Flucht vor der Polizei dieser Länder und vor Komplizen, die mir verbittert nachstellten. Die Stadt Brno ist düster, feucht, der Rauch der Fabriken und die Farbe der Steine drücken sie zu Boden. Meine Seele hätte sich dort ausgestreckt und wäre erschlafft wie in einem Zimmer hinter herabgelassenen Läden, wenn ich nur für ein paar Tage genug Geld gehabt hätte. Man sprach in Brno Deutsch und Tschechisch. So kam es, daß sich in der Stadt rivalisierende Banden junger Straßensänger bekämpften, von denen mich eine, die auf Deutsch sang, aufnahm. Wir waren sechs. Ich sammelte das Geld ein und verteilte es. Drei meiner Kameraden spielten Gitarre, ein anderer Akkordeon, der fünfte sang. Ich stand gegen eine Mauer gelehnt, an einem diesigen Tag, als ich die Truppe bei einem Konzert sah. Einer der Gitarristen war ungefähr zwanzig Jahre alt. Er war blond, trug ein Hemd mit Schottenmuster und eine gerippte Samthose. Schönheit in Brno ist selten, dieses Gesicht zog mich an. Ich schaute ihm eine Weile zu und bemerkte, wie er einem dicken, rosigen, sorgfältig gekleideten Mann mit einer ledernen Aktentasche versteckt zulächelte. Begriffen die jungen Leute, daß sich ihr Kamerad mit den reichen Pédés der Stadt einließ? Ich entfernte mich, aber ich richtete es so ein, daß ich sie mehrmals, an verschiedenen Ecken, wiedertraf. Keiner von ihnen stammte aus Brno, außer jener, der mein Freund wurde und Michaelis Andritch hieß. Seine Gesten waren graziös, doch nicht weibisch. Solange er mit mir blieb, kümmerte er sich nie um Frauen. Zum ersten Mal sah ich – zu meiner Überraschung – einen Päderasten mit männlichem, sogar etwas brüskem Gebaren. Er war der Aristokrat der Truppe. Sie schliefen alle in einem Keller, wo sie auch kochten. Von den kurzen Wochen, die ich mit ihnen verbrachte, könnte ich nur wenige bedeutungslose Ereignisse berichten – außer meiner Liebe für Michaelis, mit dem ich Italienisch sprach. Er machte mich mit dem Industriellen bekannt. Er war rosig und fett und schien trotzdem nicht den Boden zu beschweren. Ich war sicher, daß Michaelis keine Zuneigung für ihn empfand, aber ich hielt ihm vor, daß Diebstahl etwas Schöneres wäre als Prostitution.

»Ma sono il uomo«, antwortete er arrogant. Trotz meiner Zweifel tat ich, als glaubte ich ihm. Ich erzählte ihm von einigen Diebstählen und daß ich im Gefängnis war: er

bewunderte mich. In wenigen Tagen – meine Kleidung war mir dabei behilflich – gewann ich in seinen Augen ein gewisses Ansehen. Wir begingen erfolgreich einige Diebstähle und ich wurde sein Meister.
Nicht ohne Selbstgefälligkeit spreche ich davon, daß ich ein geschickter Dieb war. Nie hat man mich auf frischer Tat ertappt. Aber es hat keine Bedeutung, ob ich hervorragend zu stehlen weiß – zu meinem irdischen Nutzen: ich wollte das Gewissen des Diebstahls sein, dessen Gedicht ich schreibe. Es geht mir nicht darum, meine Taten aufzuzählen, sondern ich will zeigen, was ich ihnen moralisch verdanke, was ich durch sie gestalte, was die einfacheren Diebe vielleicht unbewußt suchen und selbst erreichen könnten.
Ich kokettiere mit meiner Diskretion.

Dieses Buch, »Tagebuch des Diebes«: die Jagd nach der »Unmöglichen Bedeutungslosigkeit«.

Sehr rasch beschlossen wir, die Stadt zu verlassen, nachdem wir den Bourgeois geplündert hatten. Wir wollten Polen erreichen, wo Michaelis Falschmünzer kannte. Dort sollten wir gefälschte Zlotys in Umlauf bringen.
Obschon ich Stilitano nicht vergessen hatte, übernahm der andere seinen Platz an meinem Herzen und meinem Körper. Von dem früheren blieb eine Art Einfluß, der meinem Lächeln – das in der Erinnerung gegen das seine prallte – ein wenig Grausamkeit und meinen Gesten Strenge verlieh. Ich war von einem so schönen Raubvogel geliebt worden – einem Würgefalken der edelsten Gattung –, daß ich mir einem graziösen Gitarristen gegenüber ein wenig

Übermut erlauben durfte, obgleich dessen wachsames Auge nur weniges zuließ. Ich wage nicht, sein Porträt zu geben, Ihr würdet die Eigenschaften erkennen, die ich bei allen meinen Freunden wiederentdecke. (Vorwände meines Schillerns, meiner Transparenz, meiner Absenz zuletzt – diese Burschen, von denen ich spreche, lösen sich in Dunst auf. Von ihnen bleibt nur, was von mir bleibt: ich bin nur durch sie, die nichts sind, da sie nur durch mich existieren. Sie werfen ihr Licht auf mich, aber ich bin der Ort, wo sich die Wellen überlagern. Die Knaben: meine Garde im Zwielicht.) Dieser besaß vielleicht etwas mehr liebenswürdige Verschlagenheit, und um ihn besser zu kennzeichnen, bin ich versucht – so graziös vibrierte er – einen altmodischen Ausdruck zu gebrauchen:
»Was für eine herzige Geige!«
Wir überquerten die Grenze mit wenig Geld, denn der Alte war auf der Hut gewesen, und kamen in Kattowitz an. Dort trafen wir die Freunde von Michaelis, aber am zweiten Tag verhaftete uns die Polizei wegen Handels mit Falschgeld. Wir blieben im Gefängnis, er drei Monate, ich zwei. Hier geschah etwas, was mein inneres Leben angeht. Ich liebte Michaelis. Zu sammeln, während die Burschen sangen, war nicht demütigend. Zentraleuropa kennt diese Gruppen von jungen Leuten, und alle unsere Gesten hatten die Unschuld der Jugend und ihre Fröhlichkeit. Ich konnte ohne Scham Michaelis zärtlich lieben und es ihm sagen. Insgeheim hatten wir auch bei Nacht, in der Wohnung seines Geliebten unsere Schäferstündchen. In Kattowitz blieben wir – bevor man uns ins Gefängnis brachte – einen Monat zusammen bei der Polizei. Jeder hatte eine Zelle, aber am Morgen, vor der Öffnung der Büros, holten uns zwei Polizisten, zum Ausleeren der Latrinen und zum

Waschen der Fliesen. Der einzige Augenblick, an dem wir uns sehen konnten, stand im Zeichen der Schmach, denn die Polizisten rächten sich für die Eleganz des Franzosen und des Tschechen. Früh morgens weckten sie uns, damit wir den Kübel leeren. Wir stiegen fünf Stockwerke hinunter. Die Treppe war steil. Auf jeder Stufe schwappte eine kleine Woge Urin über meine Hand und die von Michaelis, den ich auf Geheiß der Polizisten Andritch zu nennen hatte. Wir hätten gern gelächelt, um diesen Augenblicken ein wenig Leichtigkeit zu geben, aber der Geruch nötigte uns, die Nasenflügel zusammenzukneifen, und die Müdigkeit verkrampfte unsere Züge. Auch die schwierige Verständigung auf Italienisch war uns nicht günstig. Vorsichtig, ernst, mit feierlicher Langsamkeit, trugen wir diesen gewaltigen, metallenen Nachttopf, in den eine ganze Nacht lang stämmige Polizisten sich von einer Materie und Flüssigkeit erleichtert hatten, welche zunächst warm und am Morgen erkaltet war. Wir leerten ihn in die Latrinen im Hof und stiegen mit dem leeren Kübel wieder hinauf. Wir vermieden, uns anzuschauen. Hätte ich Andritch unter schmachvollen Umständen kennengelernt und ihm nicht dieses strahlende Bild von mir gezeigt, es brauchte mich nicht zu rühren, daß ich jetzt mit ihm die Scheiße der Büttel trug, doch nun – um ihn der Demütigung zu entreißen – wurde ich steif wie ein hieratisches Zeichen, ein Gesang, ein Held, der die Gedemütigten aufrichtet. Nachdem der Kübel geleert war, warfen uns die Polizisten einen Putzlumpen zu und wir wuschen den Fußboden. Auf Knien krochen wir vor ihnen, rieben die Fliesen und wischten sie. Sie traten uns mit den Absätzen ihrer Stiefel. Michaelis begriff zweifellos meine Pein. Da ich in seinen Blicken und Gesten nicht lesen konnte, war ich unsicher, ob er mir meine Erniedrigung verzieh. Ich hatte die Vorstellung, daß

ich eines Morgens revoltieren und den Kübel vor die Füße der Bullen schütten würde, aber als ich mir die Rache dieser Bestien ausmalte – sie würden mich in die Pisse und die Scheiße zerren und mit der schäumenden Wut aller ihrer Muskeln zwingen, sie aufzulecken – entschied ich, daß dies eine außergewöhnliche Situation war, die mir zuteil wurde, weil sie zu mir gehörte.
»Fürwahr, diese Lage ist seltsam«, sagte ich mir, sie ist außergewöhnlich. Vor dem Menschen, den ich anbete und dessen Blicken ich wie ein Engel erschien, schleudert man mich zu Boden, fresse ich Staub, wende ich mich wie ein Handschuh und zeige mich als das Gegenteil dessen, der ich war. Warum sollte ich nicht auch dieses »Gegenteil« sein? Da die Liebe, die Michaelis mir entgegenbrachte – seine Bewunderung eher – nur in der Vergangenheit möglich war, muß ich ohne diese Liebe auskommen.
Als ich dieses dachte, verhärteten sich meine Züge. Ich wußte, nun kehre ich in die Welt zurück, aus der jede Zärtlichkeit verbannt ist, denn in ihr herrschen die Gefühle, die sich dem Edelmut und der Schönheit widersetzen. Sie entspricht in der physischen Welt der Welt der Verworfenheit. Obwohl es den Anschein hatte, daß er sich dieser Lage bewußt war, ertrug sie Michaelis unbeschwert. Er scherzte mit den Wächtern, lächelte häufig, sein ganzes Gesicht sprühte vor Unschuld. Die Freundlichkeit, die er mir entgegenbrachte, reizte mich. Er wollte mir die Frondienste abnehmen, doch ich stieß ihn zurück.
Ich suchte einen Vorwand, um mich noch weiter von ihm zu entfernen und brauchte nicht lange zu warten. Eines Morgens bückte er sich, um den Bleistift aufzuheben, der einem der Polizisten entglitten war. Auf der Treppe beschimpfte ich ihn. Er verstand nicht. Er wollte mich beruhigen, indem er sich noch anhänglicher zeigte, was mich erbitterte.

»Du bist ein Feigling«, sagte ich zu ihm. »Ein Schwein bist du. Die Bullen machen es dir noch viel zu leicht. Eines Tages wirst du ihnen wirklich die Stiefel lecken. Vielleicht kommen sie dich in der Zelle besuchen!«
Ich haßte ihn, weil er Zeuge meiner Erniedrigung war, nachdem er gesehen hatte, daß ich ein Befreier sein konnte. Meine Kleider sahen verrottet aus, ich war schmutzig, unrasiert, meine Haare struppig: ich wurde abstoßend und nahm wieder das Aussehen eines Strolchs an, was Michaelis mißfiel, weil es zu seinem eigenen Wesen paßte. Ich versackte in der Schmach. Ich hatte aufgehört, meinen Freund zu lieben. Auf diese Liebe – die erste, in der ich mich als Beschützer fühlte – folgte eine Art Haß, ein krankhafter, schmutziger Haß, der noch einige Fasern von Zuneigung enthielt. Wäre ich allein gewesen, ich hätte die Polizisten vergöttert. Kaum war ich eingeschlossen in meiner Zelle, träumte ich von ihrer Kraft, ihrer Freundschaft, einer Komplizenschaft zwischen ihnen und mir: unsere Eigenschaften tauschend, hätten sie sich als Strolche und ich als Verräter entpuppt.
»Es ist zu spät«, sagte ich mir. Als ich gut gekleidet war, eine Uhr hatte und schimmernde Schuhe, hätte ich es mit ihnen aufnehmen können, jetzt ist es zu spät, ich bin ein Wrack.
Es schien mir nun endgültig, daß ich in der Schande verharren mußte, obwohl mich doch ein geglückter Versuch für ein paar Monate der Welt zurückgegeben hätte. Ich beschloß, mit gesenktem Haupt zu leben, und meinem Schicksal zu folgen, der Nacht entgegen, Euch entgegengesetzt und mich an die Kehrseite Eurer Schönheit zu halten.
Der Verstand zahlreicher Literaten hat sich bei der Idee von Banden aufgehalten. Man behauptete, das Land – Frankreich – sei von ihnen verheert worden. Also stellt

man sich brutale Banditen vor, geeint durch den Willen zu plündern, durch Grausamkeit und Haß. War das möglich? Es scheint wenig wahrscheinlich, daß solche Männer sich zusammenschließen können. Mag sein, daß es Habgier war, was die Banden kittete – doch getarnt hinter der gerechtesten Wut und Empörung. Wenn man sich an solche Vorwände und Rechtfertigungen hält, geschieht es rasch, daß sich eine oberflächliche Moral daraus entwickelt. Außer bei Kindern ist es nie das Böse, eine Verbohrtheit in das Gegenteil Eurer Moral, was die Gesetzlosen eint und die Banden entstehen läßt. In den Gefängnissen kann jeder Verbrecher von einer starken Organisation träumen, einer Zuflucht gegen Eure Welt und Eure Moral: doch es ist nur eine Träumerei. Das Gefängnis ist die Festung, die ideale Höhle, der Unterschlupf der Banditen, woran die Kräfte der Welt zerschellen. Kaum gerät er in Berührung mit ihnen, gehorcht der Kriminelle den banalen Gesetzen. Wenn man heute in der Presse von Banden spricht – amerikanischen Deserteuren oder französischen Banditen – so handelt es sich nicht um Organisationen, sondern um einen zufälligen, flüchtigen Zusammenschluß von drei oder vier Männern, höchstens.
Als er aus dem Gefängnis von Kattowitz entlassen wurde, traf ich Michaelis wieder. Ich war seit einem Monat frei. Von kleinen Raubzügen in die benachbarten Dörfer lebend, schlief ich in einem öffentlichen Park, ein wenig außerhalb der Stadt. Es war Sommer. Andere Vagabunden schliefen dort auf den Rasenflächen, geschützt vom Schatten und den tief herabhängenden Zweigen der Zedern. Im Morgengrauen erhob sich ein Dieb aus einem Blumenbeet, ein junger Bettler gähnte in der frühen Sonne, andere entlausten sich auf den Stufen eines Pseudo-Tempels im griechischen Stil. Ich sprach zu niemandem. Ganz allein

ging ich ein paar Kilometer, betrat eine Kirche und stahl das Geld aus dem Opferstock mit einem Stab, den ich mit Leim bestrichen hatte. Am Abend – immer zu Fuß – kehrte ich in den Park zurück. Es war ein lichter Zufluchtsort. Alle, die dort hausten, waren jung. Während man in Spanien zusammenstand und sich gegenseitig über lohnende Schätze informierte, schien hier jeder Bettler, jeder Dieb alle anderen zu übersehen. Es war, als hätte er durch eine Hintertür den Park betreten. Schweigend schlich er an den Beeten, dem Gehölz entlang. Nur das Feuer einer Zigarette oder ein Schlurfen machte auf ihn aufmerksam. Am Morgen war seine Spur gelöscht. Doch so viel Überspanntheit beflügelte mich. An meinem schattigen Plätzchen hockend, staunte ich darüber, daß ich mich unter dem bestirnten Himmel befand, den Alexander und Caesar gesehen hatten, während ich doch nur ein Bettler und ein arbeitsscheuer Dieb war. Ich hatte Europa durchquert, auf meine Weise – das Gegenteil von ruhmreich – und doch schrieb ich für mich an einer geheimen Geschichte, ebenso kostbar in ihren Einzelheiten wie die Geschichte der großen Eroberer. Diese Einzelheiten mußten mich also zu einer einzigartig-seltenen Figur zusammenfügen. Es war selbstverständlich, daß ich weiter die trübseligsten Mißgeschicke erlebte. Vielleicht fehlten mir einfach die Verkleidungen der schamlosen Tunten – ich bedaure, daß ich sie nicht in meinen Koffern oder unter meinen Alltagskleidern mitgeschleppt habe. Doch es war dieser zerrissene Paillettentüll, den ich nachts heimlich überzog, sowie ich die Umzäunung des Parks durchquert hatte.

Unter einem Gazeschleier ahne ich die durchsichtige Blässe einer nackten Schulter; es ist die Frische jenes Morgens, als die Carolinas von Barcelona zur Pissotière

zogen, um sie mit Blumen zu schmücken.* Die Stadt erwachte. Die Arbeiter begaben sich an ihren Arbeitsplatz. Auf dem Trottoir, vor jeder Tür leerte man Wassereimer. Die Carolinas standen im Schutz der Lächerlichkeit. Kein Lachen konnte sie verletzen, denn die Lumpigkeit ihrer Aufmachung bezeugte ihre Armut. Die Sonne verschonte diese Girlande, die ihr eigenes Licht aussandte. Alle waren tot. Was wir von ihnen durch die Straßen ziehen sahen, waren Schatten, abgetrennt von der Welt. Die Stricherinnen sind ein buntes, blasses Völkchen, das im Bewußtsein der braven Bürger vegetiert. Nie werden sie ein Recht haben auf den hellen Tag, die wahre Sonne. Aber verkrochen in dieser Vorhölle lösen sie seltsame Katastrophen aus – die neue Schönheiten verkünden. Eine von ihnen, la Gran Teresa, erwartete die Kunden in den Pißbuden. In eine der runden Pissotières in der Nähe des Hafens brachte sie im Morgengrauen ihren Klappschemel, setzte sich und begann zu stricken oder zu häkeln. Zwischendurch aß sie ein Sandwich. Sie war hier zu Hause.
Eine andere – Señorita Dora –, Dora rief mit schriller Stimme: »Was für üble Tunten, diese Männer!«
Dieser Aufschrei, an den ich mich erinnere, löst eine kurze doch tiefe Meditation über ihre Verzweiflung aus, die meine eigene war. Der Verworfenheit entronnen – für wie lange! –

---

* Der Leser ist gewarnt – er ist an der Reihe –, daß dieser Bericht über mein intimes Leben, oder was er davon andeutet, nichts anderes sein soll als ein Liebesgesang. Aufs genaueste: mein Leben war die Vorbereitung erotischer Abenteuer (nicht Spiele), deren Sinn ich jetzt enträtseln möchte. Schade, daß es der Heroismus ist, welcher mir die stärkste Liebeskraft zu besitzen scheint – und da Heroen nur in unserem Geist existieren, muß man sie erschaffen. Ich bediene mich also der Wörter. Jene, die ich benutze – auch wenn ich mit ihrer Hilfe etwas erklären möchte – werden singen. Was ich schrieb – war es wahr, falsch? Nur dieses Buch der Liebe wird wirklich sein. Die Ereignisse, die ihm als Vorwand dienten? Ich bin es, der sie verwahren muß. Was ich vergegenwärtige, sind nicht sie.

will ich nun zu ihr zurückkehren. Mein Aufenthalt in Eurer Welt soll mir wenigstens erlauben, ein Buch zu schreiben für die Carolinas.

Ich war keusch. Meine Kleider beschirmten mich und ich erwartete den Schlaf in einer artistischen Pose. Ich löste mich noch weiter vom Boden. Die Gewißheit, daß ich so unbeschwert auf ihm dahineilen konnte, und meine Diebereien in den Kirchen ließen mich fliegen. Michaelis dagegen, der nun wieder zurück war, war mir eine Last, denn er half mir zwar stehlen, aber er lächelte ständig – sein bekanntes Lächeln.

Ich war hingerissen von diesen nächtlichen Mysterien. Sogar tagsüber sah die Erde finster aus. Ich wußte fast alles über das Elend, sein Eitern; hier beobachtete ich, wie es sich im Mondschein abzeichnete, ausgeschnitten wie chinesische Schatten im Schatten der Blätter. Es hatte keine Tiefe mehr, war nur noch eine Silhouette und ich hatte das gefährliche Vorrecht, es zu durchqueren mit meiner Körperlichkeit aus Leiden und Blut. Ich erfuhr, daß sogar die Blumen nachts schwarz sind – als ich einige pflücken wollte, um sie auf die Altäre zu tragen, deren Opferstock ich jeden Morgen aufbrach. Mit diesen Sträußen wollte ich mir nicht das Wohlgefallen eines Heiligen oder der Heiligen Jungfrau erschleichen, ich wollte nur meinem Körper, meinen Armen Gelegenheit bieten zu Gebärden von konventioneller Schönheit, die mich in Eure Welt zurückholen konnten.

Vielleicht ist man erstaunt, daß auf diesen Seiten so wenig wunderliche Figuren vorkommen. Von Liebe erfüllt, unterscheidet mein Blick nicht – unterschied auch damals nicht – die Seltsamkeiten, wegen derer man Individuen wie Objekte betrachtet. Für jedes Verhalten, und sei es das scheinbar ungereimteste, wußte ich im voraus, und ohne darüber nachzudenken, eine Erklärung. Die ungewöhnlichste Geste oder Haltung schien mir einer inneren Notwendigkeit zu entsprechen: ich wußte nicht, ich weiß noch immer nicht – zu verhöhnen. Jede Bemerkung, die ich höre, auch die überspannteste, kommt für mich zum richtigen Zeitpunkt. Ich habe also die Strafanstalten, Gefängnisse, Elendsquartiere, Bars, Landstraßen erlebt, ohne mich zu wundern. Wenn ich daran denke, finde ich in meinem Gedächtnis keine einzige dieser Gestalten wieder, die ein anderes Auge als das meine, ein belustigteres, aufgespießt hätte. Dieses Buch wird wahrscheinlich enttäuschen. Um seine Monotonie zu unterbrechen, will ich versuchen, ein paar Anekdoten wiederzugeben, ein paar Pointen mitzuteilen.

Vor Gericht. Der Richter: »Warum haben Sie dieses Kupfer gestohlen?«
Der Häftling: »Es war die Not, Herr Präsident.«
Der Richter: »Das ist keine Entschuldigung.«

»Ich bin durch ganz Europa gekommen«, sagte mir Stilitano. »Sogar in Griechenland war ich.«
»Hat's dir gefallen?«
»Nicht übel. Nur ist es teilweise zerstört.«

Michaelis – ein schöner Bursche – gesteht mir, daß er stolz ist auf die bewundernden Blicke, die die Männer ihm zuwerfen – mehr als auf die der Frauen.
»Es macht mich übermütiger.«
»Obwohl du dir nichts aus Männern machst.«
»Das spielt keine Rolle. Es ist spaßig zu beobachten, wie sie vor Geilheit sabbern, wenn sie meine hübsche Fresse sehen. Deswegen bin ich nett zu ihnen.«

Als man mich in der rue des Couronnes verfolgte, war es das entsetzliche Rascheln ihrer Gummimäntel, das mir den Schrecken vor den Inspektoren einflößte. Jedesmal wenn ich es wieder höre, krampft sich mein Herz zusammen.
Bei dieser Verhaftung, wegen des Diebstahls von Dokumenten die Vierte Internationale betreffend, lernte ich B. kennen. Er war vielleicht zweiundzwanzig oder dreiundzwanzig. Er fürchtete, man würde ihn in die Strafkolonie schicken. Während wir auf unsere anthropometrische Erfassung warteten, stellte er sich neben mich.
»Ich riskiere auch die Strafkolonie«, sagte ich.
»Echt? Bleib neben mir. Vielleicht stecken sie uns in dasselbe Stübchen.« (Der Häftling bezeichnet seine Zelle mit einem freundschaftlichen Diminutiv.) »Wir machen, daß wir glücklich werden, wenn wir in die Kolonie abdampfen.«
Als wir von der Identität zurückkamen, sagte er mir im Vertrauen:
»Ich hab einen Typ gekannt, der war zwanzig, und eines Tages hat er mich gefragt, ob ich einen Kerl für ihn finden könnte. *Er hatte Lust, sich ficken zu lassen.¹⁶«
Schließlich gestand er mir am gleichen Abend:
»Das war Quatsch. Ich selbst hab Lust darauf.«
»Das kriegst du hier«, sagte ich ihm.
»Deswegen bin ich auch nicht zu deprimiert.«
B. wurde nicht relegiert. Am Montmartre begegnete ich ihm wieder. Er stellte mir einen Freund vor, einen Priester, mit dem er nachts durch die Pissoirs zog.
»Warum läßt du deinen Pfaffen nicht hochgehen?«
»Keine Ahnung. Er ist einfach zu prima.«
Wenn ich ihn treffe, erzählt er mir oft von ihm. Er sagt: »mein Pfarrer« – mit einer gewissen Zärtlichkeit. Der Pfarrer, der ihn anhimmelt, hat ihm eine Stelle als Küster in seiner Gemeinde versprochen.

Ohne zu ahnen, was sie zerstörten, zerrissen die Polizisten zehn oder zwölf Zeichnungen, die sie bei mir entdeckt hatten. Diese Arabesken stellten die Eisenbeschläge – vor- und rückseitig – alter Einbände dar. Als wir in das Museum von C. einbrechen sollten, A., G. und ich, wurde ich damit beauftragt, die Örtlichkeiten und die mögliche Beute auszukundschaften. Dieser Diebstahl, der dann von anderen ausgeführt wurde, liegt jedoch nicht weit genug zurück, als daß ich Einzelheiten nennen dürfte. Ich wußte nicht, welchen Vorwand ich für meine zahlreichen Besuche geben könnte, und kam auf die Idee – als ich die alten Bücher rühmen hörte, die in einigen Vitrinen verschlossen lagen – zu bitten, man möge mich rasch und oberflächlich deren Einbände kopieren lassen. An mehreren Tagen in der Folge kehrte ich in das Museum zurück und blieb Stunden vor den Büchern, zeichnend so gut ich konnte. Zurück in Paris erkundigte ich mich nach dem Wert der Werke; mit Verblüffung erfuhr ich, daß sie höchst wertvoll waren. Nie zuvor hätte ich gedacht, daß Bücher Ziel eines Einbruchs sein könnten. Dieser haben wir uns nicht bemächtigt, aber damals kam mir der Gedanke, durch Buchhandlungen zu streifen. Ich erfand eine Trick-Aktentasche und wurde in diesen Diebstählen ziemlich geschickt, so daß ich in meiner Gewissenhaftigkeit schließlich so weit ging, sie stets vor den Augen des Buchhändlers auszuführen.

Von Java hatte Stilitano den wuchtigen, etwas schlingernden Gang, der einen Nordwind durchschneidet, und wenn er sich erhebt, um wegzugehen, wenn Java den Platz wechselt, spüre ich eine Erregung, als ob vor meinen Augen lautlos und sanft ein Luxusautomobil anfährt und vorüberzieht. Der zweite hatte vielleicht in den Muskeln seiner Hinterbacken mehr Sensibilität. Seine Kruppe war wogen-

der. Aber Java verriet mit Lust – wie er. Ebenso machte es ihm Spaß, die Nutten zu demütigen.
»Meiner Treu, eine Drecksau ist das«, sagte er mir. »Weißt du, was sie mir eben erzählt hat? Nie würde dir das einfallen. Sie kann heute abend nicht kommen, denn sie ist mit einem Alten verabredet – und die Alten, sagt sie, zahlen besser. So eine Drecksau. Aber ich werde ihr heimleuchten.«
Seine Nervosität bricht die Zigarette entzwei, die er aus der Schachtel zieht. Er stöhnt. *»Ich werd sie in den Arsch ficken.«
Als ich diesen zweiundzwanzigjährigen schönen Athleten zum ersten Mal fickte, stellte er sich schlafend. Das Gesicht in das weiße Kopfkissen gepreßt, ließ er sich hernehmen, aber als er durchbohrt wurde, konnte er ein leises Stöhnen, wie einen Seufzer, nicht unterdrücken.
Als mein Schwanz tief in ihn eingedrungen war, wurde er etwas anderes als er selbst, etwas anderes als ein Freund. Er ist ein seltsamer Teil von mir, der noch ein wenig eigenes Leben bewahrt. Wir bilden nur einen einzigen Körper, aber mit zwei Köpfen, und jeder der beiden bemüht sich, seine eigene Lust zu fühlen. Im Augenblick eines Orgasmus verliert dieser Auswuchs meines Körpers, der mein Freund war, seine Zärtlichkeit, er verdüstert sich. In der Dunkelheit ahne ich seine Härte und einen leichten Schatten, der sich über sein von Schmerz und Lust verzerrtes Gesicht legt. Diese Wollust verdankt er mir, ich weiß, daß er es weiß, er erwartet sie von meiner Hand, die ihn massiert, aber ich fühle, seine ganze Aufmerksamkeit gilt seinem Erguß. Wenn wir durch meinen Schwanz aneinander gefesselt sind, geht ein Riß durch unsere Freundschaft. Unsere Münder, die sie vielleicht wiederherstellen könnten, lassen sich nicht vereinen. Er sucht nur, tiefer

gepfählt zu werden. Ich kann ihn nicht sehen, denn er hatte gemurmelt: »Mach das Licht aus.« Aber er ist anders geworden, fremd, fern, ich fühle es. Wenn er durch mich zur Lust gelangt, spüre ich, wie er mich haßt.
Am Anfang, als er nackt auf dem Bett lag und ich ihn umdrehte – »ich laß mich umdrehen wie ein Pfannkuchen«, sagen von sich selbst, belustigt und zynisch, die Strolche, von denen ich rede – und ich mich daran machte, ihn aufzuspießen, flößte er mir Angst ein, denn er schauerte. Sanft tätschelte ich seine Kruppe, wie die eines Pferdes, damit es sich nicht rührt, nicht ausschlägt, wenn ich es behandle. Sein Schauern bewegt mich noch immer: es ist das Zeichen der Lust, die seine Nüstern gespürt haben. Ich klammere mich an ihn, an seinen Ast, lockere ein wenig meinen Griff, um unter den Fingern das sanfte Pulsieren des Spermas zu fühlen, das verrinnt und in die Matratze eindringen wird.[17]
Sichtbar: an den Handgelenken die Abdrücke des Taucheranzugs. Und der Ausschnitt des weißen Trikots, für die beiden Arme: jeder hat die Kraft und elegante Persönlichkeit eines lässigen, obszönen Matrosen.
Unter den Achseln sah ich den Buchstaben A eintätowiert.
»Was ist das?«
»Blutgruppe. Wie ich bei der Waffen-SS war. Wir waren alle tätowiert.«
Ohne mich anzusehen, fügt er hinzu:
»Ich werde mich nie schämen für meinen Buchstaben. Keiner kann ihn mir wegmachen. Ich würde jemanden umbringen, um ihn zu behalten.«
»Bist du stolz, daß du bei der SS warst?«
»Ja.«
Sein Gesicht erinnert seltsam an das von Marc Aubert. Dieselbe kalte Schönheit. Er zieht seinen Arm ein, dann

steht er auf und richtet seine Kleider. Aus seinen Haaren schüttelt er ein wenig Moos und Borke. Nachdem wir über die Mauer gesprungen sind, gehen wir schweigend auf dem Kies. In der Menge mustert er mich, halb traurig, halb boshaft.

»Man kann sagen, wir hätten uns von Hitler vögeln lassen. Ich scheiß drauf.«

Dann lacht er auf. Die blauen Augen durch einen Pelz vor der Sonne geschützt, zerschneidet er die Menge, die Luft, den Nordwind mit solcher Selbstverständlichkeit, daß ich seine Schmach auf mich nehme.

*»Gefällt es dir, wenn du gefickt wirst?«

»Manchmal. Ich hab es gern, wenn es dir kommt. Es beruhigt mich zu fühlen, daß ich besiegt bin.«[18]

Nachdem ich Erik gekannt, geliebt, dann verloren habe, treffe ich jetzt ...* Der eine wie der andere hatten die schreckliche Genugtuung, der Armee der Verdammten anzugehören. Er war Leibwächter eines deutschen Generals. Er ist sanft. Einige Wochen wurde er in einem Lager ausgebildet, wo man ihm zeigte, wie man mit dem Dolch umgeht, daß man auf der Hut sein und sich für den Offizier, den man beschützt, töten lassen muß. Er kannte den russischen Schnee, plünderte die Länder, durch die er zog: die Tschechoslowakei, Polen und sogar Deutschland. Von seinen Reichtümern hat er nichts behalten. Das Gericht verurteilte ihn zu zwei Jahren Gefängnis, die er soeben beendet hat. Manchmal spricht er zu mir von dieser Zeit und die stärkste Erinnerung, die alle anderen verdrängt, ist seine tiefe Freude über die Angst, welche die Pupillen desjenigen weitet, den er sogleich töten wird. Auf der Straße ist er kaltschnäuzig: er geht stets auf der Fahrbahn. Am Abend

---

* Ich muß diesen Namen offen lassen.

bietet er *seinen Schwanz zum Lutschen an und seine Arschbacken zum Aufspießen.[19]

Mord ist nicht der sicherste Weg, um ins unterirdische Reich der Verworfenheit vorzudringen. Im Gegenteil: das vergossene Blut, die ständige Gefahr, in der sich sein Körper befindet, der jederzeit, irgendwann geköpft werden kann (der Mörder weicht zurück, aber sein Zurückweichen ist ein Aufstieg) und die Anziehung, die von ihm ausgeht – denn weil er sich so unerbittlich gegen die Gesetze des Lebens wendet, vermutet man an ihm die Attribute der größten Kraft, jene, die sich am einfachsten vorstellen lassen – dies alles verhindert, daß ein solcher Verbrecher verachtet wird. Andere Untaten sind erniedrigender: Diebstahl, Bettelei, Verrat, Betrug – sie sind es, die ich für mich gewählt habe, während ich doch stets von dem Gedanken an einen Mord besessen war, durch den ich unwiderruflich aus Eurer Welt ausgestoßen würde.

Mein Glück in Polen war rasch gemacht, meine Eleganz schrie zum Himmel und während die Polen keinerlei Verdacht hegten, ließ sich der französische Konsul nicht täuschen: er forderte mich auf, das Konsulat unverzüglich, Kattowitz binnen achtundvierzig Stunden und Polen selbst so rasch wie möglich zu verlassen. Wir beschlossen, Michaelis und ich, in die Tschechoslowakei zurückzukehren, doch das Einreisevisum wurde uns verweigert. Wir mieteten ein Auto mit Chauffeur, das uns über eine Bergstrecke zur Grenze bringen sollte. Ich hatte einen Revolver.

»Wenn sich der Chauffeur weigert, uns zu fahren, legen wir ihn um und machen allein mit dem Wagen weiter.«

Vom Rücksitz aus, eine Hand auf der Waffe, die andere in der Hand von Michaelis, der stärker aber ebenso jung war wie ich, hätte ich wohlgelaunt den Fahrer in den Rücken geschossen. Der Wagen fuhr langsam eine Steigung hinauf. Michaelis sollte ans Steuer springen – als der Wagen vor einem Grenzposten hielt, den wir übersehen hatten. Dieses Verbrechen war mir nicht vergönnt. Von zwei Gendarmen eingerahmt kehrten wir nach Kattowitz zurück. Es war Nacht.

»Wenn man den Revolver in meiner Tasche findet«, dachte ich, »verhaftet man mich, vielleicht werden wir verurteilt.« Die Treppe, die zum Büro des Polizeikommandanten führte, war düster. Als wir hinaufstiegen, hatte ich plötzlich den Einfall, die Waffe auf einer Stufe abzulegen. Ich täuschte ein Stolpern vor, bückte mich und schob die Waffe in einen Winkel, nahe der Mauer. Während des Verhörs (Warum wollte ich in die Tschechoslowakei? Was machte ich hier?) zitterte ich, daß meine List entdeckt werden könnte. In diesem Augenblick kannte ich, zart wie Pollen auf einer Haselnußblüte, die beklommene Glückseligkeit des Mörders, der in der goldenen Frühe entschlüpft. Konnte ich schon das Verbrechen nicht verüben, so wurde ich doch sanft eingetaucht in den Saum seiner Morgenröte.

Michaelis liebte mich. Der schmerzliche Zustand, in dem er mich erlebt hatte, verwandelte diese Liebe vielleicht in eine Art Mitleid. In den Sagen kommen oft Helden vor, die sich in Mägde verwandeln. Vielleicht schreckte ihn dunkel die Vorstellung, ich könnte in meiner gekrümmten, larvenhaften Stellung ein schlaues Kalkül ersinnen und meine Verwandlung vollenden, indem ich mich plötzlich mit Flügeln in die Lüfte erhöbe – wie jener von einer Meute umringte Hirsch, dem ein Gott wunderbarerweise zur Flucht verhilft – vor meinen Wärtern, die mein Ruhm wie ein Blitz zu Boden schleudert. Das erste Anzeichen eines mörderischen Beginnens genügte, damit Michaelis mich mit den Augen von früher betrachtete , aber ich liebte ihn nicht mehr. Ich habe mein Abenteuer mit ihm geschildert, um zu zeigen, wie das Schicksal darauf versessen war, meine Gesten zu korrumpieren – entweder indem es meinen Helden zusammenbrechen oder indem es mich selbst wie elenden Schlamm erscheinen ließ. Java wird dem nicht entgehen. Schon erkenne ich, daß seine Härte nur Schein ist, und daß nicht Härte diesen Schein umkleidet – sondern formloser Gallert.

Von meiner Arbeit als Schriftsteller zu sprechen, wäre ein Pleonasmus. Der Stumpfsinn meiner Gefängnistage ließ mich flüchten in mein ruheloses, karges, elendes Leben von früher. Später, als ich freikam , schrieb ich weiter, um Geld zu verdienen. Für die Vorstellung eines literarischen Werks hätte ich nur ein Achselzucken. Freilich, wenn ich überprüfe, was ich geschrieben habe, so erkenne ich heute eine beharrliche Entschlossenheit, Menschen, Dingen, Gefühlen, die als verächtlich gelten, zu ihrem Recht zu verhelfen. Es mag kindlich und einfältig gewesen sein, sie mit Wörtern zu benennen, die gemeinhin das Edle bezeichnen: ich war in Eile. Ich nutzte den kürzesten Weg, aber ich hätte es nicht getan, wenn nicht in mir selbst diese Dinge, diese Gefühle (Verrat, Diebstahl, Feigheit, Angst) nach einer Benennung verlangt hätten, die Ihr gewöhnlich deren Gegenteil zuerkennt. Im ersten Antrieb des Schreibens wollte ich vielleicht Gefühle, Gebärden oder Dinge eines prächtigen Jünglings rühmen, vor dessen Schönheit ich mich krümmte, aber wenn ich mich heute wieder lese, habe ich diese Jünglinge vergessen, von ihnen bleibt nichts als das Mal, das ich besungen habe und das in meinen Büchern strahlen wird in einem Glanz wie Hochmut, Heldentum, Kühnheit. Ich suchte nicht nach Entschuldigungen oder Rechtfertigungen für sie. Ich wollte, daß ihnen die Ehre des Namens zuteil wird. Dieses Verfahren war für mich nicht vergeblich. Ich fühle bereits seine Wirkung. Während ich verschönte, was Ihr verachtet, wurde mein Geist dieses Spiels müde (mit glorreichen Namen zu benennen, was mein Herz erschütterte) – und verweigert jede Bezeichnung. Ohne sie zu vertauschen, nimmt er alle Wesen und Dinge in ihrer ungeschminkten Nacktheit hin. Und weigert sich, sie zu kleiden. Also will ich nicht mehr schreiben, ich bin tot für das geschriebene Wort. Und nun belehren mich seit einigen Tagen die Zeitungen, daß die Welt in Unruhe ist. Man spricht wieder von Krieg. Je größer die Sorge, je deutlicher die Vorbereitungen (nicht die tönenden Erklärungen der Staatsmänner, sondern die bedrohliche Genauigkeit der Techniker) desto stärker fühle ich eine seltsame Gelöstheit. Ich verkrieche mich in mir selbst. Dort richte ich mir ein köstliches, grausames Plätzchen, von wo ich furchtlos dem Wüten der Menschen zusehen kann. Ich hoffe auf den Lärm der Kanonen, der Trompeten des Todes, um von Zeit zu Zeit eine Blase von Schweigen abzusondern. Immer weiter rücke ich die Menschen von mir fort, indem ich zahllose, immer dichtere Schichten meiner vergangenen Abenteuer kaue und wiederkaue, über mich sabbere, spinne und flechte wie das Gespinst eines Kokons. Ich werde an meiner Einsamkeit arbeiten und meiner Unsterblichkeit, ich werde sie erschaffen und darin leben – falls nicht ein törichtes Opferbedürfnis mich daraus vertreibt.

Meine Einsamkeit im Gefängnis war vollständig. Sie ist es jetzt weniger, da ich davon spreche. Damals war ich allein. Nachts überließ ich mich einer Strömung, in der ich abwärts glitt. Die Welt war ein Sturzbach, ein reißendes Gewässer, dessen geballte Wucht mich dem Meer und dem

Tod entgegentrieb. Es war eine bittere Genugtuung zu wissen, daß ich allein bin. Ich sehne mich nach diesem Geräusch: während ich in der Zelle zerstreut vor mich hinträume, erhebt sich über mir plötzlich ein Häftling und beginnt, mit regelmäßigen Schritten auf und ab zu gehen. Meine Träumerei bleibt im Ungewissen, aber dieses Geräusch (im Vordergrund, wegen seiner Genauigkeit) erinnert mich, daß der Körper, der diesen Traum träumt – dem er entschlüpft –, sich im Gefängnis befindet als Gefangener eines deutlichen, unvermittelten, gleichmäßigen Schrittes. Ich möchte meine alten Genossen des Elends sein, die Kinder des Unglücks. Ich beneide sie um den Ruhm, den sie absondern und den ich zu weniger reinen Zwecken verwende. Talent ist die Höflichkeit gegenüber der Materie, es soll dem, was stumm war, zum Gesang verhelfen. Mein Talent ist die Liebe zu dem, was die Welt der Gefängnisse und Strafkolonien ausmacht. Nicht daß ich sie verwandeln und an Euer Leben heranführen möchte – oder daß ich sie mit Schonung und Erbarmen betrachte: ich achte in den Dieben, den Verrätern, Mördern, den Schurken und Bösewichten eine tiefe Schönheit – eine entleerte Schönheit – die ich Euch nicht zugestehe. Soclay, Pilorge, Weidmann, Serge de Lenz, Herren von der Polizei, heimliche Spitzel, Ihr erscheint mir manchmal – wie in Trauer- und Gagatgewänder gehüllt – mit so schönen Verbrechen angetan, daß ich die einen beneide um den mythologischen Schrecken, den sie verbreiten, die anderen um ihr Martyrium, und alle zusammen um die Verruchtheit, in der sie am Ende verschmelzen. Zurückschauend erkenne ich nur eine Folge von erbärmlichen Taten. Meine Bücher berichten darüber. Sie haben sie mit Eigenschaften geschmückt, dank derer ich mich gern an sie erinnere. Ich war also dieses kleine Häuflein Elend,

das nichts kannte außer Hunger, Erniedrigung des Körpers, Armut, Angst, Schändlichkeit. Aus all diesen Verdrießlichkeiten gewann ich Ruhmestitel.
»Wenigstens bin ich mir dessen bewußt«, sagte ich mir, »es löscht die Scham aus und gewährt mir ein wenig bekanntes Gefühl: den Hochmut. Ihr verachtet mich, doch Ihr seid nichts anderes als eine Abfolge des gleichen Elends, nur werdet Ihr Euch dessen nie bewußt und erfahrt den Stolz nicht – das heißt, das Wissen um eine Kraft, die dem Elend entgegentritt, nicht Eurem eigenen, sondern dem, aus dem die Menschheit gemacht ist.«
Können einige Bücher und Gedichte Euch beweisen, wie ich meine ganze Not nutzte und daß sie für meine Schönheit notwendig war? Ich habe zu viel geschrieben, ich bin erschlafft. Trotz der Mühe gelang mir so schlecht, was meine Helden so rasch erreichen.
Wenn sich Java in Panik krümmte, war er schön. Durch ihn wurde die Angst edel und gewann die Würde einer natürlichen Regung, war nichts als Furcht der Organe, Verwirrung der Eingeweide vor dem Bild des Todes oder dem Schmerz. Java bibberte. Ich sah einen gelben Dünnschiß seine monumentalen Schenkel entlangrinnen. Auf seinem wundervollen, zärtlich oder gierig geküßten Gesicht, flackerte der Schrecken, die Züge verwüstend. Was für ein Wahnsinn, daß dieser Kataklysmus so edle, erregend-harmonische Proportionen zu verzerren wagte – aber von ihnen ging ja die Krise aus und ihre Schönheit wurde ihr Ausdruck, denn der, den ich Java nenne, war zugleich Herr über seinen Körper und verantwortlich für seine Angst. Seine Angst war schön anzusehen. Allem prägte sie sich auf: dem Haar, den Muskeln, Augen, Zähnen, dem Geschlecht und der männlichen Anmut dieses Kindes.

Danach adelte er die Schmach. Er trug sie vor mich hin wie eine Bürde, wie einen in die Schultern festgekrallten Tiger, dessen Drohung seinen Gesten eine herausfordernde Unterwürfigkeit verlieh. Seither beschwichtigt eine feine, köstliche Demut sein Benehmen. Seine männliche Kraft, seine Ausfälligkeit sind wie Sonnensplitter von einem Flor verschleiert. Ich fühlte, als er sich schlug, daß er dem Kampf auswich. Vielleicht fürchtete er, der Schwächere zu sein oder daß der andere Typ ihm die Fresse verunstaltet, ich bemerkte sein Entsetzen. Er knäulte sich zusammen, wollte einschlafen, in Indien erwachen oder auf Java, oder von der Polizei verhaftet und zum Tode verurteilt werden. Also ist er feige. Aber durch ihn erfahre ich, daß Angst und Feigheit sich in den wunderbarsten Grimassen ausdrücken können.
»Ich verschone dich«, warf der Typ verächtlich hin.
Java zuckte nicht, er nahm die Beleidigung hin. Er erhob sich aus dem Staub, raffte seine Mütze auf und entfernte sich, ohne sich die Knie abzuklopfen. Er war noch immer sehr schön.
Marc Aubert lehrte mich, daß der Verrat in einem bewundernswürdigen Körper entsteht. Alle Zeichen, die den Verräter wie den Verrat ausmachten, konnte man lesen wie einen Schlüssel. Man erkannte sie in den blonden Haaren, den hellen Augen, der goldbraunen Haut, einem einschmeichelnden Lächeln, einem Hals, einem Rumpf, Armen, Beinen, einem Geschlecht – für die ich mein Leben hingegeben und jeden Verrat begangen hätte.
»Diese Helden«, sagte ich mir, »müssen zu einer solchen Vollkommenheit gelangt sein, daß ich nicht mehr begehre, sie zum Leben zu erwecken – zur Vollendung eines unerhörten Schicksals. Sie sind vollkommen, also stehen sie am Rande des Todes und fürchten nicht mehr das Urteil

der Menschen. Nichts kann ihren erstaunlichen Erfolg schmälern. Mögen sie mir also erlauben, was man den Elenden verweigert.«

Fast stets allein, doch auf einen idealen Gefährten gestützt, überquerte ich andere Grenzen. Meine Erregung war immer gleich groß. Ich überstieg alle möglichen Alpen. Von Slowenien nach Italien, von den Zöllnern geführt und dann verlassen, kletterte ich einen schlammigen Sturzbach hinauf. Gegen Wind, Kälte, Disteln, den November ankämpfend erreichte ich einen Gipfel, hinter dem sich Italien befand. Ich bot Ungeheuern die Stirn, die die Nacht verbarg oder enthüllte, verfing mich im Stacheldraht eines Forts, hörte die Schritte der Wachen und ihr Flüstern. Klopfenden Herzens kauerte ich im Schatten und hoffte, sie würden mich streicheln und lieben, bevor sie mich füsilierten. Ich wünschte mir die Nacht von lüsternen Gardisten bevölkert. Schließlich wagte ich mich auf irgendeinen Weg. Es war der richtige. Ich erriet es an der Dankbarkeit meiner Sohlen auf seinem ehrlichen Grund. Später vertauschte ich Italien mit Österreich. Nachts durchquerte ich Schneefelder. Der Mond zeichnete meinen Schatten hinein. In jedem Land, das ich verließ, hatte ich gestohlen, die Gefängnisse kennengelernt und dennoch war es nicht Europa, das ich durchquerte, sondern die Welt der Dinge und Gelegenheiten, immer unbekümmerter. So viele Wunder ängstigten mich, aber ich härtete mich ab, um gefahrlos in ihr immer gleiches Geheimnis einzudringen.
Rasch wurde mir klar, daß es schwierig ist, in Mitteleuropa ungestraft zu stehlen, denn die Polizei ist vollkommen. Die Dürftigkeit der Verkehrsmittel, die Schwierigkeit, bewundernswürdig überwachte Grenzen zu durchqueren, hinderten mich an einer raschen Flucht. Auch daß ich Fran-

zose war, ließ sich nicht übersehen. Beiläufig stellte ich fest, daß sich nur wenige Landsleute im Ausland dem Diebstahl oder der Bettelei widmen. Ich beschloß, nach Frankreich zurückzukehren und dort – vielleicht indem ich meine Unternehmungen auf Paris beschränkte – ein Leben als Dieb zu führen. Weiter durch die Welt zu schweifen, kleinere oder größere Diebereien begehend, reizte mich ebenfalls. Ich wählte Frankreich aus einem Verlangen nach Tiefe. Ich kannte es ausreichend, um sicher zu sein, daß ich dem Diebstahl meine ganze Aufmerksamkeit und Sorgfalt schenken würde; daß ich ihn bearbeiten würde wie ein eifriger Handwerker eine einzigartige Materie. Ich war damals vierundzwanzig oder fünfundzwanzig. Der Fortsetzung eines inneren Abenteuers opferte ich Buntheit und Vielfalt. Die Gründe meiner Wahl – deren Bedeutung sich mir vielleicht erst jetzt offenbart, da ich es aufschreiben muß – waren mir kaum klar. Ich glaube, ich empfand das Bedürfnis, eine Sprachmasse anzubohren, einen Schacht zu graben, worin mein Denken sich aufgehoben fühlte. *Vielleicht wollte ich mich in meiner Sprache anklagen.* Albanien, Ungarn, Polen, so wenig wie Indien oder Brasilien, hätten mir so reichen Stoff geboten wie Frankreich. Tatsächlich war der Diebstahl – und was sich daran knüpft: die Gefängnisstrafen und die Scham des Diebs – ein uneigennütziges Unternehmen geworden, eine Art gelebtes und gedachtes Kunstwerk, das nur mit Hilfe meiner eigenen Sprache entstehen konnte, in Auseinandersetzung mit den aus derselben Sprache hervorgegangenen Gesetzen. Jenseits der Grenzen wäre ich nur ein mehr oder weniger geschickter Dieb gewesen, doch indem ich französisch dachte, hätte ich mich als Franzose unter Fremden gefühlt – eine Eigenschaft, neben der keine andere bestehen konnte. Als Dieb im eigenen Land, der – um

Dieb zu werden und mich zu rechtfertigen – die Sprache der Bestohlenen benutzt (die ich selbst bin, infolge der Gewichtigkeit der Sprache) hieß, der Eigenart des Diebs die Gelegenheit zu geben, einzig zu sein. Ich wurde ein Fremder.

Das durch eine verworrene Politik entstandene Unbehagen läßt in den Staaten Mitteleuropas jene durch Perfektion erdrückende Polizei entstehen. Ich spreche von ihrer Schnelligkeit. Es scheint, daß ein Vergehen durch Denunziation bekannt wird, bevor es begangen ist – allerdings sind die Polizisten weniger schlau als die unsrigen. Von Albanien kommend, in Begleitung Antons, eines Österreichers, betrat ich Jugoslawien, indem ich den Zöllnern als Paß einen französischen Militärausweis zeigte, an den ich vier Seiten eines österreichischen Passes (ausgestellt an Anton) mit den Visas des serbischen Konsulats geheftet hatte. Mehrfach, im Zug, auf der Straße, in den Hotels, reichte ich den jugoslawischen Gendarmen dieses seltsame Dokument: es schien ihnen normal. Die Stempel, die Visas stellten sie zufrieden. Als ich verhaftet wurde – weil ich auf Anton geschossen hatte – gaben ihn mir die Polizisten zurück.

Liebte ich Frankreich? Sein Glanz verschaffte mir damals einen Nimbus. Da der französische Militärattaché in Belgrad mehrfach meine Auslieferung verlangt hatte – was die internationalen Gesetze nicht zuließen –, verfiel die jugoslawische Polizei auf einen Kompromiß: sie brachte mich an die Grenze des Landes, das Frankreich am nächsten lag, Italien. Von Gefängnis zu Gefängnis durchquerte ich Jugoslawien. Ich begegnete dort gewalttätigen, düsteren Kriminellen, die in einer wilden Sprache schimpften, in der die Flüche die schönsten der Welt sind.

»Ich fick die Mutter Gottes in den Arsch!«
»Ich fick die Mauer!«
Gleich darauf brachen sie in Gelächter aus und zeigten ihre weißen Zähne. Der König von Jugoslawien war damals ein Knabe von zwölf oder fünfzehn Jahren, anmutig, mit einem Scheitel auf der Seite, Peter II., dessen Porträt nicht nur die Briefmarken zierte, sondern auch in den Schreibstuben aller Gefängnisse und auf allen Polizeiwachen hing. Die Wut der Strolche und Diebe stieg zu diesem Kind empor. Sie schmähten, verwünschten es. Die heiseren Beleidigungen erinnerten an Szenen, die man in der Öffentlichkeit einem grausamen Geliebten macht. Sie nannten ihn eine Hure. Als ich im Gefängnis von Souchak an der italienischen Grenze ankam – nachdem ich zehn andere kennengelernt hatte, wo ich nur ein paar Nächte zubrachte – sperrte man mich in eine Zelle, in der wir an die zwanzig waren. Sofort erblickte ich Rade Peritch, einen wegen Diebstahls zu zwei Jahren Gefängnis verurteilten Kroaten. Um in den Genuß meines Mantels zu kommen, ließ er mich neben sich auf der Pritsche schlafen. Er war dunkelhaarig und gut gebaut. Er trug eine etwas ausgewaschene Mechaniker-Kombination aus blauem Tuch, mit einer sehr breiten Tasche in der Mitte, in der er seine Hände verwahrte. Ich blieb nur zwei Nächte im Gefängnis von Souchak, aber das genügte, um mich in Rade zu verlieben.
Das Gefängnis war von der Straße nicht durch eine Mauer, sondern durch einen Graben getrennt, auf den das Fenster unserer Zelle blickte. Nachdem mich die Polizisten und danach die Zöllner über die italienische Grenze gebracht hatten – übers Gebirge, in einer eisigen Nacht – begab ich mich nach Triest. Im Eingang des französischen Konsulats stahl ich einen Überzieher, den ich sofort weiterverkaufte. Von dem Erlös erstand ich zehn Meter Tau, eine Metall-

säge, und kehrte über Piedicolle nach Jugoslawien zurück. Ein Wagen brachte mich nach Souchak, wo ich in der Nacht eintraf. Von der Straße aus pfiff ich. Rade erschien am Fenster und ich übergab ihm unbehelligt die Ausrüstung. In der folgenden Nacht kam ich wieder, aber er weigerte sich, den Ausbruch zu versuchen – obwohl es leicht gewesen wäre. Ich wartete bis zum Morgengrauen in der Hoffnung, ihn zu überzeugen. Schließlich machte ich mich schlotternd zurück auf den Weg ins Gebirge, traurig weil dieser Athlet die Sicherheit im Gefängnis dem Abenteuer an meiner Seite vorzog. Ich konnte die italienische Grenze überqueren, gelangte nach Triest, von dort nach Venedig, schließlich nach Palermo, wo man mich einsperrte. Ein lustiges Detail kommt mir in den Sinn. Als ich die Zelle im Gefängnis von Palermo betrat, fragten mich die Häftlinge:
»Come va la principessa?«
»Non lo so«, antwortete ich.
Am Morgen, auf dem Rundgang im Hof, stellte man mir dieselbe Frage, aber ich wußte nichts über die Gesundheit der Prinzessin von Piemont, der Schwiegertochter des Königs (um sie handelte es sich). Später begriff ich, daß sie schwanger war, und daß die Amnestie, die stets bei der Geburt eines königlichen Kindes gewährt wird, von dessen Geschlecht abhängt. Die Gäste der italienischen Gefängnisse hatten dieselben Sorgen wie die Höflinge des Quirinal.
Als ich freikam, brachte man mich an die österreichische Grenze, die ich in der Nähe von Villach überquerte.
Wie gut, daß Rade sich geweigert hat auszubrechen! Auf meiner Wanderung durch Mitteleuropa ist er ein idealer Gefährte. Nicht nur geht und schläft er neben mir, auch in meinen Entschlüssen möchte ich des kühnen Bildes, das

ich mir von ihm geformt habe, würdig sein. Einmal mehr bot mir ein Mann von großer Schönheit des Gesichts und des Körpers Gelegenheit, meinen Mut zu beweisen. Weder durch Aufzählung noch Verschränkung oder Überschneidung der Tatsachen – von denen ich nicht weiß, was sie sind, was sie in Raum und Zeit begrenzt – auch nicht durch ihre Deutung (die neue schafft, ohne sie zu zerstören) kann ich den Schlüssel finden oder durch sie meinen eigenen Schlüssel. In einer wunderlichen Absicht nannte ich einige, die das sichtbare Raster meines Lebens bilden, und tat, als sparte ich die Knoten der schillernden Fäden aus. Wenn Frankreich ein Gefühl ist, das sich von Künstler zu Künstler in einer Art Neuronenkette fortpflanzt – bin ich bis zuletzt nur eine Folge von Regungen, deren Anfang ich nicht kenne. Die Gabeln eines Bootshakens bohrten sich in einen Ertrunkenen, um ihn aus einem Teich zu ziehen, und ich litt in meinem kindlichen Körper. Suchte man wirklich die Leichen mit Harpunen? Ich streifte durch die Felder, entzückt wenn ich im Korn oder unter Tannen Ertrunkene entdeckte, denen ich unerhörte Begräbnisse zudachte. Soll ich sagen, dies war die Vergangenheit – oder war es die Zukunft? Alles ist bereits bis zu meinem Tod gefangen im Packeis des *Seienden*: mein Zittern, an einem Karnevalsabend, wenn ein Riese meine Gemahlin sein möchte (ich entdecke, daß mein Zittern seine Lust ist); in der Dämmerung, von einer Sanddüne aus, der Anblick der arabischen Krieger, die sich den französischen Generalen ergeben; mein Handrücken am Hosenschlitz eines Soldaten und vor allem der spöttische Blick des Soldaten; plötzlich erscheint mir das Meer zwischen zwei Häusern in Biarritz; ich entweiche mit winzigen Schritten aus der Strafanstalt, erschrocken nicht darüber, wieder eingefangen zu werden, sondern die Beute der

Freiheit zu sein; der ungeheure Schwanz, auf dem mich ein blonder Legionär zwanzig Meter über die Wälle trägt; nicht der schöne Fußballspieler, auch nicht sein Fuß oder Schuh, sondern der Ball, und wie ich aufhöre, dieser Ball zu sein und zum »Anstoß« werde und schließlich nur noch die Idee bin, die vom Fuß zum Ball verläuft; in der Zelle nennen mich unbekannte Diebe Jean; wenn ich mit nackten Füßen in Sandalen nachts die Schneefelder an der österreichischen Grenze überquere, ohne schwach zu werden, und ich mir sage, dieser schmerzhafte Augenblick muß zur Schönheit meines Lebens beitragen, ich lasse nicht zu, daß dieser und die anderen Abfall sein sollen, mit Hilfe ihrer Qual schleudere ich mich an den Himmel des Geistes. Neger geben mir zu essen auf den Kais von Bordeaux; ein berühmter Poet führt meine Hände an seine Stirn; ein deutscher Soldat wird im russischen Schnee getötet und sein Bruder schreibt es mir; ein Bursche aus Toulouse hilft mir, die Stuben der Offiziere und Unteroffiziere meines Regiments in Brest zu plündern: er stirbt im Gefängnis; ich spreche von jemandem (und die Zeit darin, Rosendüfte zu atmen, eines Abends im Gefängnis den Abschiedsgesang der Bagnosträflinge zu hören, mich zu verlieben in einen weißbehandschuhten Akrobaten), der seit jeher tot ist, das heißt fixiert, denn in meinem Ende muß mein erstes Unglück enthalten sein: mein Leben soll eine Legende sein, lesbar, und seine Lektüre eine neue Erregung erzeugen, die ich Poesie nenne. Ich bin nichts, nur noch ein Vorwand.

Wenn er sich langsam bewegte, setzte sich Stilitano der Liebe aus, wie man sich der Sonne aussetzt. Er ließ sich von allen Seiten bescheinen. Als ich ihn in Antwerpen wiedertraf, war er ein bißchen schwammig geworden.

Nicht geradezu fett – aber seine Kanten waren runder, fleischiger. In seinem Gang erkannte ich die gleiche rohe Geschmeidigkeit wieder, doch kraftvoller, weniger rasch aber muskulöser, ebenso angespannt. In der schmutzigsten Straße Antwerpens, nahe der Schelde, unter einem grauen Himmel, wurde Stilitanos Rücken vom Licht- und Schattenspiel eines spanischen Fensterladens gestreift. Die Frau, die neben ihm in einem schwarzen Satinfutteral stakste, war wirklich seine Henne. Er war überrascht, mich zu treffen und schien mir erfreut.
»Jeannot! Du bist in Antwerpen?«
»Wie geht's?«
Ich drückte ihm die Hand. Er stellte mich Sylvia vor. Bei seinem Ausruf hatte ich ihn kaum bemerkt, aber sowie er den Mund öffnete zu einer gedämpfteren Rede, sah ich den weißen Qualster, der ihn verschleierte – aus was für Schleim er auch bestand, er war intakt geblieben und so – zwischen seinen Zähnen – entdeckte ich Stilitano wieder. Ich sagte einfach:
»Du hast ihn behalten.«
Stilitano verstand mich. Er errötete ein wenig und lächelte.
»Hast du's bemerkt?«
»Und ob. Du bist ja so stolz darauf.«
Sylvia fragte: »Wovon redet ihr?«
»Wir plaudern, Puppe. Kümmer dich nicht.«
Dieses unschuldige Geheimnis erzeugte von Anfang an eine Vertrautheit mit Stilitano. Der ganze alte Zauber brach über mich herein: die Kraft der Schultern, die Beweglichkeit der Hinterbacken, die Hand, im Dschungel vielleicht von einem anderen Raubtier abgerissen, schließlich das so lange verweigerte Geschlecht – vergraben in einer gefährlichen Finsternis und von tödlichen Gerüchen beschützt. Ich war in seiner Gewalt. Ohne daß ich etwas von seinem

Treiben gewußt hätte, war ich sicher: er herrschte über das Volk der Spelunken, der Docks, der Bars – über die ganze Stadt also. Die Harmonie des schlechten Geschmacks zu finden, ist der Höhepunkt der Eleganz. Unfehlbar hatte Stilitano gewählt: Schuhe aus gelbem und grünem Krokodil, brauner Anzug, weißes Seidenhemd, rosa Krawatte, bunter Schal und einen grünen Hut. Alles zusammengehalten von Nadeln, Knöpfen und goldenen Kettchen – Stilitano war elegant. Ihm gegenüber wurde ich wieder das Elend von früher, und es schien ihn nicht zu stören.
»Seit drei Tagen bin ich hier«, sagte ich.
»Kommst du zurecht?«
»Wie früher.«
Er lächelte.
»Erinnerst du dich?«
»Siehst du, der Bursche hier«, sagte er zu seiner Frau, »das ist ein Kumpel. Ein Bruderherz. Er kann zu uns auf die Bude kommen, wann er will.«
Sie nahmen mich mit zum Abendessen in ein Restaurant in der Nähe des Hafens. Stilitano gab mir zu verstehen, daß er mit Opium handelte. Seine Frau war eine Nutte. Bei den Worten »Schnee« und »Opium« raste meine Phantasie davon, ich sah Stilitano als furchtlosen, reichen Abenteurer. Er war ein Raubvogel mit großen Ringen um die Augen. Doch wenn sein Blick auch manchmal grausam war, so hatte er doch nicht die Gier des Raubvogels. Im Gegenteil, trotz seines Reichtums schien Stilitano noch immer zu spielen. Ich brauchte nicht lange, bis ich entdeckte, daß nur sein Äußeres prächtig war. Er lebte in einem kleinen Hotel. Auf dem Kamin sah ich als erstes einen dicken Haufen Kindermagazine, mit bunten Bildern illustriert. Sie waren nicht mehr spanisch untertitelt, sondern französisch. Ihre Kindlichkeit war die gleiche, ebenso die

Schönheit, die Kraft und der Mut des Helden, der noch immer fast nackt war. Jeden Morgen schleppte Sylvia neue an, die Stilitano im Bett las. Ich dachte, er hat zwei Jahre mit dem Lesen kindischer, greller Geschichten verbracht – während am Rande sein Körper reifte und vielleicht sein Geist. Er verkaufte Opium weiter, das er von Matrosen erwarb und überwachte seine Frau. Seinen Reichtum trug er bei sich: seine Kleider, seinen Schmuck, seine Brieftasche. Er bot mir an, unter seiner Anleitung zu arbeiten. Ein paar Tage lang brachte ich heimlich winzige Beutelchen zu ängstlichen Kunden.
Ebenso rasch wie in Spanien hatte sich Stilitano mit den Gaunern von Antwerpen angefreundet. In den Bars lud man ihn zu einem Glas ein, er pöbelte die Nutten an und die Pédés. Beeindruckt von seiner neuen Schönheit, seinem Überfluß, vielleicht auch unter dem Einfluß der Erinnerung, liebte ich ihn erneut. Ich folgte ihm überall hin. Ich war eifersüchtig auf seine Freunde, eifersüchtig auf Sylvia, und ich litt, wenn ich ihn gegen Mittag traf, frisch parfümiert, aber mit verschatteten Lidern. Wir gingen zusammen auf die Kais. Wir sprachen von früher. Er erzählte mir vor allem seine Renommierstückchen, denn er war ein Aufschneider. Nie wäre ich auf den Gedanken gekommen, ihm seine Betrügereien vorzuhalten, seinen Verrat oder seine Feigheit. Im Gegenteil, ich bewunderte, wie er in meiner Erinnerung so selbstverständlich und hochmütig dieses Mal trug.
»Liebst du immer noch Männer?«
»Natürlich. Warum? Stört es dich?«
Mit einem zugleich freundlichen und spöttischen Lächeln antwortete er:
»Ich? Bist du verrückt? Im Gegenteil.«
»Warum im Gegenteil?«

Er stockte und wollte die Antwort hinauszögern.
»Und?«
»Du hast gesagt: im Gegenteil. Also liebst du sie auch.«
»Ich?«
»Ja.«
»Nein, aber manchmal frage ich mich, wie das ist.«
»Es regt dich auf.«
»Ach was. Ich sag dir das ...«
Er lachte verlegen.
»Und Sylvia?«
»Sylvia verdient die Kohle.«
»Das ist alles?«
»Ja. Das genügt.«
Wenn Stilitano zu der Macht, die er über mich besaß, mir noch irgendwelche verrückten Hoffnungen machte, würde ich zu seinem Sklaven. Schon fühlte ich mich schlingern in einem bodenlosen, traurigen Element. Und was würden mir Stilitanos Sturmböen bescheren? Ich sagte es ihm:
»Du weißt, ich bin immer noch scharf auf dich und ich würde gern Liebe machen mit dir.«
Ohne mich anzuschauen, antwortete er lächelnd:
»Mal sehen.«
Nach einem kurzen Schweigen sagte er:
»Was machst du gern?«
»Mit dir – alles!«
»Mal sehen.«
Er ließ sich nichts anmerken, näherte sich mir mit keiner Regung, während sich mein ganzes Wesen in seinen Abgrund stürzen wollte, und ich wünschte, daß mein Körper biegsam wäre wie ein Schilfrohr, damit ich mich um ihn schlingen könnte, ach, ich hätte mich gern verschleiert und über ihn gebeugt. Die Stadt war entnervend. Der Geruch des Hafens und die Rastlosigkeit verstörten mich. Flämische

Docker rempelten uns an und Stilitano – verkrüppelt – war stärker als sie. In seiner Tasche – denn sein Leichtsinn war erlesen – befanden sich vielleicht einige Gramm Opium, die ihn kostbar und ... strafbar machten.
Auf dem Weg nach Antwerpen durchquerte ich Hitler-Deutschland, wo ich ein paar Monate verweilte. Ich war zu Fuß von Breslau nach Berlin gekommen. Ich hätte gern gestohlen. Ein merkwürdiger Bann hielt mich ab. Deutschland flößte ganz Europa Schrecken ein, es war, vor allem in meinen Augen, zum Inbegriff der Grausamkeit geworden. Schon war es ausgestoßen. Selbst Unter den Linden hatte ich das Gefühl, durch ein von Banditen angelegtes Lager zu spazieren. Ich glaube, das Hirn des gewissenhaftesten Berliner Bürgers verberge Pfunde von Heuchelei, Haß, Bosheit, Grausamkeit, Gier. Es wühlte mich auf, frei zu sein mitten in einem geächteten Volk. Sicher stahl ich auch dort wie anderswo, aber ich empfand dabei eine Art Verlegenheit – denn die innere Einstellung, die diese Handlungen beherrschte, war hier zur Bürgertugend erhoben – eine ganze Nation war damit vertraut und richtete sie gegen die anderen.
»Dies ist ein Volk von Dieben«, fühlte ich. Wenn ich hier stehle, tue ich nichts Besonderes, wodurch ich mich auszeichnen könnte: ich gehorche nur der allgemeinen Ordnung. Ich zerstöre sie nicht. Ich störe nicht. Der Skandal ist unmöglich. Ich stehle ins Leere.
Mir schien, daß sich die Götter, die über die Gesetze wachen, nicht empörten, nur erstaunt waren. Ich schämte mich. Vor allem aber wünschte ich, in ein Land zurückzukehren, wo die Gesetze der geläufigen Moral, auf die sich das Leben gründet, Gegenstand eines Kults sind. In Berlin wählte ich, um zu leben, die Prostitution. Sie befriedigte mich ein paar Tage, dann langweilte sie mich. Antwerpen bot mir legen-

däre Schätze, die flämischen Museen, jüdischen Diamantschleifer, Reeder, die bis in die Nacht ihren Geschäften nachgingen, die Passagiere der Ozeandampfer. Angestachelt von meiner Liebe, wollte ich mit Stilitano tollkühne Abenteuer erleben. Es schien, als wollte er selbst mich durch seine Kühnheit blenden. Mit einer Hand lenkend, kam er eines Abends auf einem Polizeimotorrad zum Hotel.
»Ich hab es gerade einem Flic entrissen«, sagte er lächelnd, ohne daß er geruht hätte abzusteigen. Aber er begriff, daß die Bewegung des Aufsitzens für mich ein betörender Anblick wäre, stieg vom Sattel, tat, als untersuche er den Motor – und brauste davon, mit mir auf dem Sozius.
»Wir schlagen die Maschine gleich los«, sagte er.
»Bist du verrückt? Wir könnten was anstellen ...«
Erregt vom Wind und der Raserei glaubte ich an eine gefährliche Verfolgungsjagd. Eine Stunde später war die Maschine verkauft an einen griechischen Schiffsführer, der sie unverzüglich an Bord brachte. Aber es war mir vergönnt, Stilitano im Mittelpunkt einer meisterhaften, authentischen Aktion zu beobachten; denn der Verkauf der Maschine, das Aushandeln des Preises, die Geldübergabe waren ein Höhepunkt an Raffinesse nach dem voraufgegangenen Handstreich.*
Tatsächlich war Stilitano so wenig wie ich selbst ein reifer Mann. Er, der wirklich ein Gangster war, spielte Gangster, das heißt, er erfand die Attitüde. Ich kenne keine Gauner, die nicht Kinder wären. Welcher »ernsthafte« Kopf würde sich, wenn er an einem Juwelierladen, einer Bank vorübergeht, ernsthaft und genauestens die Einzelheiten

---

* Als Pierre Fièvre, Sohn eines Mobilgardisten und selbst Polizeianwärter (er ist 21) mir letztens sagte, er wolle Flic werden, um ein Motorrad zu haben, war ich ergriffen. Ich sah Stilitanos Hinterbacken wieder, wie sie den Ledersattel der gestohlenen Maschine eindrückten.

eines Überfalls oder Einbruchs ausdenken? Die Vorstellung einer Bruderschaft, die sich nicht gründete auf die Interessen der Teilhaber, sondern auf eine freundschaftliche Komplizenschaft, wo sonst könnte man sie finden als in einer Art Träumerei, einem mutwilligen Spiel, das man romanesk nennt?

Stilitano spielte. Er liebte es, Gesetze zu übertreten, sich in Gefahr zu fühlen. Es war ihm ein ästhetisches Bedürfnis. Er versuchte, einen idealen Helden zu kopieren, den Stilitano, dessen Bild bereits im Himmel des Ruhms eingeschrieben war. So gehorchte er den Gesetzen der Strolche und Gauner. Ohne sie wäre er nichts gewesen. Geblendet von seiner erhabenen Einsamkeit, seiner Ruhe, seiner Unbekümmertheit, glaubte ich anfangs, er erschaffe sich selbst, ohne Ordnung, angetrieben von seiner Schamlosigkeit, der Dreistigkeit seiner Gesten. In Wirklichkeit *suchte er einen Typ*. Vielleicht war es der stets siegreiche Held der Kindermagazine? Jedenfalls war der Hauch von Verträumtheit in vollkommenem Einklang mit Stilitanos Muskeln und seinem Hang zu Aktionen. Sicher hat der Held der Bilder am Ende Eingang in Stilitanos Herz gefunden. Ich achte ihn auch, weil er, trotz einem äußerlichen Zeremoniell, für sich selbst und ohne Zeugen den Zwängen von Körper und Herz folgte – und seiner Frau stets die Zärtlichkeit verweigerte.

Ohne uns auszuliefern, sahen wir uns nun täglich. Ich frühstückte in seinem Zimmer und abends, wenn Sylvia arbeitete, speisten wir zusammen. Anschließend zogen wir von Bar zu Bar, um uns zu besaufen. Er tanzte auch fast die ganze Nacht mit sehr hübschen Mädchen. Kaum war er da, änderte sich die Stimmung, zuerst an seinem Tisch und dann nach und nach an den übrigen. Sie wurde gleichzeitig dumpf und ausgelassen. Fast jeden Abend schlug er

sich, wunderbar wild, die einzige Hand rasch bewehrt mit einem Klappmesser, das sich plötzlich in seiner Tasche öffnete. Die Docker, Seeleute, Zuhälter umringten uns oder standen uns bei. Dieses Leben erschöpfte mich, denn ich wäre gern im Nebel oder im Regen auf den Kais umhergestreut. In meiner Erinnerung sind diese Nächte von sprühenden Funken übersät. Über einen Film schrieb ein Journalist: »Die Liebe blüht zwischen Schlägereien.« Besser als eine schöne Rede erinnert mich diese lächerliche Phrase an Blumen, Löwenmaul genannt, die zwischen dürren Disteln blühen – und durch sie an meine samtene Zärtlichkeit, die von Stilitano verletzt wurde.
Wenn er mir keine Arbeit auftrug, stahl ich manchmal Fahrräder, die ich in Holland, in Maastricht, verkaufte. Als er erfuhr, daß ich mit Geschick Grenzen überquerte, begleitete mich Stilitano einmal und wir fuhren zusammen nach Amsterdam. Die Stadt interessierte ihn nicht. Er befahl mir, einige Stunden in einem Café auf ihn zu warten und verschwand. Ich hatte gelernt, daß man ihn nicht fragen durfte. Er interessierte sich für meine Arbeit, seine ging mich nichts an. Am Abend kamen wir wieder zusammen und auf dem Bahnhof überreichte er mir ein kleines, verschnürtes und versiegeltes Päckchen, groß wie ein Ziegelstein.
»Ich fahr mit dem Zug weiter«, sagte er mir.
»Und der Zoll?«
»Meine Papiere sind in Ordnung. Kümmer dich nicht um mich. Du machst rüber wie gewöhnlich, zu Fuß. Und vergreif dich nicht an dem Paket, es gehört einem Kumpel.«
»Und wenn ich geschnappt werde?«
»Laß dir das nicht einfallen, es würde übel für dich ausgehen.«
Er wußte die gegensätzlichen Stimmungen zu nutzen, zwischen denen ich hin- und herpendelte – ohne je mir

selbst zu gehören –, umarmte mich freundlich und ging zu seinem Zug. Ich sah die ruhige Gewißheit vor mir hergehen, Hüterin der Gesetzestafeln, die Autorität in der Festigkeit des Schritts, in der Lässigkeit, in dem fast leuchtenden Spiel seiner Hinterbacken. Ich ahnte nicht, was das Päckchen enthielt, es war ein Zeichen von Vertrauen und Hasard. Dank seiner würde ich die Grenze nicht mehr für meine kleinlichen Bedürfnisse überschreiten, sondern aus Gehorsam und Unterwerfung unter eine souveräne Gewalt. Nachdem ich Stilitano aus den Augen verloren hatte, war meine einzige Sorge, ihn aufzuspüren, und das Paket leitete mich. Auf meinen Expeditionen (Diebstählen, Erkundungen, Fluchten) waren die Gegenstände beseelt. Die Nacht schrieb ich in Großbuchstaben. Die Steine, die Kiesel auf den Landstraßen besaßen einen Sinn, dem ich mich zu erkennen geben mußte. Die Bäume waren erstaunt, mich zu sehen. Meine Angst trug den Namen Panik. Sie befreite den Geist aus jedem Gegenstand, der nur auf mein Zittern wartete, um sich zu erregen. Die unbeseelte Welt um mich her erschauerte leise. Selbst mit dem Regen hätte ich plaudern können. Sehr bald betrachtete ich diese Erregung als ein Vorrecht, und zog sie dem vor, was sie auslöste – der Angst – und dem Vorwand dieser Angst: dem Einbruch, oder meiner Flucht vor der Polizei. Die gleiche Unruhe, welche die Nacht begünstigt hatte, verwirrte schließlich meine Tage. So bewegte ich mich in einem rätselhaften Universum, das seine praktische Bedeutung verloren hatte. Ich war in Gefahr. Ich betrachtete die Objekte nicht mehr nach ihrer gewohnten Bestimmung, sondern suchte die freundschaftliche Unruhe, die sie mir boten. Stilitanos Paket zwischen meiner Brust und meinem Hemd vertiefte noch das Geheimnis der Dinge, und löste es zugleich auf durch das Lächeln (das beinahe meine Lippen berührte und meine Zähne entblößte) – das ich seinetwegen wagen durfte, um unbehelligt hinüberzugelangen. Vielleicht trug ich gestohlene Juwelen bei mir? Welche Besorgnis verbreitete dieses winzige Paket in der Polizei, bei Detektiven und Polizeihunden – welche geheimen Telegramme löste es aus? Ich mußte alle feindlichen Kräfte enttarnen, denn Stilitano erwartete mich.

»Was für eine Drecksau«, sagte ich mir. »Er paßt auf, daß er sich nicht die Hände schmutzig macht. Daß ihm eine Hand fehlt, ist schließlich kein Grund.«

Als ich in Antwerpen ankam, ging ich geradenwegs zu seinem Hotel, ohne mich zu rasieren und zu waschen, denn ich wollte mit den Attributen meines Sieges erscheinen, mit meinem Bart, meinem Schmutz und der Müdigkeit auf meinen Armen. Ist es nicht sie, die man darstellen will, wenn man den Sieger mit Lorbeer, Blumen und goldenen Ketten überhäuft? Ich trug sie nackt. Vor ihm, in seinem Zimmer, übertrieb ich die Natürlichkeit, mit der ich ihm das Paket reichte.

»Bitte.«

Er lächelte, ein triumphierendes Lächeln. Ich glaube, es entging ihm nicht, daß alles gelungen war, weil er diese Macht über mich besaß.

»Keine Zwischenfälle?«

»Nichts. Es war ganz einfach.«

»Ah!«

Er lächelte erneut und fügte hinzu: »Umso besser.« Aber ich wagte ihm nicht zu sagen, daß ihm selbst der Gang ohne besondere Gefahr gelungen wäre, denn ich wußte bereits, daß Stilitano meine eigene Schöpfung war und daß es von mir abhing, ob ich sie zerstören wollte. Immerhin begriff ich, warum Gott einen Engel braucht, den er Bote

nennt, für bestimmte Missionen, welche er selbst nicht ausführen kann.
»Was ist drin?«
»Na ja, Koks.«
Also hatte ich heimlich Opium geschmuggelt.* Ich verachtete Stilitano nicht, weil er mich der Gefahr ausgesetzt hat, an seiner Stelle gefaßt zu werden.
»Es ist normal«, sagte ich mir. »Er ist ein Schwein und ich bin ein Arschloch.«
Daß er sich so vor mir zeigte, ließ meine Dankbarkeit überschäumen. Hätte er sich mit allzu vielen kühnen Taten hervorgetan, aus denen ich verbannt war – Stilitano wäre sein eigener Grund und Zweck geworden und hätte jede Macht über mich eingebüßt. Insgeheim verdächtigte ich ihn, keine Tat zu wagen, die seinen ganzen Einsatz verlangte. Die Art, wie er seinen Körper verwöhnte, war mir der Beweis. Seine Bäder, seine Parfums, das späte Aufstehen, sogar die Form, die dieser Körper angenommen hatte – das Flauschige. Er war gezwungen, durch mich zu handeln und das fesselte mich an ihn, denn meine Kraft stammte gewiß aus dieser elementaren, chaotischen Gewalt, aus der er gemacht war.
Die Jahreszeit (Herbst), der Regen, die düstere Farbe der Gebäude, die Schwerfälligkeit der Flamen, der besondere Charakter der Stadt, auch meine Not versetzten mich in eine trübe Stimmung, doch es war die Verwirrung vor den Objekten, die mich meine tiefe Schwermut entdecken ließ. Während der deutschen Besatzung sah ich in der Wochenschau die Beerdigung der hundert oder hundert-

---

* 1947. Aus einer Abendzeitung erfahre ich, daß er verhaftet worden ist, wegen eines bewaffneten nächtlichen Überfalls. Die Zeitung schrieb: »... der schöne Einhänder war blaß ...« Diese Nachricht läßt mich völlig unbeteiligt.

fünfzig Opfer des Bombardements von Antwerpen. Die in den Ruinen von Antwerpen aufgestellten, mit Tulpen und Dahlien übersäten Särge waren wie Blumenstände, an denen eine große Menge von Priestern und Meßdienern in spitzenbesetzten Chorhemden vorüberzog, um sie zu segnen. Auch dieses Bild – es war das letzte – läßt mich glauben, daß Antwerpen mir düstere Zonen enthüllte. – »Man zelebriert«, sagte ich mir, »den Kult dieser Stadt, deren Geist – so erriet ich damals – der Tod ist.« Doch allein der Anschein der Dinge verursachte jene Verwirrung, die zunächst der Angst entsprungen war. Dann löste sich die Verwirrung auf. Ich glaubte, die Dinge mit strahlender Hellsicht wahrzunehmen. Sie hatten ihre gewohnte Bedeutung abgelegt, selbst die banalste, und ich fragte mich am Ende, ob man wirklich aus einem Glas trinkt und einen Schuh am Fuß trägt. Indem ich die einzigartige Bedeutung jeder Sache entdeckte, verließ mich die Vorstellung der Zahl. Nach und nach verlor Stilitano seine phantastische Macht über mich. Er hielt mich für verträumt: ich war aufmerksam. Ich war nicht stumm, aber ich befand mich anderswo. Durch die Vergleiche zwischen scheinbar ganz gegensätzlichen Objekten bekam die Unterhaltung einen humoristischen Anflug.
»Du bist übergeschnappt, meiner Treu.«
»Übergeschnappt!« wiederholte ich, indem ich die Augen aufriß. »Übergeschnappt.« So glaube ich mich auch zu erinnern, daß ich die Offenbarung eines absoluten Wissens hatte, als ich – mit jener Abgehobenheit, von der ich spreche – eine einsame Wäscheklammer auf einem Eisendraht betrachtete. Die Eleganz und Schrulligkeit dieses kleinen, bekannten Gegenstands *erschienen mir, ohne mich zu erstaunen*. Die Ereignisse selbst nahm ich ganz unabhängig voneinander wahr. Der Leser ahnt, wie gefährlich das war,

da ich bei meinem Leben ständig auf der Hut sein mußte; ich konnte leicht gefaßt werden, wenn ich die gewohnte Bestimmung der Gegenstände aus den Augen verlor.

Mit Hilfe Stilitanos und seiner Ratschläge kleidete ich mich elegant – auf eine besondere Art – nicht nach den starren Moden der Gauner, sondern mit Phantasie. Als ich aufhörte, ein Bettler zu sein, der durch die Scham von der praktischen Welt abgesondert lebt, entglitt mir diese Welt. Ich unterschied das Wesen der Objekte, nicht ihre Eigenschaften. Schließlich löste mich mein Humor von den Menschen, an die ich mich leidenschaftlich geklammert hatte. Ich fühlte mich verloren und empfand eine absurde Leichtigkeit.

Ein junger Zuhälter hockt am Boden in einer Bar und spielt mit einem kleinen Hund. Diese Verspieltheit scheint mir so märchenhaft an diesem Ort, daß ich dem Zuhälter und dem Hund beglückt zulächle: ich hatte sie verstanden. Auch den Autobus voll gestrenger, eiliger Personen, der höflich anhält, als ein Kind ein unscheinbares Zeichen mit dem Finger gibt. Ohne zu zittern nahm ich die Schere, um ein Haar, das drohend aus Stilitanos Nasenloch starrte, abzuschneiden.

Wenn ich später – auch wenn mich ein schöner Bursche erregt – den gleichen Abstand bewahre, wenn ich meinen Gemütsbewegungen das Recht abstreite, mich zu beherrschen – und sie mit der gleichen Klarheit prüfe ... werde ich meine Liebe erkennen; von diesem Augenblick an trete ich mit der Welt in Verbindung und so wird die Intelligenz geboren.

Doch Stilitano war ernüchtert. Ich diente ihm nicht mehr. Mochte er mich schlagen, beschimpfen, mir zeigen, was Beleidigungen und Prügel sind – Antwerpen hatte in meinen Augen seine Tristesse, seine Seefahrer- und Gaunerpoesie eingebüßt. Ich war hellsichtig und es konnte mir alles geschehen. Ich hätte ein Verbrechen begehen können. Diese Zeit dauerte vielleicht sechs Monate. Ich war keusch.

Armand war auf Reisen. Man nannte ihn manchmal anders, doch bleiben wir bei diesem Namen! Bin ich nicht selbst mit dem von Jean Gallien, den ich heute trage, bei meinem fünfzehnten oder sechzehnten Namen angelangt? Er kam von Frankreich zurück, wohin er – wie ich später erfuhr – Opium schmuggelte. Damit ich es mit einem einzigen Wort benennen kann, darf mir ein Gesicht nur wenige Sekunden erscheinen. Verweilt es länger, entdecke ich außer der Loyalität, Klarheit, Offenheit, die es für mich ausstrahlte, einen Zug um die Lippen, einen Blick, ein Lächeln, wird die Deutung schwieriger. Die Zeichen überkreuzen sich bis zur Unlesbarkeit. Im Gesicht Stilitanos bemühte ich mich, die Härte zu sehen, die nur in den Augenwinkeln oder um den Mund ein ironisches Signal abschwächte. Armands Gesicht war unaufrichtig, heimtückisch, böse, arglistig, brutal. Sicher ist es für mich einfach, das zu entdecken, nachdem ich den Mann gekannt habe, aber ich weiß, den Eindruck, den er damals auf mich machte, konnten mir nur diese wunderbarerweise in einem einzigen Gesicht vereinten Eigenschaften vermitteln. Heuchelei, Bosheit, Dummheit, Grausamkeit, Erbarmungslosigkeit sind Begriffe, die sich auf einen einzigen reduzieren lassen. Man las also in diesem Gesicht weniger eine Aufzählung als die inneren Stimmungen Armands im Spiegel meiner eigenen Launen. Er war ein Vieh. Er besaß keinerlei Schönheit, aber was sich in seinem Gesicht abzeichnete (wovon ich gerade sprach) und rein wirkte, weil es kaum von seinem Gegenteil überschattet war, verlieh ihm ein düsteres und doch funkelndes Aussehen. Seine physische Kraft war märchenhaft. Damals war er ungefähr fünfundvierzig. Es bereitete ihm keine Mühe, eine Kraft zu ertragen, an die er seit langem gewöhnt war. Er zog den größten Nutzen aus ihr. Die Kraft, die Gewalt der Muskeln – sichtbar in der Form des Schädels und am Halsansatz – ließen seine abstoßenden Eigenschaften noch stärker hervortreten. Sein Gesicht war eingedrückt, von Natur, wie ich glaube, und die Kinnbacken ausgeprägt, fest, sein Schädel sehr rund und fast immer rasiert. Die Haut auf dem Nacken wies drei Falten auf, die ein wenig Schmutz verdeutlichte. Er war groß und prachtvoll gebaut. Im allgemeinen bewegte er sich langsam, schwerfällig. Er lachte wenig und ohne Offenheit. Seine Stimme war sehr tief, dumpf, fast leise, nicht dröhnend, aber ihr Klang schien wattiert. Wenn Armand sehr rasch sprach oder mit raschen Schritten ging und dabei sprach, erzielte er durch die Beschleunigung seiner Rede, die zu dem tiefen Timbre im Gegensatz stand, eine seltsam musikalische Wirkung. Bei einem so überstürzten Redefluß erwartete man einen hellen Klang – von einer so tiefen Stimme dagegen, daß sie schwerfällig, mühsam wirkte: doch sie war agil. Dieser Gegensatz erzeugte außerdem elegante Modulationen. Armand artikulierte fast nicht. Die Silben stießen nicht aneinander. Obwohl einfach, war seine Sprache flüssig, die Worte reihten sich in einer horizontalen Gleichmäßigkeit. An seiner Stimme erkannte man, daß er in seiner Jugend bewundert worden war, vor allem von Männern. Die aufgrund ihrer Kraft oder ihrer Schönheit die Bewunderung der Männer auf sich gezogen haben, sind ihrer selbst gewisser, sie sind schamlos – und neigen eher zur Freundlichkeit. Armands Stimme berührte einen Punkt in meiner Kehle und raubte mir den Atem. Es kam selten vor, daß er sich beeilte, aber wenn er ausnahmsweise rasch zu einer Verabredung gehen mußte, gelang ihm, zwischen mir und Stilitano ausschreitend – den erhobenen Kopf ein bißchen vorgeneigt, leichtfüßig trotz der massiven Statur und den Redefluß seiner tiefen Stimme immer mehr beschleunigend – ein fast übertrieben kühnes Meisterwerk. Bei Nebel strömte aus der Kehle dieses bleiernen Athleten eine Stimme voll Azur.

Man vermutet, daß sie zu einem raschen, beschwingten, ausgelassenen, gefeierten Jüngling gehört hatte, der seiner Anmut, seiner Kraft, seiner Schönheit, seiner Ungewöhnlichkeit, wie auch der Schönheit und Ungewöhnlichkeit seiner Stimme sicher war.

In seinem Inneren, in seinen Organen, die ich mir primitiv vorstellte – doch aus festem Gewebe und in schillernden, sehr schönen Schattierungen –, zwischen wärmenden, mütterlichen Gedärmen – entwickelte er, so scheint mir, den Willen, Heuchelei, Dummheit, Bosheit, Grausamkeit, Kriecherei nach außen zu kehren, sichtbar zu machen, anzuwenden – und so seiner ganzen Person etwas vollendet Obszönes zu verleihen. Ich sah ihn im Zimmer von Sylvia. Als ich eintrat, sagte ihm Stilitano sehr rasch, ich sei Franzose und wir kennten uns von Spanien her. Armand stand. Er reichte mir nicht die Hand, aber er schaute mich an. Ich blieb am Fenster und tat, als ob ich mich nicht um sie kümmerte. Als sie beschlossen, in die Bar zu gehen, sagte mir Stilitano:
»Kommst du, Jeannot?«
Bevor ich antworten konnte, fragte Armand:
»Nimmst du ihn immer mit?«
Stilitano lachte und sagte:
»Wenn er dir lästig ist, lassen wir ihn hier.«
»Oh, soll er mitkommen.«
Ich folgte ihnen. Nachdem sie getrunken hatten, trennten sie sich und Armand reichte mir nicht die Hand. Er verließ

die Bar, ohne mich zu beachten. Stilitano sagte mir nichts über ihn. Ein paar Tage später, als ich ihm in der Nähe der Docks begegnete, befahl mir Armand, ihm zu folgen. Fast ohne zu sprechen, führte er mich auf sein Zimmer. Mit derselben offenkundigen Verachtung unterwarf er mich seiner Lust.
Überwältigt von seiner Stärke und seinem Alter gab ich mir größte Mühe bei der Handlung. Der Fleischklumpen, der mich erdrückte, war bar jeden Geistes und ich erlebte das schwindelhafte Gefühl, endlich die perfekte Bestie getroffen zu haben, die meine Lust völlig gleichgültig ließ. Ich entdeckte, wie sanft ein dichtes Vlies auf Brust, Bauch und Schenkeln sein kann und welche Kräfte es überträgt. Ich ließ mich von dieser stürmischen Nacht begraben. War es Dankbarkeit oder Angst, die mich auf Armands behaarten Arm einen Kuß drücken ließ?
»Was ist los mit dir? Bist du krank?«
»Ich hab nichts Schlimmes getan.«
Ich blieb bei ihm, um seinem nächtlichen Vergnügen zu dienen. Wenn er sich schlafen legte, riß er den Ledergürtel aus den Haltern der Hose und ließ ihn klatschen. Er peitschte ein unsichtbares Opfer, eine Gestalt aus durchsichtigem Fleisch. Die Luft blutete. Vielleicht erschreckte er mich damals, weil er der Armand, so wie ich ihn sehe – massiv und niederträchtig – nicht zu sein vermochte. Das Klatschen begleitete ihn, und gab ihm Halt. Seine Wut, seine Verzweiflung darüber, es nicht zu sein, ließ ihn *noch stärker beben* – wie ein vom Schatten gebändigtes Pferd. Er hätte jedoch nicht geduldet, daß ich lebte, ohne einer Tätigkeit nachzugehen. Er gab mir den Rat, mich am Bahnhof oder am Zoo herumzutreiben und Kunden anzumachen. Wissend, welchen Schrecken mir seine Person einflößte, dachte er nicht daran, mich zu überwachen. Ich

händigte ihm ausnahmslos alles Geld aus, das ich verdiente. Er selbst hielt sich in den Bars auf. Mit den Dockern und Seeleuten machte er zahlreiche Schiebereien. Man respektierte ihn. Wie alle Luden und Strolche der Stadt in jener Zeit trug er Espadrilles. Sein gedämpfter Schritt war noch massiver und elastischer. Oft trug er eine Matrosenhose aus festem, blauen Tuch und der Teil, den man den Latz nennt, war nie ganz zugeknöpft, so daß ein Stoffdreieck an ihm herunterhing – und manchmal war es eine Tasche mit aufgekrempeltem Zipfel, die er auf dem Bauch trug. Sein Gang war so wiegend wie bei keinem anderen. Ich glaube, er schlüpfte in ihn hinein, um die Erinnerung an seinen zwanzigjährigen Gauner-, Zuhälter- und Matrosenkörper wiederzuerwecken. Er war ihm treu wie einer Jugendmode. Den irritierenden Erotismus, den er verkörperte, wollte er auch in Sprache und Gestik ausdrücken. Ich war gewöhnt an Stilitanos Schamhaftigkeit, an die Zoten der Docker in den Bars und wurde jetzt Zeuge, oft auch Anlaß der gewagtesten Eindeutigkeiten. Von seinem Geschlecht sprach Armand schwärmerisch vor jedermann. Keiner unterbrach ihn. Höchstens einmal ein Schlägertyp, der dagegenhielt, weil ihn der Ton und die Rede ärgerte.

*»Mein Schwanz«, sagte er, »ist Gold wert.«
»Nicht schwer«, sagte ein Seemann.
»Schwerer als der Schoppen, den du in der Hand hältst.«
»Sollte mich wundern.«
»Möchtest du wiegen?«
»O. K.«
Rasch wurden Wetten geschlossen, aber Armand, der bereits steifer erigierte, knöpfte sich auf und legte dem Seemann seinen Schwanz auf die flache Hand.
»Schoppen«, sagte der.[20]

Zu anderen Malen stand er an der Theke, eine Hand in der Tasche, und massierte sich. Andere Male prahlte er *damit, er würde einen stämmigen Kerl auf dem Schwanz in die Höhe heben.[21] Ich hatte keine Ahnung, was es mit dieser Besessenheit von seinem Geschlecht und seiner Kraft auf sich hatte und bewunderte ihn. Auf der Straße zog er mich mit einem Arm zu sich, als wollte er mich an sich drücken und dann stieß er mich weg mit einer brutalen Bewegung des gleichen ausgestreckten Arms. Ich wußte nichts von seinem Leben, außer daß er durch die ganze Welt gekommen und Flame war, und wollte auf ihm die Zeichen des Bagno erkennen, als wäre er aus ihm entwichen und hätte diesen geschorenen Schädel, diese schweren Muskeln, seine Falschheit, seine Gewalttätigkeit, seine Erbarmungslosigkeit von dort hierhergebracht.
Die Begegnung mit Armand war ein solcher Kataklysmus, daß Stilitano – obwohl ich ihn immer noch häufig sah – sich in Zeit und Raum von mir zu entfernen schien. Es war vor sehr langer Zeit und an einem sehr entlegenen Ort, daß ich diesen jungen Burschen erwählt hatte, dessen Härte – von Ironie verschleiert – plötzlich in eine wundersame Sanftheit umgeschlagen war. Nie, solange ich mit Armand lebte, scherzte Stilitano darüber. Seine Zurückhaltung war mir schmerzlich. Alsbald verkörperte er die »Versunkenen Tage«.
Im Gegensatz zu ihm war Armand kein Feigling. Nicht nur, daß er dem Zweikampf nicht auswich, er war auch zu gefährlichen Unternehmungen bereit. Er dachte sie sogar aus und bereitete sie vor. Eine Woche nach unserer Begegnung sagte er mir, er würde eine Weile abwesend sein und ich solle auf ihn warten. Er vertraute mir seine Habseligkeiten an, einen Koffer mit etwas Wäsche – und verschwand. Ein paar Tage lang war ich erleichtert, die Angst lastete nicht mehr auf mir. Ich ging oft mit Stilitano aus.

Hätte er nicht in seine beiden Hände gespuckt, um eine Kurbel zu drehen, er wäre mir nicht aufgefallen – ein Junge meines Alters. Diese typische Arbeitergeste versetzte mich in einen so schwindelhaften Zustand, daß ich im freien Fall bis in eine Epoche zu stürzen glaubte – oder in eine Region meines Inneren –, die ich seit langem vergessen hatte. Da mein Herz erwachte, löste sich mein Körper mit einem Schlag aus seiner Lähmung. Genauestens und mit wahnwitziger Geschwindigkeit registrierte ich den Jungen: seine Geste, seine Haare, seinen Hüftschwung, die Biegung seines Rückens, das Karrussel mit den Holzpferdchen, auf dem er arbeitete, ihre Bewegungen, und die Musik, den Jahrmarkt, die Stadt Antwerpen, die dies alles in sich barg, die sich vorsichtig drehende Erde, das Universum, welches eine so wertvolle Last bewahrte, und mich selbst, wie ich dastehe, erschrocken, weil ich die Welt besitze und es weiß.

Diese Spucke in seinen Händen sah ich nicht: ich bemerkte, wie sich seine Wange zusammenzog und die Zungenspitze zwischen seinen Zähnen. Und ich sah den Burschen die harten, schwarzen Handflächen gegeneinander reiben. Als er sich bückte, um die Kurbel zu packen, fiel mir sein rissiger, aber fester Ledergürtel auf. Ein solcher Gürtel konnte kein Ornament sein, wie es sich um die Hose der Eleganten schlingt. Durch das Material und seine Festigkeit war er vollkommen geprägt von seiner Funktion: das deutlichste Zeichen der Maskulinität festzuhalten, seine Hose, die ohne diesen Riemen den männlichen Schatz nicht hüten könnte – sondern auf seine Fersen sacken würde. Der Bursche trug einen Blouson und darunter sah man die Haut. Da der Gürtel nicht in den Schlingen steckte, rutschte er bei jeder Bewegung ein wenig in die Höhe, während die Hose nach unten glitt.

Gebannt starrte ich auf den Gürtel, der unbeirrt seiner Bewegung folgte. Beim sechsten Lendenstoß umgürtete er – abgesehen vom Hosenschlitz, wo sich die beiden Enden vereinten und festhielten – den Rücken und die nackte Taille des Jungen.
»Was für ein Anblick, oder?« sagte Stilitano zu mir.
Er schaute mir zu, wie ich zuschaute, er meinte nicht das Karussel, sondern seinen Dämon.
»Los, sag ihm, daß du ihn magst, mach schon.«
»Mach dich nicht lustig.«
»Im Ernst, ich mein es.«
Er lächelte. Weder mein Alter noch mein Aussehen erlaubten mir, ihn anzusprechen, oder mit jenem Anflug von Spott amüsiert zu betrachten, wie es die distinguierten Herren machen, und so wollte ich mich von dem Typ entfernen. Stilitano packte mich am Ärmel.
»Komm.«
Ich machte mich los.
»Laß mich«, sagte ich.
»Ich seh doch, daß er dir gefällt.«
»Und?«
»Was und? Lad ihn auf ein Glas ein.«
Er lächelte noch immer und sagte:
»Angst vor Armand?«
»Bist du verrückt?«
»Also – möchtest du, daß ich zu ihm gehe?«
In diesem Augenblick richtete sich der Junge auf, das Blut staute sich in seinem Gesicht, seine Haut glänzte: er sah aus wie ein blutunterlaufener Pimmel. Er zog den Gürtel über die Hose und kam näher. Wir standen auf dem Fahrdamm, er auf dem Brettergerüst des Karussels. Da wir ihn anschauten, lächelte er und sagte:
»Man kommt ins Schwitzen.«

»Macht durstig, oder?« sagte Stilitano. Sich zu mir drehend, fügte er hinzu:
»Spendierst du uns ein Glas?«
Robert begleitete uns ins Café. Dieser glückliche Augenblick, seine Selbstverständlichkeit, wühlten mich auf. Ich befand mich nicht mehr neben Robert, nicht einmal neben Stilitano, ich zerstreute mich in alle Winkel der Welt und registrierte hundert Einzelheiten, die als leichte Sterne zerplatzten. Welche – weiß ich nicht mehr. Als ich Lucien zum ersten Mal begleitete, erlebte ich dieselbe Absence. Ich hörte, wie eine Hausfrau über eine Geranie verhandelte:
»Ich hätte gern eine Pflanze zu Hause, eine schöne Pflanze...«, sagte sie.
Daß ich sie für sich eine Pflanze begehren ließ, mit ihren Wurzeln und ihrer Erde, ausgewählt in der unendlichen Zahl von Pflanzen, dieser Besitzwunsch überraschte mich nicht. Was diese Frau sprach, stimmte mich ein in das Gefühl für Besitz...
»Sie wird ihre Pflanze gießen«, sagte ich mir. »Sie wird ihr einen Übertopf aus Majolika kaufen. Sie wird sie ins Sonnenlicht stellen. Sie wird sie herzen...«
*Lucien ging neben mir. Von den Lebenden besaß ich nur die schönen Schwänze, ihre Wurzel eingegraben in schwarzem Moos. Ich herzte mehrere und wollte sie im vollen Glanz ihrer Kraft. Diese Pflanzen waren mein Stolz. Meine Inbrunst erreichte, daß ihr Träger selbst über ihre ungewöhnliche Schönheit erstaunt war. Dennoch hingen sie an einer geheimnisvollen, festen Basis mit dem männlichen Wesen zusammen, dessen Hauptast sie waren: es besaß sie mehr als ich. Sie waren sein. Einige Fliegen summten um Lucien. Im Geiste verjagte ich sie mit der Hand. Diese Pflanze würde mir gehören.

»Um etwas so Schönes zu gewinnen (die Blüte, die sie krönt, ist eine Distelkugel) – von wo hat man sie genommen? Sicher wurde sie ausgewählt in einer Pflanzung von Kindern ... Ich werde sie herzen ...«

Nicht nur sein Schwanz, sondern der ganze Lucien gehörte mir. Vor ihm Robert.[22] Nachts, in eine Decke gerollt, schlief er unter den Planen des Karussels. Ich bot ihm an, das Zimmer mit mir zu teilen. Er kam, um zu schlafen. Am zweiten Abend verspätete er sich und ich ging auf die Suche nach ihm. Ohne daß er es ahnte, sah ich ihn in einer Bar, in der Nähe der Docks, mit einem Mann sprechen, der sich wie ein Pédé benahm. Ich erwähnte ihm gegenüber nichts, aber ich sagte Stilitano Bescheid. Am nächsten Morgen, bevor Robert zur Arbeit ging, kam Stilitano uns besuchen. Weil er dieses unglaubliche Schamgefühl besaß, war er sehr verlegen, zu sagen, was er wollte. Schließlich gelang es ihm:

»Laß uns zusammen arbeiten. Du lockst sie in eine Pissotière oder auf eine Bude, und dann komme ich mit Jeannot. Wir sagen, wir sind deine Brüder und lassen den Typ blechen.«

Beinahe hätte ich gesagt: »Und Armand ...?« Ich schwieg. Robert lag im Bett, den Oberkörper außerhalb der Laken. Damit er sich nicht genierte, achtete ich darauf, ihn nicht zu berühren. Er hielt Stilitano die Risiken des Unternehmens vor, aber ich merkte, daß er diese Risiken in ziemlich weiter Ferne sah, unscharf, in einem dichten Nebel. Schließlich willigte er ein. Stilitanos Charme tat seine Wirkung. Ich schämte mich. Ich liebte Robert und es wäre mir nicht gelungen, ihn zu überreden, vor allem aber war es für mich grausam, daß die Details unseres Lebens in Spanien – die nur Stilitano und ich kannten – wieder Verwendung fanden. Nachdem Stilitano gegangen war, schlüpfte Robert unter die Laken und schmiegte sich an mich.

»Das ist dein Kerl, stimmts?«

»Warum fragst du?«

»Man sieht doch, daß er dein Kerl ist.«

Ich drückte ihn fest und wollte ihn küssen, aber er wich aus.

»Du bist verrückt. Das machen wir nicht.«

»Warum?«

»Was? Keine Ahnung. Wir sind gleichaltrig. Das wär nicht lustig.«

An diesem Tag stand er spät auf. Wir frühstückten mit Stilitano und Sylvia, danach ging Robert seinen Lohn holen. Er sagte dem Patron, daß er nicht mehr auf dem Karussel arbeiten wolle. Wir tranken den ganzen Abend. Seit acht Tagen, die er fort war, hatte Armand nichts von sich hören lassen. Anfangs dachte ich, aus Antwerpen, und überhaupt aus Belgien, zu flüchten und seine Sachen mitzunehmen. Doch sein Einfluß wirkte aus der Entfernung und hielt mich ab, nicht aus Angst – sondern es war die Gewalttätigkeit dieses gereiften Mannes, die mich anzog; er allein, ein wirklicher Bandit, der im Bösen reif geworden war, konnte mich mitreißen, ja tragen, in diese erschreckende Welt, aus der ich ihn emporgetaucht glaubte. Ich gab sein Zimmer nicht auf, aber meine Angst steigerte sich von Tag zu Tag. Stilitano hatte mir versprochen, über meine Leidenschaft zu Robert zu schweigen, aber ich war nicht sicher, daß jener mich nicht – aus Bosheit – verraten würde. Mit dem Einhändigen gab sich Robert ganz ungezwungen. Befreit von jeder Verlegenheit, zeigte er sich verspielt, spöttisch, ein bißchen unverschämt. Wenn sie von möglichen Coups sprachen, bemerkte ich, wie sein Blick plötzlich aufmerksam wurde und war die

Erklärung zu Ende, krönte sie Robert durch eine eindeutige Geste: Daumen und Zeigefinger vereint schienen in die Innentasche einer Jacke einzudringen und vorsichtig ein unsichtbares Schmuckstück hervorzuziehen. Es war eine schwerelose Bewegung. Robert zeichnete sie bedächtig in die Luft, markierte Einschnitte: zum ersten, wenn die Hand aus der Tasche des Bestohlenen zu schlüpfen schien, und dann, wenn er sie in die eigene Tasche steckte.

Robert und ich dienten Stilitano, wie man einem Priester dient – oder einer Artillerie-Kanone. Vor ihm kniend, schnürte jeder von uns beiden einen Schuh des Mannes zu. Für den einzigen Handschuh war es schwieriger. Fast immer hatte Robert das Vorrecht, auf den Druckknopf zu drücken.

Durch die Schilderung einiger gelungener Unternehmungen würdet Ihr nichts erfahren über diese Bräuche. Meistens gingen Robert oder ich mit dem Pédé nach oben. Wenn er schlief, warfen wir Stilitano, der unter dem Fenster wartete, das Geld zu. Am Morgen beschuldigte uns der Freier. Wir ließen uns von ihm durchsuchen, aber er wagte nicht, uns anzuzeigen. Robert versuchte, seine Plündereien zu rechtfertigen. Der Dieb möchte anfangs immer ein Monster bestrafen, wenn er jemanden ausraubt.

»Die Kerle sind alle verrottet«, sagte er.

Er sah richtig verbohrt aus bei seiner Suche nach den Fehlern der Pédés, die er bestahl, so daß ihn Stilitano brutal und unverblümt zur Ordnung rief.

»Wenn du so weiterpredigst, kannst du als Pfarrer anheuern. Was wir hier machen, hat einen einzigen Grund: die Knete.«

Eine solche Sprache entspannte Robert noch mehr. Da er sicher war, daß Stilitano ihn mochte, nahm er sich die ver-

rücktesten Freiheiten heraus. Seine Reden wurden sehr komisch. Stilitano amüsierte es und er ging nur noch mit ihm aus. Meine Stimmung verdüsterte sich. Ich war eifersüchtig auf meine beiden Freunde. Dazu kam, daß Robert Mädchen mochte und allen zulächelte. Er war beliebt. So fühlte ich, daß er an der Seite Stilitanos nicht gegen mich – sondern unerreichbar für mich war. Außerdem war er hübscher als ich und Stilitano gab ihm meine Kleider, damit er die Männer leichter anlocken konnte. Robert trug sie unbekümmert, lächelnd. Ich hatte nur noch eine Hose, eine Jacke und zerrissene Hemden. Ich erfand gegen Stilitano kleinliche Racheakte. Mit Armand verglichen wurde er immer seichter, formloser. Seine Schönheit schien mir fade, seine Sprache platt. Ich erhoffte mir durch Armand neue Offenbarungen.
Ich will nicht behaupten, daß seine Schamlosigkeiten der Anlaß zu meinen pornographischen Büchern wurden, aber sicher war ich hingerissen von der Kühnheit, mit der er Stilitano antwortete – als dieser ihn sehr ruhig und ein bißchen gelangweilt nach den Gründen für seine leidenschaftliche Schwärmerei fragte:
»Meine Eier«, sagte er, »meine Eier. Die Weiber dürfen ihre Titten präsentieren, sie rumzeigen, da werde ich wohl das Recht haben, meine Eier herzuzeigen und wenns mir Spaß macht, darf ich meine Eier auf einem Tablett anbieten. Ich hab sogar das Recht, weil sie so schön sind, sie Pola Negri als Geschenk zu schicken, oder dem Prince of Wales!«
Stilitano konnte zynisch sein, aber nicht singen. Seine Feigheit, Schlaffheit, Trägheit, die ich seit langem in mir vergraben hatte – wo sie wuchsen und meinen Groll nährten – stiegen in mir auf und verpesteten meinen Atem. Was früher seine Schönheit ausmachte – wie eine Geschwulst

das Fleisch ausformt und bemalt – diente mir jetzt dazu, ihn zu verachten. Die beiden schienen meine Eifersucht, meine Wut nicht zu bemerken und daß sie unsere Verbindung zersetzten. Eines Tages, als ich allein mit ihr auf der Straße war, nahm Sylvia meinen Arm. Sie drückte sich an mich. Zwei Männer, die ich liebte, entfernten sich von mir durch die unverhohlene Freundschaft, die sie füreinander hegten, verweigerten mir ihre offene und ausgelassene Herzlichkeit – und die Frau des einen, durch ihren Wunsch, mich zu trösten (so wie man dem Armen Trost spendet), erniedrigte mich noch mehr. Ihre Hüften, ihre Brüste gegen meinen Körper: ich hätte mich übergeben können. Vor Stilitano – wahrscheinlich, um ihn zu verletzen – erkühnte sie sich zu erklären, daß ich ihr gefalle. Robert und er lachten schallend auf.
»Geht doch bummeln zusammen, wenn ihr wollt. Wir, wir ziehen jetzt los.«
Von ihrem Lächeln verjagt, sah ich mich die Lichtstufen hinabstürzen, an deren Spitze Stilitano stand. Ich kehrte nach Spanien zurück, zu meinen Lumpen, meinen Nächten unter den Armen, verzweifelt – und gelegentlich um ein kleines Glück bereichert: jetzt war ich sicher, daß ich nie etwas anderes vermöchte, als Staub zu fressen, die Füße zu lecken – meine eigenen, die von Gewaltmärschen verstaubt sind. Die Idee von Läusen brütete schon ihre Insekten auf mir aus. Gleich würden sie ihre Eier legen. Ich schnitt mir die Haare nicht mehr. Ich beschloß, Stilitano und Robert zu töten. Konnte ich kein ruhmbedeckter Krimineller werden, so wollte ich einer im Elend sein: ich wählte die Strafkolonie oder den schimpflichen Tod. Die Erinnerung an Armand und die Hoffnung auf seine Rückkehr hielten mich aufrecht – doch er tauchte nicht auf.

Wir waren in Belgien. Einzig die französische Polizei hat über mich diese märchenhafte Macht. Ebenso die Strafanstalten. Außerhalb Frankreichs beging ich keine Sünde, sondern höchstens einen Irrtum. Was würde ich in den belgischen Bagnos und Gefängnissen finden? Gewiß nur den Ärger, der Freiheit beraubt zu sein. Ich schlug Stilitano und Robert einen Ausflug nach Maubeuge vor.
»Wenn ich sie in den Ardennen umbringe, wird mich die französische Polizei verhaften. Dann werde ich verurteilt und komme nach Guyana.«
Keiner der beiden war bereit, mir zu folgen. Eines Tages, als ich allein in seinem Zimmer war, stahl ich aus der Tasche einer Jacke, die im Schrank hing, den Revolver von Stilitano.

Dieses Leben lebte ich zwischen 1932 und 40. Während ich es für Euch aufschrieb, war ich mit anderen Amouren beschäftigt. Da ich sie notiert habe, benutze ich sie. Vielleicht sind sie diesem Buch dienlich.

Ich habe Lucien bis aufs Blut gebissen. Ich hoffte, er würde aufheulen, seine Empfindungslosigkeit hat mich besiegt; doch ich weiß, ich würde so weit gehen, das Fleisch meines Freundes zu zerfetzen, ich könnte mich verlieren in einem unversöhnlichen Gemetzel – bei vollem Verstand – und würde das Hochgefühl des Verfalls erleben. »Die Male sollen mir wachsen«, sagte ich mir, »die Nägel und langen Haare, die scharfen Zähne, der Geifer, und Lucien soll unter meinen Bissen sein gleichmütiges Gesicht behalten – denn bei Anzeichen eines übermäßigen Schmerzes würde ich sogleich die Kiefer lockern und ihn um Verzeihung bitten.« Wenn meine Zähne in sein Fleisch bissen, preßte ich die Kiefer aufeinander, bis mein ganzer Körper erschauerte und bebte. Ich röchle, und trotzdem liebe ich – mit welcher Zärtlichkeit – meinen kleinen Fischer vom Suquet. Er streckt sich an meinem Körper aus, verschränkt sachte seine Beine mit meinen, der weiche Stoff unserer Pyjamas schlingt sie noch stärker ineinander – und dann sucht er sehr sorgfältig die Stelle, an die er seine Wange anschmiegen kann. Solange er noch nicht schläft, werde ich an der sehr empfindlichen Wand meines Halses den Schauer seines Lids und seiner aufwärts gebogenen Wimpern fühlen. Wenn ihn in den Nasenlöchern etwas sticht und seine Trägheit, Gleichgültigkeit ihn daran hindern, die Hand zu heben, um sich zu kratzen, reibt er seine Nase gegen meine Bartstoppel und gibt mir kleine, leichte Stöße mit dem Kopf, wie ein junges Kalb, das an den Zitzen seiner Mutter saugt. In diesem Augenblick ist er vollkommen verwundbar. Ein strafender Blick, ein zu hartes Wort von mir, würde ihn verletzen – oder würde spurlos durch eine zarte, fast schwammige, elastische Materie hindurchgleiten. Es geschieht, daß eine Woge von Zärtlichkeit, die aus meinem Herzen aufgestiegen ist, ohne daß ich daran dachte, in meine Arme fließt, die ihn kräftiger drücken und er – ohne den Kopf zu bewegen – preßt seine Lippen auf den Teil meines Gesichts oder Körpers, den sie gerade berühren. Es ist die unwillkürliche Antwort auf den plötzlichen Druck meines Arms. Auf die zärtliche Woge antwortet immer dieses einfache Schnäbeln und ich spüre auf meiner Haut, wie die Sanftheit eines einfachen, arglosen Jungen erblüht. An diesem Zeichen erkenne ich, daß er dem Elan seines Herzens folgt, und sein Körper sich meinem Geist unterwirft.

Ich flüstere und meine Stimme wird erstickt vom Gewicht seines Kopfes:
»Wenn du so an mir liegst, so ausgelöscht, habe ich das Gefühl, dich zu beschützen.«
»Ich auch«, sagt er – und gibt mir rasch eines von seinen Antwort-Küßchen.
»Was heißt, du auch?«
»Ich habe auch das Gefühl, daß ich dich beschütze.«
»Was? Warum? Meinst du, ich bin schwach?«
Ohne zu stocken, sagt er mir freundlich:
»Ja... ich schütze dich.«
Nachdem er meine geschlossenen Augen geküßt hat, verläßt er mein Bett. Ich höre ihn die Tür schließen. Unter meinen Lidern entstehen Bilder: im klaren Wasser graue, quirlige Insekten, die sich auf dem schlammigen Grund gewisser Brunnen bewegen. Sie laufen im Schatten und im klaren Wasser meiner Augen, deren Grund aus Schlamm besteht.
Ich bin erstaunt, daß ein muskulöser Körper unter meiner Wärme so schmilzt. Auf der Straße bewegt er sich mit rollenden Schultern: seine Härte hat sich aufgelöst. Die Kanten und Splitter sind sanfter geworden – mit Ausnahme des Auges, das im eingesunkenen Schnee leuchtet. Diese Maschine, die Schläge austeilt – mit den Fäusten, den Füßen, die Kugeln schleudert – streckt sich, entrollt sich und erweist sich zu meinem Erstaunen als eine zusammengepreßte, angespannte, mehrfach um sich selbst geschlungene Sanftheit, verknotet und aufgeblasen – und ich erfahre, wie diese Sanftheit, die schmiegsam und gelehrig auf meine Zärtlichkeit antwortet, in Gewalttätigkeit umschlägt, in Bosheit, wenn sie keine Gelegenheit mehr erhält, sie selbst zu sein, wenn meine Zärtlichkeit aufhören würde, wenn ich zum Beispiel dieses Kind ver-

lassen würde, wenn ich der Schwäche die Möglichkeit raubte, diesen herrlichen Körper zu bewohnen. Ich sehe, was die Ausbrüche auslösen würde. Diese Wut, so zu erwachen. Seine Sanftheit würde sich verknoten, zusammenziehen, sich mehrfach um sich selbst schlingen und zu einer furchterregenden Sprungfeder werden.
»Wenn du mich verlassen würdest«, sagte er mir, »würde ich tollwütig. Ich würde der Spitzbube aller Spitzbuben.«
Manchmal habe ich Angst, daß er – der Folgsame – meiner Liebe plötzlich nicht mehr gehorcht. Ich muß sehr behutsam sein und rasch ergreifen, was er meinem Glück bietet. Gegen Abend, wenn Lucien mich in seine Arme drückt und mein Gesicht mit Küssen zudeckt, verschleiert Trauer meinen Körper. Mein Körper verdüstert sich, könnte man sagen. Ein Schatten bedeckt ihn wie ein Trauerflor. Meine Augen blicken nach innen. Werde ich zulassen, daß dieses Kind sich von mir löst? Von meinem Baum fällt – am Boden zerschellt?
»Meine Liebe ist stets traurig.«
»Es ist wahr. Sowie ich dich küsse, wirst du traurig, habe ich bemerkt.«
»Es ärgert dich?«
»Nein, das macht nichts. Ich bin lustig ... an deiner Stelle.«
Ich murmele in mir selbst:
»Ich liebe dich ... ich liebe dich ... ich liebe dich ...«
Vielleicht verläßt mich am Ende meine Liebe, fortgeschwemmt von diesen Worten, wie ein Gift aus dem Körper gespült wird von der Milch oder einem Purgativum. In der meinen halte ich seine Hand. Meine Fingerkuppen verweilen auf seinen. Schließlich löse ich die Berührung: ich liebe ihn noch immer. Dieselbe Traurigkeit verschleiert meinen Körper. So sah ich ihn zum ersten Mal: Lucien kam

vom Suquet herunter, barfuß. Barfuß durchquerte er die
Stadt, betrat das Kino. Seine Kleidung war von makelloser
Eleganz: eine Hose aus blauem Tuch mit einem weiß und
blau gestreiften Matrosentrikot, dessen kurze Ärmel bis
zur Schulter aufgekrempelt waren. Ich wage zu schreiben,
daß er auch die Füße nackt trug, denn sie schienen mir wie
ein Accessoir, eigens angefertigt zur Vervollständigung
seiner Schönheit. Oft bewunderte ich seine Selbstbeherr-
schung und die Ausstrahlung, die ihm in der eitlen Menge
dieser Stadt das einfache, liebenswürdige Zur-Schau-
Tragen seiner Schönheit, seiner Eleganz, seiner Jugend,
seiner Kraft und Grazie bescherte. Im Mittelpunkt dieses Überflusses an Glück schien er mir ernst, und er
lächelte.

Die Blätter der Araucaria-Pflanze sind rötlich, füllig und
flaumig, ein wenig fett und braun. Sie schmücken die
Friedhöfe, das Grab vor langer Zeit gestorbener Fischer,
die jahrhundertelang an dieser noch wilden, sanften Küste
umhergingen. Sie bräunten ihre schon schwarzen Muskeln, während sie Boote und Netze zogen. Die Einzelheiten ihrer Kleidung – die vergessen sind – haben sich kaum
verändert: ein tief ausgeschnittenes Hemd, ein buntes
Tuch, um den braunen, lockigen Kopf geschlungen. Sie
liefen barfuß. Sie sind tot. Die Pflanze, die auch in den
öffentlichen Parks wächst, erinnert mich an sie. Das
Schattenvölkchen, das sie geworden sind, neckt sich und
schwatzt voller Inbrunst wie eh und je: ich erkenne ihren
Tod nicht an. Da ich keine anderen, schöneren Wege
wüßte, um einen jungen Fischer von 1730 zum Leben zu
erwecken, damit er heftiger lebe, hockte ich mich in die
Sonne auf den Felsen, oder abends in den Schatten der
Pinien, beschwor sein Bild herauf, damit es meiner Lust

diente. Die Gesellschaft eines Knaben genügte oft nicht, um mich von ihnen abzulenken. Eines Abends schüttelte ich die toten Blätter aus meinen Haaren, von meiner Jacke, knöpfte meine Hose zu und fragte Bob:
»Kennst du einen Typ, der Lucien heißt?«
»Ja. Warum?«
»Nichts. Er interessiert mich.«
Der Bursche ließ sich nichts anmerken. Tastend zupfte er die Piniennadeln zusammen. Er strich sich sachte übers Haar, fühlte nach Mooskrumen, trat ein wenig aus dem Schatten des Wäldchens, um nachzusehen, ob sein Sperma nicht auf die Soldatenhose gespritzt war.
»Was für ein Typ ist er?« sagte ich.
»Der? Ein kleiner Gauner, der sich mit den Kerlen von der Gestapo herumtrieb.«
Wieder war ich im Auge eines berauschenden Strudels. Die französische Gestapo vereinte in sich diese beiden betörenden Elemente: den Verrat und den Diebstahl. Fügte man die Homosexualität hinzu, würde sie strahlend, unangreifbar. Sie besaß diese drei Tugenden, die ich zu Kardinaltugenden erhebe, aus denen sich ein so harter Körper wie derjenige Luciens formen ließ. Was kann man gegen sie vorbringen? Sie war nicht von dieser Welt. Sie verriet (verraten heißt, die Gesetze der Liebe brechen). Sie plünderte. Und jetzt schließt sie sich von der Welt ab durch die Päderastie. Also richtet sie sich ein in einer unausrottbaren Einsamkeit. Java sollte mir viel darüber erzählen ... wovon ich noch sprechen werde.
»Bist du sicher, daß es stimmt, was du sagst?«
Bob schaute mich an. Mit einer Kopfbewegung warf er seine braunen Locken zurück. Er ging neben mir, im Schatten.
»Wenn ich es dir sage.«

Ich schwieg. Beobachtete mich aufmerksam. In mir brachen sich die Wogen, die das Wort Gestapo erzeugte. Auf ihnen schritt Lucien. Sie trugen seine graziösen Füße, seinen muskulösen Körper, seine Geschmeidigkeit, seinen Hals, seinen Kopf, der von leuchtenden Haaren gekrönt war. Ich war verwundert, auf dem Grund dieses Palastes aus Fleisch das vollkommen Böse hocken zu sehen, woraus dieses vollkommene Gleichgewicht der Gliedmaßen, des Rumpfes, der Schatten- und Lichtflecken gebildet war. Der Palast tauchte allmählich in die Wogen, schwamm mitten im Meer, das gegen die Küste brandet, auf der wir entlangliefen, er verflüssigte sich mehr und mehr – und verschmolz mit ihm. Welcher Friede, welche Zärtlichkeit drückten mich nieder angesichts dieser einzigartigen Einsamkeit in einem so teuren Schrein. Ich hätte einschlafen wollen, ohne zu schlafen, diese Wogen mit meinen Armen umschlingen. Der Schatten der Welt, des Himmels, der Straße und der Bäume drang durch meine Augen und richtete sich in mir ein.
»Und du, bist du nie auf die Idee gekomen, dich mit denen einzulassen, um ein paar Coups zu landen?«
Bob drehte mir ein wenig den Kopf zu. Sein Gesicht – bald strahlend, bald im Dunklen – blieb ungerührt.
»Du bist verrückt. Und wo wär ich dann jetzt? Im Knast, wie die anderen.«
Im Knast oder tot, wie die Anführer dieser Organisation: Laffon, Bony, Clavié, Pagnon, Labussière. Warum ich diesen Zeitungsausschnitt mit ihren Photographien herausgerissen und aufbewahrt habe? Ich wollte Stoff bekommen für eine Argumentation zugunsten des Verrats. Ich hatte ihm ja stets ein strahlendes Antlitz gegeben. Maurice Pilorge mit seinem klaren, morgenfrischen Gesicht war falsch. Er log. Er log mich an und verriet mit einem

163

Lächeln alle seine Freunde. Ich liebte ihn. Als ich erfuhr, daß er Escudero ermordet hatte, war ich einen Augenblick lang niedergeschmettert, denn erneut näherte sich mir das Drama, berührte mich, trat in mein Leben ein, begeisterte mich, verlieh mir eine neue Wichtigkeit (die Strolche sagen: »Er spürt schon nicht mehr, wie er scheißt!«). Und ich weihte ihm diesen Kult, den ich noch immer pflege, vielleicht acht Jahre nach seiner Enthauptung. In der Zeit zwischen dem Mord und dem Tod wuchs Pilorge über mich hinaus. Wenn ich an sein abgeschnittenes Leben denke, an seinen faulenden Leib... wenn ich sagen konnte: »Armer Kleiner...« liebte ich ihn. Da akzeptierte ich, daß er nicht ein Vorbild, sondern eine Hilfe für mich war, um einen Weg zu gehen bis zu einem Himmel, in dem ich hoffe, ihn zu treffen (ich schreibe nicht: ihn wiederzutreffen).

Vor Augen hatte ich verärgerte Gesichter (ausgenommen das von Labussière), spannungslos durch so viele Ängste und durch die Feigheit. Gegen sich hatten sie die schlechte Qualität des Papiers, des Drucks – und daß man sie in einem ungünstigen Augenblick aufgenommen hatte. Sie sahen aus wie Leute, die in eine Falle gegangen waren, die sie sich selbst gestellt hatten. Auf dem sehr schönen Photo, das ihn in seinen Velpeau-Bandagen zeigt, sieht man Weidmann – angeschossen von dem Flic, der ihn festgenommen hat – ebenfalls wie ein Tier in der Falle, aber es ist die Falle der Menschen. Die eigene Wahrheit wendet sich nicht gegen ihn, sie entstellt nicht sein Gesicht. Was ich auf dem Porträt von Laffon und dem seiner Freunde gesehen habe und manchmal noch sehe, wenn ich es betrachte, ist – wie sie sich drehen... und sich selbst verleugnen.

»Ein echter Verräter, ein Verräter aus Liebe«, sagte ich mir dann, »sieht nicht falsch aus.«

Jeder der Männer, von denen ich spreche, war berühmt in seiner Zeit. Damals leuchteten sie. Ich habe Labussière gekannt, ich habe ihn gesehen, wie er mit seinen Mätressen in prächtigen Limousinen ausfuhr. Er war seiner sicher, seiner Wahrheit, unantastbar in seiner Tätigkeit als gut bezahlter Spitzel. Nichts beunruhigte ihn.
»Skrupel, Gefühle, die bei anderen so viel Verwirrung erzeugen (das Gesicht verrät sie), lassen Luciens Arglosigkeit unberührt«, sagte ich mir.
Bob hoffte, indem er ihn als Schwein beschrieb, könnte er mich von ihm trennen. Eher hätte er mich noch mehr an ihn gefesselt. Verliebt stellte ich ihn mir vor, wie er Leute »umlegt« und foltert. Ich hatte unrecht. Er verriet nie. Ich fragte ihn, ob er bereit wäre, mit mir mein Leben zu leben, auch die Gefahren zu teilen, er sah mir in die Augen – und nie sah ich einen unbefangeneren Blick. Wie eine Quelle, die eine bereits feuchte Wiese überschwemmt, auf der Vergißmeinnicht wachsen und jene Halme, die man im Morvan »l'herbe tremblante« nennt. Dann sagte er mir:
»Ja.«
»Ich kann auf dich zählen, auf deine Freundschaft.«
Gleicher Blick, gleiche Antwort.
»Ich werde das gleiche Leben führen wie du, nur stehlen möchte ich nicht.«
»Warum?«
»Nein. Ich würde lieber arbeiten.« Ich schwieg.
»Wenn ich dich verlasse, sagst du, würdest du ein Bandit, warum?«
»Weil ich mich vor mir schämen würde.«
Ein paar Tage danach sagte ich ihm:
»Weißt du, wir werden auskommen müssen mit dem, was übrig ist. Wir haben fast keine Kohle mehr.«
Lucien schritt aus, blickte zu Boden.

»Wenn wir nur irgendwas klauen könnten«, sagte er.
Ich achtete, um ihn nicht zu verletzen, auf die Empfindlichkeit des Mechanismus, der ihn ein solches Wort aussprechen ließ, und vermied, mich in die Siegerpose zu werfen. Ich sprach von etwas anderem. Am Tag, nachdem wir G. H. besucht hatten, ließ er sich deutlicher aus.
G. H. lebt in einer Wohnung, die er beim Einmarsch der Deutschen in Paris innerhalb von vier Tagen möblierte. Mit drei Freunden in Wehrmachtsuniformen (Huren hatten sie Soldaten gestohlen, die vom Alkohol und der Liebe entkräftet waren) plünderte er einige herrschaftliche Häuser von geflüchteten Parisern. Sein vollgestopfter Lastwagen fuhr zwischen Passy und der Garage hin und her. Jetzt ist er Besitzer der Möbel, der Teppiche. Solche Samtteppiche, sagte ich mir, deren Verschwiegenheit in meine Füße dringt, verbreiten Stille – sogar Einsamkeit und jene Beschaulichkeit, die das Herz einer Mutter schenkt. Hier kann man die schlimmsten Wörter aussprechen, die scheußlichsten Verbrechen vorbereiten. Die Lüster türmen sich in der Wohnung. Von den Freunden, die jeder einen gleichen Anteil an der Beute hatten, sind zwei tot, umgekommen in Italien im Gefolge von Darnand. Der dritte wurde gerade zu lebenslänglicher Zwangsarbeit verurteilt. Diese beiden Toten und die Verurteilung haben den Besitzanspruch von G. H. geheiligt. Sie verbürgen ihn. Sicher – oder auch nicht –, daß man ihn nie entdecken wird, schreitet er über seine Teppiche, spreizt sich in seinen Sesseln mit einem Selbstbewußtsein, das er zuvor nicht hatte.
»Sollen *sie* mich doch ausquartieren«, sagte er mir.
Er gewinnt seine Stärke aus der Gewißheit, daß er das Recht hat, in diesen eroberten Möbeln zu wohnen, umgeben von dieser prunkvollen Beute, die Lucien bewundert.

Die Wohnung als Tat, als nicht endende Handlung, ist Teil eines Dramas. Sie ist der überaus wertvolle Schrein, in dem der Zeuge Wache hält. Seit ich von diesen Toten weiß, trete selbst ich bei G. H. mit größerer Selbstverständlichkeit ein, weniger verwundert. Kein Gegenstand sieht mehr aus, als gehörte er einem anderen Herrn, als wäre er einer anderen Seele untertan. Alles hier ist seinem gegenwärtigen Besitzer endgültig anheimgefallen. Nachdem wir gegangen waren, sagte mir Lucien auf der Treppe:
»Mit so einem Typ zu arbeiten, muß drollig sein.
»Was für eine Arbeit?«
»Seine!«
»Welche?«
»Na ja, du weißt schon. Stehlen.«

Armand lebt vielleicht in einem ähnlichen Luxus – oder er wurde füsiliert. Als die Deutschen Frankreich besetzten, wohin er zurückgekehrt war, war es natürlich, daß er bei der Gestapo unterkam. Ich erfuhr es durch einen Inspektor, der bei einer Verhaftung sein Photo in meinen Sachen gefunden hatte. Es war klar, daß er dort eintreten mußte, und ich hätte ihm folgen sollen. Sein Einfluß lenkte mich in diese Richtung.

(Ein großer Teil dieses Tagebuchs ist unauffindbar, ich kann mich an die Worte nicht mehr erinnern, mit denen sich mir das Abenteuer von Albert und von D. vergegenwärtigte – dessen Zeuge ich war, ohne daran beteiligt zu sein. Ich fühle nicht die Kraft, diese Geschichte neu zu schreiben, aber eine Art Respekt für den tragischen Ton, den sie ihrer Liebe gaben, macht mir die Erwähnung zur Pflicht. Albert war

zwanzig. Er kam aus Le Havre. D. begegnete ihm in der Santé. Als sie herauskamen, lebten sie zusammen. Die Deutschen waren in Frankreich und D. wurde in die Gestapo aufgenommen. Eines Tages tötete er in einer Bar mit einem Revolverschuß einen deutschen Offizier, der über seinen Freund gespottet hatte. In dem Gewühl konnte er Albert die Waffe zustecken.
»Versteck das Eisen.«
»Hau ab, hau ab, Dédé.«
Er hatte keine fünfzig Meter zurückgelegt, als eine Sperre ihn an der Flucht hinderte. Sicher wurde ihm klar – mit blitzartiger Geschwindigkeit – wie man ihn foltern würde.
»Reich mir den Revolver«, sagte er zu Albert. Albert weigerte sich.
»Gib ihn her, sag ich dir. Ich will mich umbringen.«
Es war zu spät. Die Deutschen standen neben ihnen.
»Bébert, ich will nicht, daß sie mich lebend fangen. Erschieß mich.«
Albert schoß ihm eine Kugel in den Kopf und beging Selbstmord.
Als ich dieses verlorene Fragment des Tagebuchs niederschrieb, verfolgte mich lange Zeit die Schönheit Alberts, der immer diese Mütze der Flußschiffer trug (ihr schwarzes Band ist mit Blumen durchwirkt). D. stolzierte am Montmartre mit seinen Stiefeln. Sie stritten sich ständig (D. war damals vierzig Jahre alt) bis zu diesem Tod, bei dem ich nicht zugegen war. Durch die Form, die ich dem Bericht ursprünglich gab, konnte er irgendeiner Moral dienen. Ich fühle in mir keinerlei Drang, der mir ermöglichen würde, ihn noch einmal niederzuschreiben.)

Ich kenne die außergewöhnliche Ruhe im Augenblick des Diebstahls und die Furcht, die sie begleitet. Mein Körper ängstigt sich. Vor der Auslage eines Juweliers: solange ich mich nicht im Inneren befinde, glaube ich nicht, daß ich stehlen werde. Kaum eingetreten, bin ich sicher, daß ich das Geschäft mit einem Juwel verlasse – einem Ring oder den Handschellen. Diese Gewißheit drückt sich in einem langen Erschauern aus, das sich vom Nacken bis zu den Fersen ausbreitet – und mich erstarren läßt. Der Schauer verebbt an meinen Augen, trocknet ihre Ränder. Meine Zellen, scheint es, übermitteln sich eine Welle, eine wellenförmige Schwingung, welche die eigentliche Substanz der Ruhe ist. Ich denke mich von der Ferse bis zum Nacken. Ich begleite die Welle. Sie ist aus der Angst entstanden. Ohne sie gäbe es nicht diese Ruhe, in der mein Körper badet, die mein Körper – gewinnt. Ich brauche eine starke Aufmerksamkeit, um nicht zu flüchten. Wenn ich den Laden verlasse, wird es mir sehr schwer fallen zu laufen oder auch nur rasch zu gehen. Eine Art elastisches Band hält mich zurück. Meine Muskeln sind schwer, verkrampft. Aber eine geschärfte Beobachtung lenkt sie durch die Straßen. Ich kann mir Lucien in einer solchen Lage kaum vorstellen. Würde er zusammenbrechen? Und bei einem Einbruch? Kaum habe ich das Schloß aufgebrochen und die Tür aufgedrückt, schiebt sie *in mir* eine finstere Masse zur Seite, genauer, einen dichten Dunstschleier, in den mein Körper eindringen soll. Ich trete ein. Eine halbe Stunde lang werde ich mich zu schaffen machen (wenn ich allein bin) in einer Welt, die die Umkehrung der gewohnten Welt ist. Mein Herz klopft sehr stark. Nie zittert meine Hand. Die Angst verläßt mich nicht eine Sekunde. Ich denke nicht eigentlich an den Eigentümer des Orts, aber alle meine Gesten beziehen sich auf ihn, denn sie sehen ihn. Ich bade in einer Vorstellung von Eigentum, wenn ich das Eigentum verwüste. Ich erschaffe den abwesenden Eigentümer neu. Er lebt nicht mir gegenüber – sondern um mich herum. Wie ein Fluidum, das ich einatme, das in mich eindringt und meine Lungen aufbläht. Der Beginn der Aktion verläuft ohne allzu viel Angst. Sie kommt, wenn ich endlich beschließe, den Ort zu verlassen. Der Entschluß entsteht, wenn es in der Wohnung keinen verborgenen Winkel mehr gibt, wenn ich den Platz des Eigentümers eingenommen habe. Und das bedeutet nicht unbedingt: sobald ich den Tresor entdeckt habe. Guy setzt sich fast immer an einen Tisch, in der Küche oder in dem geplünderten Salon, und ißt. Manche Einbrecher gehen nach der Plünderung scheißen. Ich ertrage nicht die Vorstellung eines Lucien, der solchen Ritualen unterworfen ist. Seine Natur ist nicht religiös. Ist der Tresor entdeckt, gilt es zu verschwinden. Jetzt überfällt die Angst meinen Körper. Ich möchte alles überstürzen. Nicht mich beeilen, schneller handeln – sondern alles soll auf magische Weise rascher ablaufen. Ich möchte draußen sein, weit weg – aber welche Bewegungen muß ich ausführen, damit es schneller geht? Die schwerfälligsten, die langsamsten. Die Langsamkeit bringt die Angst zu mir. Jetzt klopft nicht mehr mein Herz, sondern mein ganzer Körper. Ich bin nur noch eine riesige Schläfe, die dröhnende Schläfe dieses geplünderten Zimmers. Es kam vor, daß ich lieber dort eingeschlafen bin, daß ich eine Stunde hinter der Tür geschlafen habe, um ruhig zu werden, statt auf die Straße hinunterzugehen, mich davonzumachen – denn obwohl ich weiß, daß ich nicht verfolgt werde, schlage ich unzählige Haken, renne durch die Straßen, kehre wieder um, als wollte ich eine Spur verwischen. Nach einem raschen Diebstahl ist es noch erregender: ich gehe schneller, beschleunige noch mehr, die Abschnitte der gebrochenen Linien sind kürzer. Ich werde mitgerissen, könnte man sagen, von der Geschwindigkeit, mit der ich den Diebstahl ausführte. Ich könnte nicht ertragen, daß Lucien sich dem aussetzt. Er hat nichts Verstohlenes in seiner Art. In seinen Bewegungen, seinem Verhalten, entdeckt man etwas wie ein leichtes Zögern, eine Zurückhaltung, vergleichbar dem Verweilen der letzten Silben in den feuchten Mundwinkeln junger Amerikaner. Lucien ist schamhaft.

Einmal drohte ich, ihn zu verlassen.
»Eine Weile hält man es aus, aber dann geht alles kaputt. Ich habe deine Launen satt.«
Ohne ihn zu umarmen, ging ich. Drei Tage lang weigerte ich mich, ihn zu sehen. Er beklagte sich nie.
»Aber wie werde ich ihn los«, fragte ich mich dann. Skrupel überfielen mich, verdüsterten, vergifteten meine Gedanken und den Gang eines ohnehin beängstigenden Lebens. Ich hoffte, er würde sich mir an den Hals werfen. Ich erwartete ein Wunder, aber es brauchte ein Gewitter, um diesen Himmel aufzuhellen. Am Abend des dritten Tages trat ich in sein Zimmer.
»Warst du nicht essen?«
»Ich hatte keinen Heller mehr.«
»Und du konntest mich nicht fragen?«
»Ich dachte, du wolltest mir nichts mehr geben.«
Er sprach ohne Umschweife, dann schwieg er. Er versuchte nichts, um sich an das Leben zu klammern. Seine Unempfindlichkeit dem eigenen Unglück gegenüber erbitterte mich.
»Vielleicht brennt er darauf, es zu tun«, dachte ich, »nur sein Mangel an Phantasie hindert ihn, die nötigen Gesten zu finden.«

Plötzlich schien er mir in einem Keller eingemauert, in dem er seiner Stimme kein Gehör mehr verschaffen konnte – eine sehr verhaltene, sehr weiche Stimme wahrscheinlich. Wie ein Gelähmter, dessen Seele verkümmert in den Tiefen eines unbeweglichen Körpers. Aber was meine Härte schließlich zum Schmelzen brachte, war die Erinnerung an eine Bemerkung, die er einmal wegen seiner ausgerenkten Schulter machte. »Es ist nicht meine Schuld.« Er brachte diese Entschuldigung in einem so demütigen Ton vor, daß ich zu erraten glaubte, wie er im Dunklen errötete.
»Ich kann«, sagte ich mir dann, »diesen armen Jungen nicht allein lassen. Er könnte sich erinnern, daß er zu mir einen solchen Satz gesprochen hat und wüßte, daß ich ein Herz aus Stein habe.«
Als er zwei Minuten später in meinen Armen war, packte ich seine Haare, um sein Gesicht, das er an meinem Hals vergraben hatte, hochzuziehen – und ich sah, daß er weinte. Während dieser drei Tage hatte er das vollkommene Elend erlebt. Nun fühlte ich den Frieden meiner Seele, weil ich diesem Kind den Frieden brachte. Ich war stolz, die Ursache der Tränen, der Freude und des Schmerzes eines Kindes zu sein. Durch meine Gnade wurde es zu einem Juwel, das seine Tränen und sein Kummer härteten, so daß es zu funkeln begann. Seine Verzweiflung und seine Rückkehr zum Leben verschönten es. Machten es kostbar. Seine Tränen und seine Schluchzer an meinem Hals waren der Beweis meiner Männlichkeit. Ich war sein Mann. Kaum hatte Lucien sein Gesicht abgewischt – er lag ausgestreckt neben mir auf dem Bett – da rollte er den Rand meines Ohrs auf – rollte zusammen, rollte auf, knickte ein ...
»Es möchte zerknittern«, sagte er.
Er ließ von meinem Ohr ab, wandte sich meiner Wange zu, meiner Stirn, die er mit seinen grausamen Fingern faltete.

(Seine Finger kneteten meine Haut mit Härte und Präzision. Es ist keine mechanische Geste. Lucien ist sehr aufmerksam auf das, was er tut.) Es schien, als probierte er mehrere Gesichter für mich aus, wovon keines ihn befriedigte. Ich ließ mich von diesem Jungen bearbeiten, dem das Spiel hilft, noch mehr Elend aus sich herauszulassen. Diese Falten, Grübchen, Hügel zu erfinden, amüsierte ihn, obwohl er sehr ernst dabei war. Er lachte nicht. Unter diesen erfindungsreichen Fingern spürte ich seine Güte. Es schien mir ein Segen, von ihm geknetet zu werden – und ich fühlte, wieviel Liebe die Materie demjenigen entgegenbringen muß, der sie mit so viel Freude formt.
»Was machst du mit meiner Wange?«
Meine Frage ist in weiter Ferne. Wo bin ich? Was geschieht in diesem Hotelzimmer, auf einem Messingbett? Wo bin ich? Was er macht, ist mir gleichgültig. Mein Geist ruht sich aus. Nachher wird dieses dröhnende Flugzeug am Boden zerschellen. Ich werde dableiben, das Gesicht endlich an seinem Hals. Er wird sich nicht rühren. Ich werde in der Liebe gefangen sein, so wie man im Eis, im Schlamm oder in der Angst gefangen ist.
Lucien drückte, knetete meine Haut, meine Brauen, mein Kinn, meine Wange. Ich weitete meine Augen, schaute ihn an und ohne zu lächeln, denn ich hatte nicht die Kraft dazu, sagte ich ihm traurig (ich hatte auch nicht die Kraft, den Ton zu verändern):
»Was machst du mit meiner Wange?«
»Ich mache Knoten.«
Er antwortete einfach, wie man von etwas Natürlichem spricht zu jemandem, der verstehen müßte – oder der etwas so Einfaches, Mysteriöses nie begreifen wird. Seine Stimme klang ein wenig dumpf. Als er meine Braue hochzog, um sie zu kneten, ging ich mit dem Kopf zur Seite. Er

streckte die Hände aus, um ihn zurückzuholen, näher zu sich heran. Ich wich ihm wieder aus. Er streckte die Arme aus und rief bekümmert, fast wie ein Baby:
»Jean, bitte, laß mich.«
»Du tust mir weh.«
»Bloß ein bißchen, mein kleiner Jean. Ein kleines bißchen, deine kleine Braue.«
Ich verstehe, was den Bildhauer mit der Tonerde verbindet, den Maler mit seinen Farben, jeden Arbeiter mit der Materie, an der er arbeitet und die Fügsamkeit, das Einverständnis der Materie mit den Gesten desjenigen, der sie beseelt, ich weiß, welche Liebe von den Fingern in diese Falten, Löcher, Hügel strömt.
Werde ich ihn verlassen? Lucien würde mich am Leben hindern. Es sei denn, seine ruhige Zärtlichkeit, seine schreckhafte Scham würden unter der Sonne meiner Liebe zu einem Tiger oder einem Löwen. Wird er mir folgen, wenn er mich liebt?
»Was würde aus ihm ohne mich?«
Er ist zu stolz, um in seine Familie zurückzukehren. An meiner Seite hat er sich an Trägheit und Luxus gewöhnt. Wird er in die Bars gehen? Er wird böse werden, grausam aus Rache, aus Trotz, aus Haß auf alle Männer. In der Welt, unter so vielen anderen, ist mir ein Unglück gleichgültig, aber ich leide unter der Vorstellung, daß dieser Junge den Weg der Schmach einschlagen könnte. Am Rande seines Absturzes wird meine Liebe geweckt. Im Begriff zu enden, entzündet sie jeden Abend die Apotheose des Sonnenuntergangs.
»Was wird aus ihm werden?«
Der Schmerz wälzt sich über mich, deckt mich zu. Ich sehe Lucien: seine klammen, violetten, schwerfälligen, empfindlichen, bis auf die Knochen erfrorenen Finger öffnen

sich mit Mühe, um sich in den Hosentaschen mit den schmutzstarren, steifen Rändern zu vergraben; ich sehe ihn mit den Füßen aufstampfen, in der trockenen Kälte, vor den Cafés, in die man nicht einzutreten wagt, vielleicht entsteht aus seinen schmerzgepeinigten Füßen ein neuer Tanz, eine Parodie. Er würde den Kragen seiner Jacke aufstellen. Trotz des Windes, der seine Lippen aufreißt, wird er den alten Pédés zulächeln. Der Schmerz wälzt sich über mich, aber welches Glück verbreiten in meinem Körper und meinem Herzen diese Düfte – wenn der gleiche Gedanke, mit dem ich ihn verlasse, ihn von allem Übel rettet, das ich ihm bereite. Er wird mich nicht hassen. Ekelschwangere Ausdünstungen steigen aus meinem Spanien in meine Nüstern.

Kann ich etwas Besseres tun, als ihn – einige Seiten hindurch – in eine der demütigendsten Situationen zu versetzen, die ich erlebt habe? Ein hilfloses, kindisches und vielleicht hochmütiges Gefühl von Erlösung macht mich glauben, daß ich all diese Schmach auf mich nahm, damit sie ihm erspart bleiben würde. Aber damit dieses Experiment eine größere Wirkung zeigt, werde ich Lucien einen Augenblick lang in meiner eigenen elenden Haut auferstehen lassen. In einem Buch mit dem Titel *Miracle de la Rose* stelle ich mir die schimpfliche Lage eines jungen Sträflings vor, dem die Mitgefangenen auf Wangen und Augen spucken, und von ihm sprechend, sage ich: »Ich ...« Hier geschieht das Gegenteil. Es regnete. Mit anderen verwahrlosten Clochards hockte Lucien, gegen einen Steinblock gelehnt, auf einem freien Terrain in der

Nähe des Hafens, wo die Bettler geduldet waren. Jeder machte sich dort mit etwas Reisig ein winziges Feuerchen und wärmte in einer Blechbüchse Reis, Bohnen, die am Kasernentor verteilt wurden. Daß sie von herrlichen Soldaten stammte, unter denen er der schönste gewesen wäre, übriggelassen, durchgerührt mit ihrem Mitleid oder ihrer Verachtung, ließ diese Nahrung, diese scheußliche Suppe in seiner Kehle zu Stein werden. Sein Herz war beklommen. Die gestauten Tränen härteten seine Lider. Der Regen hatte alle Feuer gelöscht, die noch rauchten. Die Bettler schützten ihre Suppe so gut sie konnten, verbargen die Büchse unter einem Jackenzipfel oder einem Sack, den sie über die Schulter geworfen hatten. Das Terrain lag unterhalb der Stützmauer eines Boulevard, der auf die Ramblas mündete, und die auf die Brüstung gelehnten Spaziergänger blickten herab auf ein wahres Räuberbiwak, wo sich in jedem Augenblick elende Dispute, Händel und kümmerliche Schiebereien zutrugen. Jede Handlung war eine Parodie. Die Armen sind grotesk. Was sie hier trieben, war nur die verzerrte Spiegelung raffinierter Abenteuer – die vielleicht ihre Fortsetzung fanden in üppigen Wohnungen, unter Wesen, die es wert waren, gesehen und gehört zu werden. Die Bettler, die sich prügelten und beschimpften, dämpften die Heftigkeit ihrer Gesten und Schreie, um sich nicht mit einem edlen Attribut zu schmücken, das nur Eurer Welt zusteht. Die anderen Bettler, die diesem Gezänk zusahen, taten es mit einem flüchtigen Blick, denn auch er darf nur ein Reflex sein. Dem Wortwitz, der sonoren, drolligen Beschimpfung, dem plötzlichen Ausbruch der Eloquenz wie dem schlauen, allzu geschickt plazierten Treffer verweigerten sie ein Lächeln oder einen Ausruf der Bewunderung. Im Gegenteil, schweigend und in der Tiefe ihres Herzens, verurteil-

ten sie ihn, als handle es sich um eine Unschicklichkeit. Es war eine – und ihre Schamhaftigkeit lehnte sie ab. Kein Armer hätte zum Beispiel zu einem anderen in mitleidigem Ton gesagt: »Laß gut sein, Alter. Das geht vorbei.« Die Herrschaften besaßen Takt. Zu ihrer Sicherheit, um jeglichen Riß zu vermeiden, durch den die Verzweiflung hätte eindringen können, beobachteten sie eine Gleichgültigkeit, die an äußerste Höflichkeit grenzte. Ihre Sprache wahrte die Zurückhaltung der Klassiker. Wissend, daß sie Schatten oder Spiegelungen waren, verzerrt und unglücklich, arbeiteten sie demütig daran, die diskreten Gesten und Gefühle des Unglücks zu erlangen. Sie sprachen nicht mit leiser Stimme, sondern in einer Tonlage zwischen leise und laut. Die Szene, die ich beschreiben will, fand unter dem Regen statt, aber selbst in der Mittagssonne im Juli war es, als ob Regen auf sie fiele und sie frösteln ließe. Gelegentlich erschien ein Soldat, sprach ein paar Worte auf Spanisch und fünf oder sechs der elendsten, ältesten und häßlichsten stürzten herbei: der Soldat nahm zwei mit zum Waschplatz, wo sie Wäsche wrangen und aufhängten.
Solche Appelle beachtete Lucien nie. Er blickte vor sich hin und sah aus der Tiefe eines traurigen Verschlags wie das Meer in der Ferne zuregnete. Seine Augen waren starr. Er war sicher, daß er nie aus diesem Traum erwachen würde. Der Schmutz grub sich in seine Züge ein. Der Schweiß machte sein Gesicht ölig, glänzend, vorzüglich geeignet für das Objektiv. Er rasierte sich selten und schlecht, seifte seinen Bart mit der Hand ein. Da er ebensowenig wie ich in jener Zeit die Taue gekappt hatte, die den gefangen halten, dessen einzige Chance darin besteht, sich loszureißen, blieb er in Berührung mit Eurer Welt durch seine Jugend, seine Schönheit, sein Verlangen nach Eleganz, seinen Hunger, sein Bedürfnis nach irdischem

Ruhm. Es schmerzt mich, ihn herabzusetzen. Meine Freude wäre groß, könnte ich ihn Schurke nennen, Erzgauner, Kanaille, Lump, Strolch, Spitzbube, schöne Namen für das, was Ihr zum Hohn eine schöne Gesellschaft nennt. Doch diese Worte singen. Sie trällern. Und sie erinnern Euch an die süßesten, pikantesten Vergnügungen, denn halblaut – im Gefolge von »zärtlicher«, »teuerster«, »allerliebster«, »angebeteter«, die sie raffiniert anlocken – flüstert Ihr sie Euren Geliebten zu. Soll Lucien verzweifeln, was tuts, wenn ich darunter leide! Den Schleier der Scham zerrissen, die Schamteile zeigend, erlebe ich mit glühenden Wangen den Wunsch, mich zu verstecken oder zu sterben – doch ich glaube, wenn ich diese peinigenden Gefühle einlasse und ertrage, erfahre ich durch die Schamlosigkeit seltsame Schönheiten. (Ich verwende dieses Wort aufs Geratewohl, denn ich vermute, daß ich eine hellere Welt entdecken werde, in der – ohne die Gefühle oder die Liebe zu hindern – ein diskretes, leichtsinniges Lachen erlaubt ist.) Lucien litt, heimlich jedoch, denn er kasteite sich. Wenn er seine schmutzigen Hände betrachtete, stürzte er manchmal in einem Anfall von Wut zu einem Brunnen. Dort wusch er sich tapfer den Oberkörper, dann die Füße, die Hände, benetzte das Gesicht und kämmte die Haare mit einem ausgezahnten Kamm. Dieser Versuch, Euch einzuholen, war vergeblich. Ein paar Tage später zernagte der Schmutz seinen Mut. Der Nordwind ließ ihn erstarren, der Hunger schwächte ihn – doch es war nicht die edle Schwäche des krankhaften Schmachtens: sein Körper blieb schön wie je, und er konnte sich seiner nicht rühmen, denn es wäre schamlos gewesen – ein scheußlicher Geruch hielt ihn von Euch fern.
Ich habe gesagt, was aus ihm geworden war. Französische Touristen kamen vorüber und beugten sich über die Brü-

stung. Ihr Schiff hatte Barcelona angelaufen, und sie waren für einige Stunden an Land gegangen. Als Fremde in diesem Land, wohlhabend und in hübsche Gabardinemäntel gekleidet, erkannten sie sich selbst das Recht zu, diesen Archipel des Elends – dessen Besichtigung vielleicht das geheime, uneingestandene Ziel ihrer Kreuzfahrten war – pittoresk zu finden. Ohne Sorge, daß es verletzend sein könnte, führten sie über den Köpfen der Bettler präzise Gespräche, in eindeutigen, fast professionellen Wendungen.

»Was für eine perfekte Harmonie zwischen den Schattierungen des Himmels und dem gedämpften Grün dieser Lumpen.«

»... dieses Goyahafte ...«

»Wie interessant diese Gruppe links ist. Bei Gustave Doré gibt es Szenen, deren Komposition ...«

»Sie sind glücklicher als wir.«

»Irgendwie sehen sie verwahrloster aus als die von Bidonville, erinnert ihr euch, in Casa? Man muß zugeben, das marokkanische Kostüm verleiht selbst dem *einfachsten* Bettler eine Würde, die für einen Europäer unerreichbar ist.«

»Sie sind vollkommen träge jetzt. Man müßte sie bei schönem Wetter betrachten.«

»Im Gegenteil. Die Originalität dieser Posen ...«

Eingehüllt in ihre wärmenden Polster beobachteten die Spaziergänger dieses zusammengekrümmte Völkchen, mit dem Kinn auf den Knien, dem Wind und dem Wasser preisgegeben. Nie gestand ich meinem Herzen Haß oder Neid auf die Reichen zu, die sich voll Abscheu von uns entfernten. Die Vorsicht gebot uns gedämpfte Gefühle: Demut, Unterwürfigkeit. Die Reichen gehorchten den Gesetzen des Reichtums. Als er sie näherkommen sah,

empfand Lucien eine Art Ängstlichkeit. Es war das erste Mal, daß er Menschen sah, die seine Bräuche, seine Anomalien, seine Merkwürdigkeiten studieren wollten. Mit einem Schlag wurde er in die Tiefen des Ekels geschleudert, schwindelerregend, und dieser atemberaubende Sturz ließ sein Herz erbeben. In den behandschuhten Händen dieser Leute erkannte er, boshaft leuchtend, das grausame Objektiv der Photoapparate. Ein paar Bettler verstanden Französisch, aber nur er unterschied die Nuancen zwischen Dreistigkeit und autoritärer Herablassung. Jeder entledigte sich ärgerlich seiner Decken oder seiner Lumpen und hob ein wenig den Kopf.
»Wenn ihr was verdienen möchtet...«
Lucien stand auf wie die anderen, stützte den Ellbogen auf, hockte sich nieder, je nachdem, was für Szenen die Touristen festhalten wollten. Er lächelte sogar einem alten Bettler zu, weil man ihn dazu aufforderte, und ertrug, daß man seine schmutzigen Haare zerzauste und in seine Stirn strich. Die Posen dauerten lang, denn das Wetter war düster. Die Touristen beklagten sich über das Licht, aber sie lobten die Qualität ihrer Filme. Während die Bettler eine naive Eitelkeit darüber empfanden, daß sie einen malerischen Anblick boten, ohne den Spanien weniger schön wäre, ertrank Lucien in einer überbordenden Scham. Sie waren Teil einer vielgerühmten Sehenswürdigkeit. Wußte ich selbst, in Marseille, als ich sechzehn Jahre alt war und zwischen anderen Jungen auf die Messieurs wartete, die uns auswählen würden, daß ich zu einem Gruppenbild von fünfzehn oder zwanzig Strolchen gehörte, die man vom anderen Ende der Welt besichtigen kommt – ein dehnbares, aber wesentliches Element dieser Stadt, die den Päderasten teuer ist? Ich kenne einige meines Alters, die mich, wenn sie mich treffen, mit den Worten begrüßen:

»Klar, ich erinnere mich, du gehörst zur rue Bouterie.«
Oder: »Du warst einer vom Cours Belsunce.«
Die Clochards übertrieben ihre Kriecherei derart, daß sie sich an den schmutzigsten Plätzen aufstellten, ohne Rücksicht auf ihre Person. Lucien hatte sich auf eine nasse Stufe gesetzt, die Füße in einer anderen Pfütze. Er machte keine Anstrengung mehr, um in Eure Welt zurückzukehren, er verzweifelte. Sein Jammerbild diente dazu, die Reise eines Millionärs und Amateurphotographen zu illustrieren.
»Euch, euch hab ich fünfmal aufgenommen«, sagte ein Mann. Er reichte Lucien, der sich auf spanisch bedankte, zehn Pesetas.
Die Bettler bekundeten diskret ihre Dankbarkeit und Zufriedenheit. Einige gingen trinken, die anderen kauerten sich wieder hin, stellten sich schlafend. In Wirklichkeit sonderten sie eine Art Wahrheit ab – ihre Wahrheit, die sie retten wird: die Entblößtheit von allem.
Diese Szene ist nur eine unter vielen, durch die ich das Bild Luciens reinigen möchte, damit es Vollkommenheit erlangt und würdig wird eines Glücks, das ich damals für ihn verdiente.
Was ich von ihm weiß: die Zärtlichkeit, die Freundlichkeit, die Verwundbarkeit – keine Vorzüge, sondern Schwächen (so wie man von der schwachen Stelle eines Panzers spricht) – ich stelle ihn vor mich hin in Situationen so großer Not, daß er sich töten würde. Aber um ihn mehr zu lieben als mich selbst, muß ich wissen, daß er schwach ist, zerbrechlich, damit ich nie in Versuchung komme (gegen mich selbst), ihn zu verlassen. Meine Abenteuer dienen ihm. Ich habe sie gelebt. Dem Bild, das ich von Lucien möchte, lege ich – aus Grausamkeit – dieselben Prüfungen auf. Nur – es ist mein Körper, der sie erlitten hat und mein

Geist. Und daraus werde ich ein Bild von ihm formen, das er nachahmen wird.

Diesen Vorgang, der darin besteht, sich in die Leiden anderer zu versetzen, habe ich schlecht beschrieben, aber abgesehen davon, daß ich den Mechanismus nicht deutlich erkenne, ist es zu spät, ich bin zu erschöpft, als daß ich noch einen Versuch machen könnte, ihn besser darzustellen.

Nicht damit Lucien sich im Glück einrichtet, sondern damit er Glück ausstrahlt, will ich ihn formen nach einem Bild, das ich in meinen eigenen Abenteuern vorbereitet und skizziert habe. So will ich ihn nach und nach daran gewöhnen, sie anzuhören und zu begreifen, daß ich von ihnen geprägt bin – er soll davon sprechen, ohne zu erröten, ohne mich zu beklagen oder gerührt zu sein – denn ich beschließe, daß sie ihm zugute kommen sollen. Ich verlange, daß er meine Prostitution kennt und daß er sie anerkennt. Daß er die Einzelheiten meiner abscheulichsten Diebereien kennt, daß er darunter leidet und sie akzeptiert. Daß er meine Herkunft kennt und meine Päderastie, meine Feigheit, die seltsame Vorstellung, meine Mutter sei eine alte Diebin mit bleichem, heuchlerischem Gesicht; die Geste, mit der ich um Almosen bettele; meine Stimme, die ich brüchig machte, verstellte, nach einer Regel, die Bettler wie Bürger anerkennen; die originelle Weise, die ich erfunden habe, um Pédés anzusprechen; meine Allüren als genervter Stricher; meine Scham vor hübschen Burschen; die Szene, als einer von ihnen meine Zärtlichkeit zurückwies und die Frechheit und Grazie eines Strolches vorzog; eine andere, in der der französische Konsul sich die Nase zuhielt, als er mich eintreten sah, und mich hinauswerfen ließ; die endlosen Wanderungen schließlich durch Europa –, zerlumpt, hungrig, verachtet, erschöpft – und verstrickt in lasterhafte Liebe.

Nachdem mich Stilitano in der Nähe von San Fernando verlassen hatte, wurde mein Elend noch größer und noch tiefer das Gefühl meiner Armut. *(Die Araber, wenn sie von den Armen sprechen, sagen: »Meskine«. Ich fühlte mich mezquino.)²³ Es war nicht mehr die Erinnerung an ihn, die ich mit mir herumtrug, sondern die Idee eines Fabelwesens, Ursprung und Vorwand aller Begierden, schrecklich und sanft, weit entfernt und dann wieder so nah, daß ich in ihm aufging – denn jetzt, wo ich von ihm träumte, hatte er – obwohl hart und brutal – die gasförmige Inkonsistenz gewisser Sternennebel, ihre gigantischen Ausmaße, ihren Glanz im Himmel und sogar ihren Namen. Überwältigt vom Sonnenlicht und der Müdigkeit, schritten meine Füße über Stilitano, der Staub, den ich aufwirbelte, war seine wesenlose Materie, während meine brennenden Augen die kostbarsten Einzelheiten eines Bildes von ihm zu erkennen suchten, das menschlicher wäre und ebenso unerreichbar.

Damit Poesie entstehen kann, was heißt: um dem Leser eine Emotion zu vermitteln, die mir damals unbekannt war – die mir noch immer unbekannt ist – zielen meine Worte auf die fleischliche Pracht, auf den Pomp der Zeremonien hienieden, nicht – ich bedaure es – auf die rationelle Ordnung unserer eigenen, sondern auf die Schönheit toter oder todgeweihter Epochen. Indem ich diese Schönheit ausdrückte, hatte ich geglaubt, sie zu befreien von der Macht der Objekte, der Organe, Materien, Metalle, Körpersäfte, denen man lange Zeit einen Kult weihte (Diamanten, Purpur, Blut, Sperma, Blumen, Oriflammen, Augen, Nägel, Gold, Kronen, Halsketten, Waffen, Tränen, Herbst, Wind, Chimären, Seefahrer, Regen, Flor), und mich zu lösen von der Welt, die sie bedeuten (nicht jener, die sie benennen, sondern jener, die sie beschwören – in der ich versinke), – mein Versuch bleibt vergeblich. Immer wieder komme ich auf die Objekte zurück. Sie wuchern überall und schnappen nach mir. Ihre Schuld ist es, wenn ich durch die genealogischen Schichten hindurchgehe, durch die Renaissance, das Mittelalter, die Epochen der Karolinger, Merowinger, Byzanz, Rom, die Epen, die großen Wanderungen, um zu der Fabel zu gelangen, in der jede Kreation möglich ist.

Ich fragte mich, was der Speichelschleier verbergen könnte, welche geheime Bedeutung dieser ölige, weiße, nicht etwa krankhafte Qualster hätte, der eine so ergreifende Kraft besaß und in der Lage war, die wildesten Energien freizusetzen. *Ich dachte noch an seinen Schwanz. Manchmal stellte ich ihn mir schwarz vor, lebendig, abgetrennt von ihm, aufrecht stehend, steif wie ein Blutegel, ebenso angeschwollen von Blut.[24] (Erregt bei meinen zufälligen Lektüren durch die Begegnung mit Wörtern, die Religiosität beschworen, benutzte ich sie völlig natürlich, um von meinen Amouren zu träumen, die durch solche Benennung monströse Ausmaße annahmen. Mit ihnen stürzte ich mich in ein Ur-Abenteuer, das von elementaren Kräften gelenkt wurde. Vielleicht brachte mich die Liebe – um mich besser zu erschaffen – mit jenen Elementen in Berührung, deren Benennung nach verwirrenden Wörtern verlangte: Kulte, Zeremonien, Visitationen, Litaneien, Königtum, Magie ... Durch ein solches Vokabular, das formlose Universum, auf das es verweist und das in mir war, wurde ich zerstreut, vernichtet.) In dieser Wirrnis, dieser Zerfahrenheit zog ich bettelnd von Dorf zu Dorf.

Entlang der spanischen Küsten haben die Zöllner alle drei oder vier Kilometer kleine Hütten errichtet, von denen aus man das Meer überwachen kann. Eines Abends kam jemand in eine dieser Hütten, in der ich mich ausgestreckt hatte, um zu schlafen. Wenn ich elend war, durch Regen oder Wind lief, wurde der kleinste Winkel, der geringste Unterschlupf bewohnbar. Manchmal zierte ich ihn mit einem ausgeklügelten Komfort, der mir durch seine Besonderheiten suggeriert wurde: eine Theaterloge, eine Friedhofskapelle, eine Höhle, ein aufgelassener Steinbruch, ein Güterwagen, was weiß ich? Besessen von der Idee einer Unterkunft, verschönte ich in Gedanken die eigentümliche Architektur derjenigen, die ich gewählt hatte. Als mir alles verweigert war, wünschte ich, ich wäre gemacht für die Kannelüren der falschen Säulen auf den Fassaden, für die Karyatiden, die Balkone, für den Naturstein – für die plumpe, bürgerliche Selbstgefälligkeit, die sich darin ausdrückt.

»Ich werde sie lieben müssen«, sagte ich mir, »herzen, ich muß ihnen gehören, damit sie mir gehören und die Ordnung, die sie stützen, meine ist.«

Leider war ich noch nicht für sie geschaffen. Alles hielt mich fern, verhinderte diese Liebe. Mir fehlte der Sinn für das irdische Glück. Heute, wo ich reich und lustlos bin, bitte ich Lucien, meinen Platz einzunehmen.

Zusammengekrümmt, in meinen Paletot geschlungen, um die feuchte Seeluft abzuwehren, vergaß ich meinen Körper und seine Erschöpfung, indem ich für diese Hütte aus Binsen und Schilfrohr mir alle Einzelheiten vorstellte, die daraus eine vollkommene Wohnung machen würden, eigens erbaut, um den Menschen zu schützen, der ich innerhalb weniger Minuten wurde, damit meine Seele im Einklang wäre mit der Umgebung – dem Meer, dem Himmel, den Felsen, der Heide – und der Schwächlichkeit des Baus. Ein Mann stolperte über mich. Er stieß einen Fluch aus. Ich hatte keine Angst mehr nachts, im Gegenteil. Es war ein Zöllner, vielleicht dreißig Jahre alt. Er kam, mit einem Gewehr bewaffnet, um den Fischern und Seeleuten aufzulauern, die zwischen Marokko und Spanien Schmuggel treiben. Er wollte mich hinauswerfen, dann leuchtete er mit seiner Lampe in mein Gesicht, sah, daß ich jung war und meinte, ich könne bleiben. Ich teilte seine Abendmahlzeit: Brot, Oliven, ein paar Heringe und trank Wein. Wir sprachen ein wenig, dann streichelte er mich. Er sagte mir, er sei Andalusier. Ich weiß nicht mehr, ob er schön war. Durch die Öffnung sah man das Meer. Wir konnten keine Barke ausmachen, aber wir hörten Ruder ins Wasser tauchen und Stimmen. Er bewegte sich, wollte hinausgehen, aber ich streichelte ihn gezielter. Er konnte sich nicht losreißen und die Schmuggler gingen wohl ungestört an Land. Indem ich mich den Kaprizen des Zöllners unterwarf, gehorchte ich einem gebieterischen Orden, dem nicht zu dienen unmöglich war: der Polizei. Einen Augenblick lang war ich nicht mehr der hungrige, zerlumpte Landstreicher, von Kötern und Kindern gejagt, auch nicht der wagemutige Dieb, der die Bullen verhöhnt, sondern die Favoritin, die in einer sternhellen Nacht den Sieger in ihren Armen wiegt. Als ich begriff, daß es nur von mir abhing, ob die Schmuggler unbehelligt an Land gingen, fühlte ich mich verantwortlich – nicht nur vor ihnen, sondern vor allen Gesetzesbrechern. Ich wurde anderen Orts überwacht und konnte dem nicht entrinnen. Der Stolz stützte mich. Ich hatte Liebe geheuchelt und so den Polizisten festgehalten, und ich sagte mir, wenn meine Liebe stärker wäre, würde ich ihn noch sicherer festhalten, und weil ich mehr nicht tun konnte, liebte ich ihn mit meiner ganzen Kraft. Ich schenkte ihm die schönste meiner Nächte. Nicht damit er glücklich wäre, sondern um seine Schmach auf mich zu laden – und ihn von ihr zu befreien.

Verrat, Diebstahl und Homosexualität sind die wesentlichen Themen dieses Buches. Zwischen ihnen besteht ein Zusammenhang und wenn er auch nicht immer offenkundig ist, so glaube ich doch, eine Art Osmose zu erkennen zwischen meiner Neigung zum Verrat, zum Diebstahl und meiner Art zu lieben.
Nachdem ich ihm die höchste Lust verschafft hatte, fragte mich der Zöllner, ob ich etwas gehört hätte. Das Mysterium dieser Nacht, dieses Meeres, durch das unsichtbare Diebe streunten, verwirrte mich.
Diese besondere Erregung, die ich auf gut Glück poetisch genannt habe, hinterließ in meiner Seele eine Unruhe wie schäumendes Kielwasser, das nach und nach verebbt. Das nächtliche Murmeln einer Stimme und auf dem Meer, das Platschen unsichtbarer Ruder hatten mich in meiner seltsamen Lage aufgewühlt. Ich war angespannt und wollte diese Augenblicke festhalten, die – umherirrend – auf der Suche zu sein schienen (wie eine rastlose Seele auf der Suche nach einem Körper) nach einem Bewußtsein, das sie registriert und in sich aufnimmt. Ist es gefunden, lösen sie sich auf: der Poet schöpft die Welt aus. Aber wenn er eine andere vorschlägt, kann es nur durch seine eigene Reflexion geschehen. Als ich in der Santé zu schreiben begann, wollte ich nie meine Gemütszustände vergegenwärtigen oder mitteilen, sondern ich wollte mit dem von ihnen erzwungenen Ausdruck eine (innere) Ordnung herstellen, die mir selbst anfangs unbekannt war.
»Ja«, sagte ich.
Er fragte mich, wo sie wohl angelegt hätten und versuchte, mit seinem Blick die Dunkelheit abzutasten. Er hielt sein Gewehr in der Hand, schußbereit. Und so stark ist mein Wunsch nach Genauigkeit, daß ich ihm beinahe die richtige Richtung angegeben hätte: dem Nachdenken ver-

danke ich meine Loyalität gegenüber den Schmugglern. Als wäre ich sein Hund, machten wir gemeinsam ein paar Schritte in den Felsen, um dann wieder in die Hütte zurükkzukehren zu neuen Umarmungen.
Auf der Küstenstraße setzte ich meine Wanderung fort. Bald bei Nacht, bald tagsüber. Ich nahm wunderliche Visionen in mir auf. Die Müdigkeit, die Scham, das Elend zwangen mich, meine Zuflucht in einer Welt zu suchen, in der die Ereignisse einen anderen Sinn haben (ich kann ihn nicht definieren) als für Euch. Am Abend hörte ich singen: Bauern pflückten Orangen. Am Tage betrat ich die Kirchen, um mich auszuruhen. Da die moralische Ordnung ihren Ursprung in christlichen Vorschriften hat, wünschte ich, mich mit der Idee Gottes vertraut zu machen: bei der Morgenandacht – im Stande der Todsünde – kommunizierte ich. Der Priester (ein spanischer Pfarrer!) nahm eine Hostie aus dem Kelch.
»In welche Soße sind sie eingetunkt?« fragte ich mich. Die Soße war die Gesalbtheit der blassen Finger des Priesters. Um sie voneinander abzulösen und nur eine herauszunehmen, berührte er sie mit einer salbungsvollen Geste, als rührte er in dem goldenen Gefäß eine sämige Flüssigkeit um. Ich wußte jedoch, daß Hostien ein Blatt von weißem, trockenen Teig sind und war erstaunt. Ich weigerte mich, einen Gott aus Licht anzuerkennen, gemäß den Erklärungen der Theologen – vielmehr war Gott für mich spürbar – oder genauer gesagt, nicht er, sondern ein ekelhafter Eindruck von Geheimnis – durch einige scheußliche Einzelheiten der römischen Liturgie (die zu einer infantilen Phantasie gehören).
»Aus diesem Brechreiz«, sagte ich mir, »ist die bewundernswürdige Struktur der Gesetze hervorgegangen, deren Gefangener ich bin.«

Im Dunkel der Kirche, vor dem Priester im Meßgewand, befiel mich Angst. Aber da die neben mir knienden Hidalgos nicht von meinen Lumpen abrückten, da sie auf der Zungenspitze die gleiche Hostie empfingen, von der ich wußte, daß sie ihre Macht im Inneren unserer Seele offenbart und nicht anderswo – wollte ich sie bei diesem Betrug in flagranti ertappen und zu meiner Komplizin machen; also kaute ich sie und verfluchte sie im Geiste. Andere Male empfahl ich mich nicht Gott, sondern diesem Brechreiz, den mir die Andachtsübungen verursachten, dem Düster der Seitenaltäre, wo Jungfrauen und Kerzen, für den Ball aufgeputzt, wachen, dem Totengesang oder einfach dem Löschhütchen für die Kerzen. Ich notiere diese seltsame Impression wegen der Ähnlichkeit mit einer anderen, die ich mein ganzes Leben hindurch immer wieder empfinde, unter ganz anderen Umständen als denen, die ich hier beschreibe. Die Armee, die Polizeilokale und ihre Insassen, die Gefängnisse, eine aufgebrochene Wohnung, die Seele des Waldes, die Seele eines Flusses (die Bedrohung – Vorwurf oder Einverständnis ihrer nächtlichen Anwesenheit) und mehr und mehr jedes Ereignis, dem ich beiwohne, erzeugen in mir dasselbe Gefühl von Abscheu und Furcht – was mich denken läßt, daß ich die Idee Gottes in meinen Eingeweiden nähre.
Immer zu Fuß, den Süden verlassend, zog ich wieder nach Frankreich hinauf. Was ich von Sevilla kennenlernte, von Triana, Alicante, Murcia, Córdoba, war vor allem das Nachtasyl und die Schale Reis, die man uns dort reichte. Doch bemerkte ich unter all dem Klunker und den törichten Vergoldungen die Kanten, die Muskeln, die sich ein paar Jahre später plötzlich strafften und alles zum Bersten brachten. In meinem Elend blieb mir nicht verborgen, daß es Wollust gab um mich herum und einen Anflug von Ingrimm.

(Aus einem kommunistischen Blatt schneide ich ein
Gedicht aus, das die Krieger der Legión Azul, der Faschi-
sten, der Hitleristen geißeln sollte. Obwohl gegen sie
gerichtet, besingt es sie. Ich zitiere:

ROMANZE DER LEGION AZUL

Ein guter Katholik
Braucht keine Republik
Als Mörder sind wir gut
Mit dem Knüppel auf der Hut
Und ein bißchen Rizinus
....
Schnee von Kastilien
Die Winterstürme pfeifen
Das Kreuz ist aus Eisen
Und die Uniform grün
Wir kriegen die Kreuze
Und die Lippen der Mädchen
Und Kastilien im Schnee

Das Gedicht, von einem Spanier geschrieben, einem üblen
Reimeschmied, ist eine Erinnerung an Spanien. Die Blaue
Division war eine Mörderbande, die nach Rußland geschickt wurde, um Hitler zu helfen. Die Farbe des Himmels zur Unterstützung des Teufels!)
Weder die Carabineros noch die Policía Municipal nahmen mich fest. Den sie vorüberziehen sahen, war kein
Mensch mehr, sondern das merkwürdige Produkt des
Elends, auf das die Gesetze keine Anwendung finden können. Ich hatte die Grenzen der Schamlosigkeit hinter mir
gelassen. Ich hätte zum Beispiel, ohne daß man darüber
erstaunt gewesen wäre, einen Prinzen von Geblüt, einen

spanischen Grande, empfangen, ihn meinen Cousin nennen und in den gewähltesten Ausdrücken mit ihm parlieren können. Es hätte nicht überrascht.
»Einen spanischen Grande empfangen. Aber in welchem Palast?«
Ich hatte – bedenkt es wohl – eine Einsamkeit erreicht, die mich unabhängig machte und wenn ich dieses rhetorische Verfahren anwende, liegt es an der Situation, dem Erfolg, die sich nur in Worten des irdischen Triumphes ausdrücken lassen. Die Verwandtschaft des Wortes gibt die Verwandtschaft meines Ruhmes mit dem Ruhm der Edelleute wieder. Verwandter von Prinzen und Königen war ich durch jenes der Welt nicht bekannte, geheime Band, das einem Hirtenmädchen erlaubt, einen König von Frankreich zu duzen. Der Palast, von dem ich spreche (denn einen anderen Namen dafür gibt es nicht), ist die gesamte Architektur eines immer zarteren Gewebes – der Anstrengung meines Stolzes angesichts meiner Einsamkeit. Jupiter entführt Ganymed und vergewaltigt ihn: ich hätte mir jede Art von Ausschweifung erlauben können. Ich besaß die einfache Eleganz, die Ungezwungenheit der Verzweifelten. Mein Mut bestand darin, alle gewohnten Rechtfertigungen des Lebens zu zerstören und andere zu entdecken – für mich. Die Entdeckung geschah langsam.
Die Vorzüge der Disziplin von Mettray – nicht des internen Reglements der Strafanstalt – entdeckte ich später. Ich zwang mich, ein Zögling zu werden. Wie die meisten der kleinen Strolche hätte ich spontan, ohne nachzudenken, die vielen Handlungen ausführen können, *durch die der Zögling zum Zögling wird*. Ich hätte die naiven Leiden und Freuden gekannt, das Leben hätte mir nichts als banale Gedanken eingegeben, wie sie ein jeder ausdrücken konnte. Mettray, das meinen erotischen Neigun-

gen entgegenkam, hat stets meine Sensibilität verletzt. Ich litt. Heiße Scham empfand ich darüber, geschoren zu werden, eine infame Kleidung zu tragen, an diesem gemeinen Ort eingesperrt zu sein; ich erlebte die Verachtung der anderen Zöglinge, wenn sie stärker waren als ich oder bösartiger. Um diese Verödung zu überleben (und ich zog mich immer mehr in mich zurück), entwickelte ich, ohne darauf zu achten, eine strenge Disziplin. Der Mechanismus war ungefähr folgender (ich wende ihn seither an): auf jeden Vorwurf, der gegen mich erhoben wurde, auch wenn er ungerecht war, antwortete ich aus der Tiefe des Herzens mit ja. Kaum hatte ich dieses Wort ausgesprochen – oder den entsprechenden Satz – fühlte ich in mir selbst den Wunsch, ein solcher zu werden, der ich gemäß dem Vorwurf sein sollte. Ich war sechzehn Jahre alt. Man verstehe: in meinem Herzen bewahrte ich keinen Platz mehr für das Gefühl meiner Unschuld. Ich erkannte mich als der Feigling, der Verräter, der Dieb, der Pédé, den man in mir sah. Eine Anklage kann ohne Beweise erhoben werden, aber um mich schuldig zu fühlen, hätte man denken können, daß ich die Handlungen begehen mußte, die den Verräter, den Dieb, den Feigling ausmachen – nichts davon: in mir selbst entdeckte ich mit etwas Geduld und Nachdenken genügend Gründe, um diese Bezeichnungen zu verdienen. Was für ein Erstaunen zu erkennen, daß ich aus Unrat bestand. Ich wurde ein Gegenstand des Abscheus. Nach und nach gewöhnte ich mich an diesen Zustand. Ich gestand ihn ein, vollkommen gelassen. Die Verachtung, die man mir bekundete, schlug in Haß um: ich hatte gesiegt. Aber welche Zerrissenheit hatte ich erlebt!*

---

* Die beiden jungen Verlobten, von denen »France-Dimanche« berichtete, beneide ich um die Schmach, die sie erlitten, wie um ein Vorrecht. Nadine, dem jungen Mädchen, überreichten die Bewohner von Charleville

Zwei Jahre später war ich stark. Eine solche Übung – geistlichen Exerzitien ähnlich – half mir, die Armut zur Tugend zu erheben. Den Sieg errang ich freilich nur über mich selbst. Auch wenn ich der Verachtung der Kinder oder der Männer entgegentrat, brauchte ich nur mich selbst zu überwinden, denn nicht die anderen wollte ich ändern, sondern mich. Ich gewann eine große Macht über mich, aber indem ich sie über mein Inneres ausübte, wurde ich sehr ungeschickt in der Welt. Weder Stilitano noch die anderen Freunde waren mir eine Hilfe, denn ihnen gegenüber war ich zu sehr darauf bedacht, mich als vollkommener Liebhaber darzustellen. Meine Streifzüge durch Europa hätten mich vielleicht ein wenig Umgänglichkeit lehren können, hätte ich nicht die täglichen Verrichtungen vernachlässigt zugunsten einer Art Kontemplation. Bevor das geschah, was ich mitteilen möchte, hatte ich einige Taten begangen, aber keine von ihnen prüfte ich mit der Strenge, die ich meinem inneren Leben entgegenbrachte. Ich erlebte den Rausch der Aktion, als es mir gelang, einen Mann zu fesseln, der mich eines Abends in Antwerpen, in der Nähe der Kais, mitnahm. Stilitano war mit Robert tanzen gegangen. Ich war allein und traurig, eifersüchtig. Ich betrat eine Bar und trank etwas Alkohol. Einen Augenblick hatte ich die Idee, meine beiden

am Tage ihrer Trauung hämisch ein Blumengebinde in Hakenkreuzform. Während der deutschen Besatzung war sie die Geliebte eines Berliner Hauptmanns gewesen, der an der russischen Front starb. »Sie ließ eine Messe lesen und trug Trauer.« Das Photo der Zeitung zeigt Nadine und ihren Mann aus der Kirche tretend, wo der Pfarrer sie getraut hatte. Sie steigt über das Hakenkreuz. Die Bewohner von Charleville beobachten sie mit bösen Blicken. – »Gib mir den Arm und schließ die Augen«, soll ihr der Bräutigam zugeflüstert haben. An den französischen Fahnen mit dem Trauerflor geht sie lächelnd vorüber.
Ich beneide die junge Frau um ihr bitteres, hochmütiges Glück. Ich würde die ganze Welt verraten, um es noch einmal zu erfahren.

Freunde zu suchen, aber schon der Gedanke, sie zu suchen, zeigte mir, daß sie verloren waren. Die verräucherten, lärmenden Bars, wo sie tranken und tanzten, waren der konkrete Ausdruck einer inneren Region, in der sie sich am Morgen von mir und der Welt abgesondert hatten – als ich in das Zimmer trat und sah, wie Stilitano, im Begriff wegzugehen, seine behandschuhte Hand ausstreckte, ein wenig anhob, und Robert lächelnd, fast ohne eine Berührung, auf den Knopf des Handschuhs drückte. Ich hatte aufgehört, der rechte Arm Stilitanos zu sein.
Ein korpulenter Mann bat mich um Feuer und lud mich zu einem Glas ein. Nachdem wir hinausgegangen waren, wollte er mich mit zu sich nehmen, aber ich lehnte ab. Er zögerte, dann schlug er die Docks vor. Mir war seine goldene Uhr aufgefallen, sein Trauring und sein Portefeuille. Mir war klar, daß er nicht um Hilfe rufen würde, doch schien er kräftig. Nur durch List würde ich ihn überwältigen können. Ich traf keine Vorbereitungen. Plötzlich fiel mir ein, daß ich die Kordel benutzen könnte, die Stilitano mir gegeben hatte. Als wir in einem Winkel der Docks angelangt waren, wollte der Mann, daß ich ihn *ficke.[25]
»Einverstanden. *Laß die Hose runter...[26]«
Ich achtete darauf, daß er seine Hose bis zu den Fersen herunterließ, damit er sich darin verheddern würde, falls er weglaufen wollte.
»*Zieh die Arschbacken[27] auseinander.«
Mit beiden Händen tat er, was ich befahl und rasch band ich sie hinter seinem Rücken zusammen.
»Was machst du?«
»Siehst du das nicht, he, die Fresse!«
Ich benutzte die gleichen Worte und den Tonfall, den ich bei Stilitano gehört hatte, als wir einmal beim Fahrradklauen überrascht wurden.

Stilitanos Blick – auf die armseligsten Dinge gerichtet – hellte sich auf durch Freundlichkeit: gütig griff seine einzige Hand nach der fettigen Speisekarte auf dem Tisch des Restaurants. Die Objekte konnten sich ihm zuwenden, denn er verachtete sie nicht. Berührte er eines, erkannte Stilitano sofort dessen wesentliche Eigenschaft und nutzte sie wunderbar zu seinem Vorteil. Lächelnd vereinte er sich mit ihm.

Mehr als ihr Schmollen verzückt mich das Lächeln der Kinder. Manchmal betrachte ich es lange Zeit: ich bin fasziniert. Es löst sich vom Gesicht ab, von einer eigenen Seele bewegt. Es ist eher ein wertvolles Tier, zählebig und dennoch zerbrechlich – eine anbetungswürdige Chimäre. Wenn ich es ausschneiden, aus dem Gesicht, in dem es spielt, herauslösen und in meine Tasche stecken könnte, ließe mich seine boshafte Ironie Wunder vollbringen. Manchmal versuche ich, mich damit zu schmücken – das heißt, ich möchte mich auch vor ihm hüten – vergeblich. Dieses Lächeln ist der wirkliche Dieb.

»Du fesselst mich? Hör zu, ich geb dir...«
»Halts Maul, ich bediene mich.«
Die Angst, überrascht zu werden oder daß der Mann die Kordel zerreißt, gab mir das Wissen der sichersten Schlingen und Knoten. Ich durchsuchte seine Taschen. Mit der heftigsten Freude spürten meine Finger die Banknoten und persönlichen Papiere auf. Er zitterte vor Angst und wagte nicht, sich zu rühren.
»Laß mich ein bißchen...«
»Maul halten!«
Es gibt keinen Grund, daß solche Augenblicke ein Ende haben. In meiner Gewalt befand sich einer meiner Bestoh-

lenen, und ich wollte, daß er es mir teuer bezahlt. Der Ort war dunkel, aber unsicher. Ein Zöllner auf seinem Rundgang konnte uns entdecken.

»Alter Schmutzfink, du hast geglaubt, ich *spieß dich auf!²⁸«
Aus dem Knopfloch der Weste, wo sie mit ihrer Kette befestigt war, riß ich die Uhr.

»Es ist ein Andenken«, murmelte er.

»Genau. Ich bin scharf auf Andenken.«

Ich schlug ihm mit der Faust in die Fresse. Er stöhnte, leise. Vor ihm, mit der gleichen Schnelligkeit wie Stilitano, klappte ich mein Messer auf und zeigte ihm die Klinge. Was dieser Augenblick für mich bedeutete, würde ich gern mit größerer Genauigkeit ausdrücken. Die Grausamkeit, zu der ich mich zwang, gab nicht nur meinem Körper, sondern auch meiner Seele eine erstaunliche Kraft. Ich fühlte mich fähig, großherzig mit meinem Opfer zu verfahren und es loszubinden. Fähig auch, es zu töten. Es mußte meine Kraft anerkennen. Trotz der Dunkelheit wußte ich, es war ergeben, wohlwollend, bereit, meinem Rausch zu dienen.

»Und brüll nicht, sonst stech ich dich ab.«*

Ich machte einen Schritt ins Dunkle.

»Hör zu...«

»Was?«

Er murmelte mit leiser Stimme, zitternd, weil er vielleicht meine Weigerung ahnte:

»Laß *mich²⁹ wenigstens *ein bißchen blasen.³⁰

Als ich Stilitano wiedertraf, besaß ich einige Tausend belgische Francs und eine goldene Taschenuhr. Mein erster Gedanke war, ihm meinen Coup zu erzählen, um ihn und

---

* René, von dem ich später sprechen werde, hat mir erzählt, daß eine Stricherin in Nizza mit den Pédés ähnlich verfuhr. Durch die Anekdote, die er berichtet, fühle ich mich ihm noch näher.

Robert zu reizen. Aber nach und nach, während sich mein Gang verlangsamte, ließ ich von meiner Prahlsucht ab. Ich beschloß, das Abenteuer für mich zu behalten. Ich allein wußte, wozu ich fähig war. Ich versteckte meine Beute. Es war das erste Mal, daß ich die Fresse meiner Bestohlenen sah: sie ist häßlich. Ich war die Ursache dieser Häßlichkeit und ich empfand dabei nichts anderes als eine grausame Lust, die mein Gesicht – glaubte ich – verwandelte, strahlen ließ. Damals war ich dreiundzwanzig Jahre alt. Von diesem Augenblick an fühlte ich mich fähig, weit zu gehen in der Grausamkeit. Der Besitz dieses Geldes und der Uhr befreite mich endgültig davon, die Armut und ihr Elend interessant zu finden (löschte jedoch die Neigung zum Unglück – allerdings einem prunkvollen Unglück – nicht aus).
Um fortzufahren in der Grausamkeit und der Gleichgültigkeit gegenüber den Leiden der anderen, kam mir meine strenge Disziplin beim Betteln zu Hilfe. Ich provozierte neue Aggressionen. Sie waren erfolgreich. Ich wurde errettet von der Verstohlenheit des verschämten Diebes. Zum ersten Mal griff ich den Mann an. Ich kämpfte gegen ihn mit offenem Visier. Ich hatte das Gefühl zu vibrieren, boshaft, eisig, starr, glänzend, schneidend zu werden wie eine Degenklinge. Keinem fiel diese Veränderung auf, weder Stilitano noch Robert. Sie lebten in gegenseitiger Kameradschaft, hielten gemeinsam Ausschau nach Frauen oder kümmerten sich nicht um sie. Mein Verhalten gegenüber Stilitano änderte sich nicht. Ich zeigte mich ebenso ehrerbietig wie Robert impertinent. Stilitanos Persönlichkeit schützte mich wie der Panzer eines Helden, auf ihrem Grund wachte das Wertvollste meiner selbst und erteilte seine Weisungen – oder benutzte ich die Stimme, die Worte, die Gesten meines Freundes wie man Reliquien berührt, deren Magie man erproben möchte? Stilitano war

es, der an meiner Stelle kämpfte. Es machte ihm nichts aus, mit den Pédés zu trinken, er schwenkte vor ihnen die Hüften, er nahm sie aus. Ich war besessen von ihm, ich litt darunter, weil ich es wußte, aber ich wußte auch, wenn ich mich aus Hochmut einer solchen Stütze beraubt hätte, wäre ich zusammengebrochen. Er wußte freilich nicht, wozu er mir heimlich diente und daß er so etwas wie das Vaterland war: ein Wesen, das an Stelle des Soldaten kämpft und ihn opfert. Ich zitterte, als ich die Treppe vom Zimmer hinunterrannte, wo ich den Freier gezwungen hatte, mir sein Geld auszuhändigen, – denn plötzlich zog sich Stilitano von mir zurück. Es war nicht mehr die Vorstellung, sie ihm zu überreichen, die mich die Beute zählen ließ. Das heißt, ich war allein.

Unruhe kam wieder über mich. Die Welt der Männer hielt mich in ihrem Bann. Wenn ihre Schatten in der Dunkelheit ineinanderflossen, gab mir jede Gruppe von Burschen ein Rätsel auf, das sich nicht auflöste durch ein Gesicht. Die reglosen und schweigenden Männer besaßen die Gewalttätigkeit elektronischer Korpuskel, die eine Sonne von Energie umkreisen: die Liebe.

»Wenn es mir gelänge«, sagte ich mir, »eines von ihnen zu bombardieren, welche Zersetzung würde es auslösen, welche plötzliche Vernichtung? Sie scheinen es dunkel zu ahnen«, sagte ich mir auch, »sonst würden sie nicht so streng an ihrem Platz verharren.«

Die Anstrengung, die nötig war, um den Männern entgegenzutreten, hat mich erschöpft – und an die Mächte der Dunkelheit ausgeliefert. Ich wurde hellsichtig. Eine rückwärts gewandte Angst stieg in mir auf. Ich beschloß, diese gefährlichen Unternehmungen aufzugeben: kaum drehte sich abends, wenn ich vorüberging, ein Mann nach mir um, schlüpfte Stilitano in mich hinein, gab mir Muskeln,

lockerte meinen Gang, verdichtete meine Gesten, ja er färbte mich geradezu. Er agierte. In meinen Schritten auf dem Trottoir fühlte ich, wie der massive, schwere Körper dieses Vorstadt-Monarchen seine Schuhe aus Krokodilhaut knirschen ließ. Ich war besessen und wußte, daß ich jeder Grausamkeit fähig war. Mein Auge wurde heller. Statt Schrecken zu verbreiten, zierte mich diese Verwandlung mit männlicher Grazie. Ich fühlte, wie ich übermütig und ungestüm wurde. Eines Abends war ich so wütend über die Aufgeblasenheit eines Pédés, daß ich mit den Fäusten auf eine unsichtbare Trommel einschlug.
»Mieses Arschloch«, stieß ich zwischen den Zähnen hervor, während mein Gewissen trauerte, weil ich jene verletzte und beleidigte, die der elende Ausdruck meines teuersten Schatzes waren: der Päderastie.
Durch meine Geburt und meine Neigungen von der gesellschaftlichen Ordnung ausgeschlossen, unterschied ich nicht deren Vielfalt. Ich bewunderte ihren lückenlosen Zusammenhalt, der mir den Zutritt verwehrte. Ich war fassungslos über ein so strenges Gebilde, dessen einzelne Teile sich gegen mich verschworen hatten. Nichts in dieser Welt war ungewöhnlich: die Sterne auf dem Ärmel eines Generals, die Aktienkurse, die Olivenlese, die Sprache der Justiz, der Kornmarkt, die Blumenbeete ... Nichts. Diese fürchterliche, gefürchtete Ordnung, deren Einzelheiten sich genauestens ineinanderfügten, hatte einen Sinn: mein Exil. Im Dunklen, heimlich, hatte ich bisher gegen sie gewirkt. Heute wagte ich, daran zu rühren, zu zeigen, daß ich daran rührte, indem ich jene beleidigte, aus denen sie besteht. Und gleichzeitig, während ich mir das Recht darauf zuerkannte, erkannte ich meinen Platz in ihr. Es schien mir natürlich, daß die Kellner im Café »Monsieur« zu mir sagten.

Mit etwas Geduld und Glück hätte ich diese Bresche erweitern können. Was mich zurückhielt, war die Gewohnheit – die schon zu lange andauerte – mit gesenktem Kopf zu leben und nach einer Moral, welche der herrschenden entgegengesetzt war. *Ich fürchtete am Ende, den Gewinn aus dem mühevollen und schmerzlichen Weg einzubüßen, den ich in umgekehrter Richtung wie Ihr gegangen bin.[31]
Zu seiner Frau war Stilitano brutal – worum ich ihn beneidete – während ihm Roberts Spötteleien nichts ausmachten. Er grinste bloß amüsiert, so daß man seine weißen Zähne sah. Wenn er mir zulächelte, war das Lächeln ähnlich, nur konnte ich darin nicht dieselbe Frische, dasselbe Einverständnis erkennen – vielleicht weil ich ihn nicht bei seinem Lächeln ertappte. Zu Stilitanos Füßen hüpften junge Rehe. Robert rollte ihn in seine Girlanden. Der Einhändige war die Säule, der andere die Glyzinien. Daß sie sich so sehr mochten und trotzdem nie Liebe machten, verwirrte mich. Stilitano erschien mir immer unerreichbarer. Ich entdeckte, ich weiß nicht wie, daß er das schwarze Motorrad keinem Polizisten geklaut hatte. Er hatte es überhaupt nicht geklaut. Sie hatten sich vorher verständigt: Stilitano brauchte die Maschine, die ein paar Sekunden unbeaufsichtigt stand, nur zu besteigen und zu verkaufen. Den Erlös teilten sie sich. Eine solche Entdeckung hätte ihn mir entfremden müssen: er wurde mir noch teurer. Ich war verliebt in einen falschen Gauner, der mit einem Flic unter einer Decke steckte. Gemeinsam waren sie Verräter und Betrüger. Stilitano blieb eine Gottheit aus Schlamm und Rauch, und ich konnte mich noch immer für sie opfern.
*Ich war im doppelten Sinn des Wortes besessen.[32]
Von Stilitano erfuhr ich – außer gelegentlich ein paar ziemlich erbärmlichen Einzelheiten aus seiner Vergangenheit in der Fremdenlegion – wie er die Zeit zwischen

unserer Trennung und unserer Wiederbegegnung verbracht hatte. Es waren, glaube ich, vier oder fünf Jahre vergangen, in denen er durch Frankreich zog und billige Spitzen sehr teuer verkaufte. Lächelnd erzählte er mir, daß ein Freund ihm einen Vertreterausweis ausstellte, der ihn ermächtigte – und nur ihn allein – von jungen Tuberkulose-Patienten im Sanatorium von Cambo angefertigte Spitzen zu verkaufen.
»Cambo, sage ich, weil es in Cambo gar kein Sanatorium gibt. So konnte niemand behaupten, ich wäre ein Betrüger. In jedem Flecken ging ich erst mal zum Pfaffen, zeigte ihm meine Karte, meinen Armstumpf und die Spitzen. Ich sagte ihm, sie würden sich gut ausnehmen in seiner Kirche, solche Altardeckchen, die von kranken Kinderchen stammen. Der Pfarrer – das war todsicher – schickte mich zu allen betuchten Weibern. Da ich von ihm kam, wagten sie nicht, mich vor die Tür zu setzen. Und sie trauten sich nicht, nichts zu kaufen. So hab ich für hundert Eier kleine Maschinen-Deckchen verkauft, die ich zuvor für fünf in der rue Myrrha erstanden hatte.«
So erzählte mir Stilitano, ohne Umschweife, mit seiner neutralen Stimme. Er behauptete, er hätte viel Geld gemacht, aber ich glaubte ihm nicht, denn besonders tatkräftig war er nicht. Es muß vor allem die Idee dieses Gaunerstücks gewesen sein, was ihn reizte.
Eines Tages schließlich, als ich in seiner Abwesenheit in einer Schublade eine Menge Militärmedaillen, Croix de guerre, Nissam, Ouissam-Alaouite, Elephant blanc, fand, gestand er mir, er hätte eine französische Uniform angezogen, sich die Brust mit Orden gepflastert, seinen Armstumpf vorgezeigt und in der Metro gebettelt.
»Ich hab meine zehn Eier am Tag verdient«, sagte er mir. »Ich hab sie ganz schön reingelegt, die Pariser.«

Er erwähnte noch andere Einzelheiten, aber ich habe keine Zeit, sie wiederzugeben. Ich liebte ihn noch immer. Seine Eigenschaften (wie die von Java) erinnern an manche Drogen, an Gerüche, von denen man nicht zu sagen wagt, daß sie angenehm sind, aber denen man nicht entrinnt.
Doch Armand kehrte zurück, als ich ihn nicht mehr erwartete. Er lag im Bett und rauchte eine Zigarette.
»Salut, Kleiner«, sagte er.
Zum ersten Mal reichte er mir die Hand.
»Alles gut verlaufen? Kein Ärger?«
Ich habe schon von seiner Stimme gesprochen. Mir scheint, sie hatte die Kälte seiner blauen Augen. So wie er blickte, ohne die Dinge oder Personen anzuschauen, sprach er mit einer Stimme, die irreal klang, denn sie schien an dem Gespräch kaum teilzunehmen. Manche Blicke senden Strahlen aus (die von Lucien, von Stilitano, von Java) – nicht die von Armand. Auch seine Stimme strahlte nichts aus. Was aus seinem Inneren hervordrang, war die Stimme einer Gruppe von winzigen Personen, die er geheim hielt. Da sie nichts verriet, hätte sie nicht verraten können. Doch machte man einen undeutlichen elsässischen Akzent aus: die Personen seines Herzens waren Boches.
»Ja, alles gut verlaufen«, sagte ich. »Ich hab auf deine Sachen aufgepaßt, wie du siehst.«
Noch heute wünsche ich mir manchmal, die Polizei würde mich festnehmen, um mir zu sagen: »In der Tat, Monsieur, wie man sieht, haben nicht Sie diese Diebstähle begangen, die Schuldigen sind bereits verhaftet.« Ich möchte an allem unschuldig sein. Als ich Armand diese Antwort gab, wünschte ich, er würde erfahren, daß ein anderer als ich – der freilich ich selbst wäre – ihn bestohlen hatte. Fast schaudernd triumphierte ich in meiner Treue.
»Ach so, naja, ich hatte Vertrauen.«

»Und bei dir, alles in Ordnung?«
»Bei mir ja, es hat geklappt.«
Ich wagte, mich auf die Bettkante zu setzen und meine Hand auf die Laken zu legen *bis zu der Stelle, wo ich seinen Schwanz vermutete.[33] Er hatte an diesem Abend in dem Licht, das von der Decke herabstrahlte, die Kraft und Muskulatur seiner großen Tage. Plötzlich dämmerte mir die Möglichkeit, wie ich dem Unbehagen, der Unruhe entrinnen könnte, die mich – wegen der mir unerklärlichen Beziehung zwischen Stilitano und Robert – verzehrte. Wenn er bereit wäre, nicht: mich zu lieben, aber sich von mir lieben zu lassen, würde mich Armand retten durch sein Alter und seine Kraft. Er kam im richtigen Augenblick. Schon bewunderte ich ihn und war bereit, auf seine von dunklem Moos bedeckte Brust zärtlich meine Wange zu legen. Er lächelte. Es war das erste Mal, daß er mir zulächelte und das genügte, ich liebte ihn.
»Ich habe keine schlechten Geschäfte gemacht«, sagte er. Er drehte sich auf die Seite. Eine ganz leichte Versteifung zeigte mir, daß ich die Hoffnung hatte, seine furchtbare Hand würde mit dieser herrischen Geste meinen Kopf neigen und verlangen, ich sollte mich über ihn beugen zu seiner Lust. Wenn ich heute verliebt bin, würde ich mich ein wenig zieren, um ihn aufzureizen, damit er mich stärker begehrt.
»Ich hab Lust auf ein Glas. Ich steh auf.«
Er verließ das Bett und zog sich an. Als wir auf der Straße waren, beglückwünschte er mich, weil ich bei meinen Überfällen auf die Tunten so erfolgreich war. Ich war sprachlos.
»Wer hat dir das gesagt?«
»Laß gut sein.«
Er wußte sogar, daß ich einen gefesselt hatte.

»Prima Arbeit. Hätt ich nicht gedacht.«
So erfuhr ich, daß sich meine Methode bei den Männern vom Hafen herumgesprochen hatte. Jedes Opfer signalisierte mich einem anderen oder einem Docker (sie stecken alle mit den Pédés unter einer Decke), den es für eine Nacht mitnahm. Ich war also bekannt und gefürchtet bei den Pédés. Armand war gekommen, um mich über meinen Ruf zu informieren – und daß er eine Gefahr bedeutete. Er hatte es sofort nach seiner Rückkehr erfahren. Falls sie noch nichts wußten, würden Stilitano und Robert sehr rasch davon hören.
»Wirklich gut, was du gemacht hast, Kleiner. Gefällt mir.«
»Oh, das ist nicht schwierig. Die schlottern vor Angst.«
»Gut ist's, sag ich dir. Hätt ich nicht geglaubt. Komm was trinken.«
Als wir zurückkamen, verlangte er nichts von mir und wir schliefen ein. An den nächsten Tagen sahen wir Stilitano wieder. Armand lernte Robert kennen und begehrte ihn sofort – aber der Junge wich ihm aus, spöttisch. Einmal sagte er lachend:
»Du hast doch Jeannot, genügt er dir nicht?«
»Mit dem ist es was anderes.«
Tatsächlich behandelte mich Armand, seit er von meiner nächtlichen Verwegenheit erfahren hatte, wie einen Kumpel. Er sprach mit mir, gab mir Ratschläge. Seine Verachtung hörte auf, wich einer fast zärtlichen mütterlichen Fürsorge. Er beriet mich, wie ich mich anziehen sollte. Und abends, sobald wir unsere Zigarette aufgeraucht hatten, wünschte er mir eine gute Nacht und schlief ein. Neben ihm liegend, den ich jetzt liebte, verging ich fast, weil ich ihm meine Liebe nicht zeigen durfte, indem ich die geschicktesten Zärtlichkeiten für ihn erfand. Die Form der Freundschaft, die er mir gewährte, zwang mich zu äußer-

ster Strenge. Obwohl ich den Schwindel meiner Freveltaten durchschaute und die Angst, die hinter meiner Kühnheit lauerte, gab ich mir Mühe, der Mann zu sein, für den Armand mich hielt. Zu Heldentaten passen keine Gesten, die sie – konventionell betrachtet – leugnen, sagte ich mir. Armand war einfach, und er hätte nicht zugelassen, daß ich seiner Lust diene. Es war die Achtung, die ihn daran hinderte, meinen Körper zu benutzen wie früher – obwohl es meine Kraft und meinen Mut gesteigert hätte.
Stilitano und Robert lebten von dem Geld, das Sylvia verdiente. Letzterer, der unsere heimlichen Untaten mit den Pédés völlig vergessen hatte, tat als ob er meine Arbeit verachtete.
»Arbeit nennst du das? Hübsche Arbeit«, sagte er eines Tages. »Du attackierst die Alten, die sich bloß noch mit ihrem Stehkragen und ihrem Spazierstock aufrecht halten.«
»Er hat recht, es ist besser zu wählen.«
Ich ahnte nicht, daß diese Erwiderung Armands sogleich eine der kühnsten moralischen Revolutionen einleiten würde. Noch bevor Robert antwortete, fuhr er mit einer etwas tieferen Stimme fort:
»Und ich? Was stellst du dir vor, wie?« Und zu Stilitano gewandt: »Was stellst du dir vor? Wenn es was bringt, geh ich nicht auf einen Alten los, sondern auf eine Alte. Nicht auf die Männer, sondern auf die Weiber. Und ich such mir die schwächsten aus. Was ich will, ist die Kohle. Was zählt, ist der Erfolg. Was heißt hier Ritterlichkeit! An dem Tag, wo du das kapiert hast, wirst du ne Menge gelernt haben. Der da (Armand nannte mich nie bei meinem Vornamen oder seinem Diminutiv, sondern zeigte auf mich mit der Hand), der ist euch voraus und er hat recht.«
Seine Stimme zitterte nicht, aber meine Erregung war so

heftig, daß ich fürchtete, Armand werde sich zu erschütternden Geständnissen hinreißen lassen. Die solide Materie des letzten Wortes ließ mich aufatmen. Er verstummte. In mir drängten sich zahllose Gedanken (sie quollen auf, erblühten in einem Meer von Reue), die mir vorwarfen, dem Schein der Ehre nachgegeben zu haben. Armand kam nie wieder auf diese Frage zurück (die Stilitano und Robert nicht zu diskutieren wagten), aber sie hinterließ ein Samenkorn in meinem Geist. Der Ehrenkodex der Gauner schien mir lachhaft. Nach und nach wurde Armand die Allmacht in Sachen Moral. Ich sah ihn nicht mehr als einen Block, sondern vermutete in ihm eine Fülle schmerzhafter Erfahrungen. Doch sein Körper blieb massiv und ich liebte es, daß er mich beschützte. Bei einem Mann, der keinen Schimmer von Angst besaß – das will ich glauben –, eine solche Autorität zu finden, gab mir das Gefühl, mit einer seltsam neuartigen Beschwingtheit zu denken. Sicher sollte ich erst später die vielen zweideutigen Gefühle entfalten und nutzen, worin die Scham sich vermengt mit meiner Lust – ich entdeckte mich als Sitz und Zusammenfluß der Unvereinbarkeiten –, aber ich ahnte bereits, daß es an uns ist festzustellen, welcher Prinzipien wir uns bedienen wollen. Später, durch Nachdenken und das Beispiel Armands von den Schleiern der Moral befreit, werde ich meinen Willen einsetzen im Umgang mit der Polizei.

Es war in Marseille, als ich Bernardini traf. Wenn ich ihn besser kenne, werde ich ihn Bernard nennen. Nur die französische Polizei besitzt in meinen Augen die furchterregende Macht einer Mythologie. Ich war zweiundzwanzig und Bernard dreißig. Gern würde ich sein genaues Porträt zeichnen – doch mein Gedächtnis bewahrt nur den Eindruck von physischer und moralischer Kraft, den ich damals von ihm hatte. Wir waren in einer Bar der rue Thubaneau. Ein junger Araber machte mich auf ihn aufmerksam.

»Das ist ein abgefeimter Lude«, sagte er. »Immer hat er schöne Mädchen.«

Die bei ihm war, schien mir sehr hübsch. Vielleicht wäre er unbeachtet geblieben, hätte man mir nicht gesagt, daß er ein Flic ist. Die Polizeien der verschiedenen Länder Europas machten mir Angst, wie sie jeder Dieb empfindet, aber die französische flößte mir darüber hinaus einen Schrecken ein, der eher aus dem Gefühl meiner eingeborenen, unwiderruflichen Schuld herrührte als aus der Gefahr, in die ich durch Unachtsamkeit geraten konnte. So wie die Welt der Gauner war die der Polizisten eine Welt, zu der ich nie Zutritt erlangen würde... denn mein Scharfblick (mein Bewußtsein) hinderte mich, eins zu werden mit diesem formlosen, schwankenden, nebulösen, sich ständig erschaffenden elementaren und sagenhaften Kosmos, dessen Abordnung in unserer Mitte die uniformierten *motocyclistes* sind mit ihren Attributen der Gewalt. Mehr als jede andere war dies für mich die französische Polizei. Vielleicht wegen ihrer Sprache, in der ich Abgründe entdeckte. (Sie war nicht mehr eine gesellschaftliche Institution, sondern eine sakrale Macht, die unmittelbar auf meine Seele einwirkte und mich verwirrte. Nur den Deutschen in der Zeit Hitlers gelang es, gleichzeitig die Polizei und das Verbrechen zu sein. Diese meisterliche Synthese der Gegensätze, dieser Klotz von Wahrheit war schreckenerregend, geladen mit einem Magnetismus, der uns noch lange verstören wird.)

Bernardini war auf Erden – sichtbar für meine Augen –, die vielleicht nur flüchtige Offenbarung einer dämonischen

Organisation, ekelerregend wie Bestattungsriten, Friedhofsschmuck, doch glanzvoll wie königlicher Ruhm. Dort, in dieser Haut, in diesem Fleisch, wußte ich eine Parzelle dessen, was ich nie für mich selbst erhoffen konnte, und erschauernd betrachtete ich ihn. Wie einst Rudolph Valentino trug er sein lackiertes, glatt anliegendes schwarzes Haar geteilt durch einen geraden, weißen Scheitel auf der linken Seite. Er war kräftig. Sein Gesicht schien mir rauh, ein wenig wie Granit... und ich wünschte ihm eine brutale und grausame Seele.
Nach und nach begriff ich seine Schönheit. Ich glaube gar, ich erschuf sie, indem ich beschloß, daß sie dieses Gesicht und dieser Körper sein sollte – ausgehend von der Idee der Polizei, die sie zu verkörpern hatten. Eine populäre Wendung, mit der die ganze Organisation gemeint ist, steigerte noch meine Verwirrung:
»Die Geheime. Er ist von der Geheimen.«
Geschickt traf ich Anstalten, ihm zu folgen, ihm in den folgenden Tagen aus der Ferne zu begegnen. Ich inszenierte eine subtile Beschattung. Ohne daß er etwas davon ahnte, gehörte er zu meinem Leben. Schließlich verließ ich Marseille. Insgeheim bewahrte ich an ihn eine schmerzhaftzärtliche Erinnerung. Zwei Jahre später wurde ich am Bahnhof Saint-Charles verhaftet. Die Inspektoren peinigten mich brutal in der Hoffnung, mir ein Geständnis abzupressen. Die Tür zum Kommissariat öffnete sich und zu meiner Verblüffung erschien Bernardini. Ich fürchtete, er würde nun auf mich einprügeln wie seine Kollegen, stattdessen gebot er Einhalt. Nie hatte er mich bemerkt, als ich ihm verliebt nachstellte. Mein Gesicht – selbst wenn es ihn zwei- oder dreimal gestreift hätte – mußte er nach zwei Jahren vergessen haben. Es war weder Sympathie noch Güte, was ihn veranlaßte, mich zu schonen. Er war so übel

wie die anderen. Ich kann nicht erklären, warum er mich schützte. Aber zwei Tage nach meiner Freilassung ging ich ihn besuchen. Ich dankte ihm.
»Sie waren sehr freundlich, echt.«
»Oh, das ist normal. Wozu die Brutalitäten.«
»Trinken Sie ein Glas mit mir?«
Er war einverstanden. Tags darauf trafen wir uns wieder. Er lud mich ein. Wir waren die einzigen Besucher in der Bar. Klopfenden Herzens sagte ich:
»Ich kenne Sie schon lange.«
»Ah? Seit wann?«
Mit einem Würgen im Hals, fürchtend, er würde es mir übelnehmen, gestand ich ihm meine Zuneigung und daß ich ihm nachgeschlichen bin. Er lächelte.
»Du warst also verknallt? Und jetzt?«
»Immer noch ein bißchen.«
Er lachte stärker, geschmeichelt vielleicht. (Java hat mir gerade gestanden, es erfülle ihn mit größerem Stolz, von einem Mann geliebt oder bewundert zu werden als von einem Mädchen.) Ich stand neben ihm und spielte bei dieser Liebeserklärung ein bißchen den Clown, denn ich fürchtete noch immer, der Ernst des Geständnisses könnte ihn an den Ernst seiner Funktion gemahnen. Lächelnd und ein bißchen verrucht meinte ich:
»Was soll ich machen, ich mag hübsche Burschen.«
Er betrachtete mich nachsichtig. Die Männlichkeit, die sein Schutz war, schützte mich vor Grausamkeit.
»Und wenn ich dich fertiggemacht hätte, neulich?«
»Ehrlich, es hätte mir Kummer bereitet.«
Ich hielt an mich, um nicht mehr zu sagen. In diesem Ton hätte ich nicht nur eine drollige Verliebtheit eingestanden, sondern eine so tiefe Liebe, daß das Schamgefühl eines Polizisten dadurch verletzt werden mußte.

»Du wirst es dir aus dem Kopf schlagen«, sagte er lachend zu mir.
»Hoffentlich.«
Doch wußte er nicht, daß mich in seiner Nähe, vor dieser Theke, erdrückt von seinen breiten Schultern und seinem Selbstvertrauen, am stärksten die unsichtbare Anwesenheit seiner Plakette erregte. Dieses Stück Metall hatte für mich die Macht eines Feuerzeugs in den Fingern eines Arbeiters, einer Gürtelschnalle, eines Klappmessers, eines Kalibers, in denen sich brutal die Kraft der Männer ballt. Mit ihm allein, in einem schattigen Winkel, hätte ich vielleicht die Kühnheit besessen, den Stoff zu streifen und die Hand unter den Jackenaufschlag zu schieben, wo die Geheimpolizisten gewöhnlich ihre Kennmarke tragen. Diese Plakette war nicht weniger der Sitz seiner Männlichkeit als sein Geschlecht. Unter meinen Fingern erregt, hätte es vielleicht aus ihr eine besondere Kraft geschöpft, wäre noch heftiger angeschwollen, hätte monströse Proportionen angenommen.
»Kann ich euch wiedersehen?«
»Klar doch, komm, gib mir die Hand.«
Um nichts zu überstürzen und ihn dadurch abzuschrecken, ließ ich ein paar Tage verstreichen. Schließlich liebten wir uns. Er machte mich mit seiner Frau bekannt. Ich war glücklich. Eines Abends, als wir die Quais der Joliette entlangschlenderten, stachelte mich die plötzliche Einsamkeit, die Nähe des Fort Saint-Jean (berstend von Legionären), die wahnwitzige Ödnis des Hafens (was konnte verzweiflungsvoller sein als ich mit ihm an einem solchen Ort) zu äußerster Kühnheit an. Zugleich entging mir nicht, daß er selbst den Schritt verlangsamte, während ich mich ihm näherte. Linkisch und mit zitternder Hand berührte ich seinen Schenkel und da ich nicht mehr wußte, was nun fol-

gen sollte, benutzte ich automatisch die Formel, mit der ich die schüchternen Pédés ansprach.
»Wieviel Uhr ist es?« sagte ich.
»Eh? Schau, mein Zeiger steht auf zwölf.«
Er lachte, *denn er erigierte steif.³⁴
Ich sah ihn häufig. Auf der Straße, neben ihm, richtete ich meine Schritte nach seinen. Wenn heller Tag war, achtete ich darauf, daß sein Schatten auf meinen Körper fiel. Dieses einfältige Spiel beglückte mich.
Mein Metier als Dieb behielt ich bei, nachts den Pédé ausraubend, der mich gewählt hatte. Die Nutten der rue Bouterie (das Viertel war noch nicht zerstört) kauften mir die gestohlene Beute ab. Ich war der gleiche. Vielleicht nutzte ich ein bißchen zu sehr jede Gelegenheit, um den Flics meinen brandneuen Ausweis – auf den er selbst den Stempel der Präfektur gedrückt hatte – unter die Nase zu halten. Bernard wußte Bescheid und machte mir nie Vorhaltungen. Einmal allerdings versuchte er, sich zu rechtfertigen dafür, daß er ein Flic war und sprach von Moral. Unter einem rein ästhetischen Gesichtspunkt konnte ich das nicht verstehen. Der gute Wille der Moralisten zerschellt an dem, was sie selbst meine Heuchelei nennen. Sie können mir vielleicht beweisen, daß eine Handlung verabscheuenswert ist, weil sie etwas Böses bewirkt, aber ich allein kann entscheiden – durch den Gesang, den sie in mir aufsteigen läßt – ob sie schön ist, ob sie Eleganz besitzt; nur ich selbst kann sie verweigern oder annehmen. Auf den rechten Weg wird man mich nicht zurückführen. Höchstens könnte man meine künstlerische Umerziehung versuchen – auf die Gefahr, daß der Erzieher sich überzeugen läßt und meiner Sache beitritt (wenn die Schönheit durch die souveränere von zwei Persönlichkeiten bewiesen wird).
»Hör mal, ich werfe dir nicht vor, daß du ein Bulle bist.«

»Es macht dir nichts aus?«
Ich wußte, es würde unmöglich sein, ihm das Schwindelgefühl zu erklären, das mich zu ihm hinriß, und wollte ihn boshafterweise ein bißchen verletzen.
»Ein klein wenig störts mich.«
»Du glaubst, man braucht keinen Mut, um bei der Polizei zu sein? Es ist gefährlicher, als die Leute denken.«
Aber er sprach von Mut und Gefahr im körperlichen Sinn. Übrigens stellte er sich wenig Fragen. Abgesehen von einigen (Pilorge, Java, Soclay, deren Gesicht eine harte Männlichkeit verkündet, aber schlammige Sümpfe verbirgt – wie jene tropischen Regionen, die man »Savanes tremblantes« nennt) hatten die Helden meiner Bücher und die Männer, denen meine Liebe galt, dasselbe massive Äußere und die Gelassenheit äußerster Unmoral. Bernard war ihnen ähnlich. In seinem Konfektionsanzug hatte er die aufgesetzte Eleganz der Marseiller – die er verspottete. Er trug gelbe Schuhe mit ziemlich hohen Absätzen, die seinen ganzen Körper ausbuchteten. Er hatte die hinreißendste Visage eines Zugelaufenen, der ich je begegnet bin. In seiner Seele entdeckte ich zum Glück das Gegenteil der loyalen, rigorosen Eigenschaften, die man der Polizei im Kino andichtet. Er war ein Schwein. Bei allen seinen Mängeln, welche wundervolle Kenntnis des Herzens, wieviel Güte hätte er haben können – wenn er intelligent geworden wäre.
Ich stellte mir vor, wie er einem gefährlichen Verbrecher nachjagt, ihn in vollem Lauf packt – wie manche Rugbymen einen Gegner, der den Ball festhält, sich auf ihn stürzen, ihn am Gürtel umklammern und mitschleifen, ihren Kopf auf einen feindlichen Schenkel oder Hosenschlitz pressend. Der Dieb würde sich an seinen Schatz klammern, ihn beschützen, er würde sich eine Weile wehren,

aber schließlich können die beiden Männer nicht länger so tun, als besäßen sie nicht denselben festgeformten Körper, der zu allen Kühnheiten bereit ist, dieselbe Seele – und sie tauschen ein freundschaftliches Lächeln. Das kurze Drama erhält durch mich eine Fortsetzung: es ist der Bandit, den ich an den Polizisten auslieferte.
Welcher dunklen Begierde gehorchte ich, wenn ich verlangte (mit welcher Inbrunst!), jeder meiner Freunde müsse einen Doppelgänger in der Polizei haben? Weder den Gauner noch den Flic zierte ich mit solchen ritterlichen Tugenden, wie man sie dem Helden zubilligt. Nie war der eine der Schatten des anderen, aber der eine wie der andere standen für mich außerhalb der Gesellschaft, sie waren von ihr ausgestoßen und verdammt; vielleicht wollte ich sie verschmelzen, um die Konfusion zu verdeutlichen, die der gemeine Mann zum Ausdruck bringt, wenn er sagt:
»Aus Meßdienern macht man keine Polizisten.«
Ich wünschte mir schöne Polizisten und Verbrecher, damit ihre strahlenden Körper sich rächen für die Verachtung, die Ihr für sie hegt. Harte Muskeln, ein harmonisches Gesicht sollten die abstoßenden Funktionen meiner Freunde besingen und rühmen, sie Euch aufzwingen. Wenn ich einem schönen Burschen begegnete, zitterte ich bei dem Gedanken, seine Seele könnte edel sein, aber ich litt, wenn eine heimtückische, verächtliche Seele in einem lahmen Körper hauste. Geradheit ist Eure Sache, davon wollte ich nichts mehr wissen – obwohl ich oft ihre sehnsüchtigen Appelle vernahm. Ich mußte kämpfen, um nicht von ihr verführt zu werden. Polizisten und Verbrecher sind der männlichste Ausdruck dieser Welt. Man wirft einen Schleier darüber. Sie sind Eure Schamteile, ich nenne sie die edlen Teile. Die Beschimpfungen, die sich die Feinde

entgegenschleudern, bezeugen, daß der Haß geheuchelt ist – mir scheinen sie voller Zärtlichkeit.
Manchmal traf ich ihn an der Bar, ich spazierte mit ihm durch die Straße. Dann konnte ich mich für einen machiavellistischen Dieb halten, der mit der Polizei »loyal« spielt, mit ihr flirtet, sie ein bißchen auf den Arm nimmt, bevor sie ihn schnappt. Nie tauschten wir Grobheiten, übermütige oder ironische Drohungen aus, außer einer: plötzlich packte er meinen Arm und sagte:
»Komm, ich nehm dich mit...«
Und mit einer sanften Stimme, ein wenig lächelnd, fügte er hinzu:
»... ein Glas trinken.«
Die Polizisten benutzen eine Reihe solcher Späße, Bernardini tat es mit mir. Wenn ich mich verabschiedete, sagte ich:
»Ich mach mich dünne.«
Vielleicht war es ein Automatismus bei ihm, aber mich verwirrte dieses Spiel. Ich hatte das Gefühl, ins Innerste der Polizei einzudringen. Ich mußte mich tatsächlich tief in ihr verirrt haben, damit ein Polizist mir gegenüber Ironie übt an seiner Funktion. Aber mir schien auch, dieses Spiel zeigte uns den Hohn unserer wechselseitigen Umstände, wir entflohen ihnen und trafen uns mit einem Lächeln reiner Freundschaft. Jede Ausfälligkeit war aus unserer Beziehung verbannt. Ich war sein Freund, ich wollte sein teuerster Freund sein – und wenn ich spürte, daß wir uns nicht in unseren zwei Haupt-Eigenschaften liebten, als Polizist und Dieb (durch sie waren wir verbunden), so wußten wir andererseits, sie waren nur ein Mittel, der Natur gegensätzlicher Elektrizitäten vergleichbar, deren Aufeinanderprallen den unvergleichlichen Funken auslöst. Sicher hätte ich einen Mann lieben

können, dessen Charme demjenigen Bernards gleichkam, aber wenn ich wählen konnte, hätte ich den Polizisten dem Strolch vorgezogen. In seiner Nähe faszinierte mich vor allem seine herrliche Haltung, das Muskelspiel unter der Kleidung, sein Blick, seine ihm eigentümlichen Eigenschaften, aber wenn ich allein war und an unsere Liebe dachte, war es die ganze Polizei, deren nächtliche Macht mich beherrschte. («Nacht« oder »Finsternis« sind die Worte, die sich aufdrängen, um von ihr zu sprechen. Wie jedermann kleiden sich die Polizisten in den verschiedensten Farben, aber auf ihren Gesichtern und ihren Kleidern bemerke ich, wenn ich an sie denke, eine Art Schatten.)
Eines Tages forderte er mich auf, ich sollte Kumpane verpfeifen. Ich war einverstanden, wissend, daß sich auf diese Weise meine Liebe zu ihm noch vertiefen würde ... doch mehr braucht Ihr darüber nicht zu erfahren.
Von einem Richter sagt man gewöhnlich: er schwebt. In der Symbolik des Byzantinischen Reiches – einer Kopie der himmlischen Ordnung – stellen die Eunuchen die Engel dar. Ihren Roben verdanken die Richter eine Zweideutigkeit, die das Kennzeichen der orthodoxen Angelolatrie ist. Ich erwähnte an anderer Stelle, welche Übelkeit mir die Idee dieser himmlischen Wesen verursacht. So die Richter. Ihre Kleider sind lachhaft. Ihre Sitten komisch. Wenn ich sie betrachte, richte ich sie und mache mir Sorgen um ihre Intelligenz. Bei einer Verhandlung, zu der ich wegen Diebstahls vorgeladen war, sagte ich dem Präsidenten Rey:
»Wollen Sie mir erlauben festzustellen (es handelte sich darum, bestimmte Provokationen von Polizeispitzeln nachzuweisen), was man vor einem Gericht nicht aussprechen darf – das heißt, gestatten Sie zunächst, daß ich Sie befrage?«
»Was? Keineswegs. Der Code...«

Er witterte die Gefahr einer zu menschlichen Beziehung. Seine Integrität wäre verletzt worden. Ich lachte schallend, denn ich sah, wie der Richter entschlüpfte, wie er unter seine Robe schlüpfte. Sie kann man verspotten, aber nicht die Bullen, die Arme haben, um die Verbrecher zu umklammern, Schenkel, um mächtige Motorräder zu besteigen und zu bändigen. Die Polizei respektierte ich. Sie kann töten. Nicht auf Entfernung oder in Vertretung, sondern mit ihren Händen. Ihre Morde, wenn sie befohlen werden, sind trotzdem von einem einzelnen, individuellen Willen abhängig und mit der Entscheidung verbindet sich die Verantwortung des Mörders. Man unterrichtet den Polizisten im Töten. Ich liebe diese schauerlichen, aber lächelnden Maschinen, denen die schwierigste der Taten zugedacht ist: der Mord. So trainierte man Java in der Waffen-SS. Damit er ein guter Leibwächter würde – er wachte über einen deutschen General – lehrte man ihn den raschen Gebrauch des Dolches, gewisser Judogriffe, eines dünnen Lassos oder seiner nackten Hände. Die Polizeischule ist etwas Ähnliches wie für die jungen Helden bei Dickens die Taschendiebschule. Meine Berührungen mit der Sittenbrigade oder der Landstreicherbrigade haben mir die Torheit der Inspektoren gezeigt: sie stört mich nicht. Auch nicht die meskine Häßlichkeit der meisten von ihnen. Es sind noch keine Polizisten, sondern ein unbeholfener Versuch in Richtung auf das perfekte Insekt. Diese lächerlichen, schwächlichen Existenzen sind vielleicht die zahlreichen Vorstufen zu einer vollkommeneren Form, die nur von einigen seltenen Exemplaren erreicht wird. Allerdings waren mir die Polizisten nicht wegen ihrer heroischen Funktion teuer – die gefahrvolle Verbrecherjagd, die Selbstaufopferung, irgendeine Tat, die sie zu Volkshelden macht –, sondern wegen der Büros, wo sie in

Karteikästen und Akten stöbern. An den Wänden die Fahndungsmeldungen, die Photos und Personenbeschreibungen der flüchtigen Mörder, der Inhalt der Hauptbücher, die versiegelten Gegenstände erzeugen eine Atmosphäre von untergründigem Groll, von Liederlichkeit und Infamie, die diese Athleten zu meiner Freude atmen müssen, die sie korrumpiert und höhnisch ihren Geist zerfrißt. Dieser Polizei – man beachte, daß ich außerdem sehr schöne Exemplare verlange – galt meine Verehrung. Ihre breiten, fleischigen Hände (Fortsetzung eines geschmeidigen, kräfigen, kampfgewohnten Körpers) konnten mit brutaler und rührender Ungeschicklichkeit Akten voller subtiler Fragen durcheinanderbringen. Nicht die glänzendsten Verbrechen, die sie enthalten, möchte ich kennen, sondern die düstersten, die man schmutzig nennt und deren Helden unscheinbar sind. Infolge der moralischen Verschiebungen, die sie auslösen, entsteht aus Verbrechen ein Märchenspuk: diese Zwillinge, von denen der eine ein Mörder ist und der andere im Sterben liegt, als man seinen Bruder guillotiniert; die neugeborenen Kinder, die mit warmem Brot erstickt werden; der Geniestreich einer phantastisch-makabren Inszenierung, um die Entdeckung eines Mordes hinauszuzögern; die Bestürzung des Verbrechers, der sich auf seinem Weg verirrt, im Kreis geht, an den Ort seiner Untat zurückkehrt und gefaßt wird; der barmherzige Schnee, der herabrieselt, um die Flucht eines Diebs zu schützen; der Wind, der die Spuren verweht; die grandiosen Enthüllungen des Zufalls, deren Ziel die Enthauptung eines Mannes ist; die Verbissenheit, mit der die Gegenstände sich gegen Euch wenden; Eure Findigkeit, um ihrer Herr zu werden; alle diese Geheimnisse, die in den Gefängnissen schlummern – doch hier wurden sie durch Drohung und Angst aus

den Brüsten hervorgezerrt, allmählich ausgehaucht, Fetzen für Fetzen ... Ich beneidete den Inspektor Bernardini. Er konnte aus einem Register einen Mord oder eine Vergewaltigung herausziehen, sich damit aufblasen, sich daran weiden – und nach Hause gehen. Ich behaupte nicht, daß er sich dabei zerstreuen kann wie bei einem Kriminalroman. Nicht sich zerstreuen, im Gegenteil. Die Situationen, mit denen man am wenigsten rechnet, die unglücklichsten, zu sich heranholen, die Geständnisse auf sich nehmen, die am demütigendsten sind: es sind die kostbarsten. Nie darüber lächeln: sie können – wie keine anderen – Wunder an Hochmut vollbringen. Dem hellsichtigen, sympathischen Zeugen so vieler elender Geständnisse schien das umfassendste Verständnis erlaubt. Vielleicht ist es auch seine Suche, die mich zu diesen unglaublichen Abenteuern des Herzens treibt. Was enthielt nicht alles die Polizei von Marseille? Doch nie bat ich Bernard, mit mir dorthin zurückzukehren oder mich seine Berichte lesen zu lassen. Ich wagte es nicht.
Ich wußte, daß er einige Gangster des Opernviertels – die von den Bars der rue Saint-Saëns – frequentierte. Da ich ihm nicht geheuer war, machte er mich mit keinem von ihnen bekannt. *Er war so gnädig, sich von mir hin und wieder den Schwanz lutschen zu lassen und ich bewahrte ihm eine tiefe Dankbarkeit, die mich zu seinem Sklaven machte, aber[35] ich kümmerte mich nie darum, ob es schlecht sein könnte, einen Polizisten zu lieben.
Im Zimmer eines Freundes, das Bett betrachtend und das ganze bürgerliche Mobiliar:
Hier würde ich gewiß nicht lieben können. Ein solcher Ort läßt mich zu Eis erstarren. Um ihn zu wählen, hätte ich mich – fern von der Liebe – um Dinge kümmern müssen, die mein Leben entzaubert hätten. Einen Mann zu lieben,

heißt nicht nur, daß ich mich verwirren lasse durch einige jener Attribute, die ich als »nächtlich« bezeichne – sie lösen in mir eine Finsternis aus, in der ich erbebe – (die Haare, die Augen, ein Lächeln, der Daumen, der Schenkel, die Schamhaare usw.) –, es heißt auch, diese Attribute zwingen, einen tiefen Schatten zu werfen und den Schatten des Schattens zu entwickeln (ihn verdichten) – seine Umrisse zu multiplizieren und mit Schwärze zu bevölkern. Es ist nicht nur der Körper mit seinen Zierden, der mich verwirrt und auch nicht die Liebesspiele allein, sondern die Verlängerung jeder dieser erotischen Eigentümlichkeiten. (Sie existieren jedoch nur durch die gelebten Abenteuer jener, die ihr Zeichen tragen – Merkmale, in denen ich glaube, den Keim solcher Abenteuer zu entdekken.) So gewann ich aus jedem Schatten, bei jedem Burschen, das unheimlichste Bild, um meine Verwirrung zu steigern – und aus allen diesen dunklen Zonen einen nächtlichen Kosmos, worin mein Geliebter versank. Es versteht sich, daß jener, der über viele solcher Attribute verfügt, mich stärker anzieht als andere. Und indem ich aus ihnen destilliere, was sie mir geben können, stelle ich mir kühne Abenteuer vor, welche der Beweis ihrer Liebeskraft sind. Jeder meiner Geliebten erschafft einen schaurigen Roman. Diese gefährlichen und nächtlichen Abenteuer, zu denen ich mich durch düstere Helden hinreißen lasse, sind also die Vorbereitung eines erotischen Zeremoniells, einer manchmal sehr langen Paarung.

Bernardini besaß zahlreiche solcher Details, deren Entfaltung seine erstaunliche Karriere in der Polizei ermöglichte – die ihrerseits diesen Details einen Sinn gab und sie rechtfertigte. Ich verließ Marseille nach einigen Wochen, zahlreiche Opfer bedrohten mich, beklagten sich. Ich war in Gefahr.

»Wenn man dir den Befehl gäbe, mich festzunehmen, würdest du es machen?« fragte ich Bernard.
Seine Verlegenheit dauerte nicht länger als sechs Sekunden. Mit einer zusammengekniffenen Augenbraue antwortete er:
»Ich würde es so einrichten, daß ich es nicht selbst zu machen bräuchte. Ich würde einen Kollegen darum bitten.«
Anstatt mich zu empören, vertieft so viel Niedertracht meine Liebe. Ich verließ ihn trotzdem und ging nach Paris. Ich war ruhiger. Diese kurze Begegnung mit einem Polizisten, die Zuneigung, die ich für ihn empfand und die er mir entgegenbrachte, diese amouröse Vermischung unser beider gegensätzlicher Geschicke, hatten mich geläutert. Erholt, frei für eine Zeit von allen Schlacken, die die Begierde hinterläßt, fühlte ich mich gereinigt, gesäubert, bereit zu einem leichteren Sprung. Wenn ich später, nach fünfzehn oder sechzehn Jahren, für den Sohn eines Polizisten schwärme, werde ich versuchen, aus ihm einen Gauner zu machen. (Der Bursche ist zwanzig Jahre alt. Er heißt Pierre Fièvre. Er hat mir geschrieben, damit ich ihm ein Motorrad kaufe. Ein paar Seiten weiter werde ich sagen, welche Rolle er spielte.)

Armand, der mir jetzt half, gab mir die Hälfte unseres Profits. Er verlangte jedoch von mir eine gewisse Unabhängigkeit und wollte, daß ich ein eigenes Zimmer nehme. Vielleicht aus Vorsicht, weil sich – obwohl er mich beschützte – die Gefahr verdichtete, wählte er es in einem anderen Hotel, in einer anderen Straße. Gegen Mittag ging ich zu ihm und wir machten einen Plan für die abendliche Expedition. Wir gingen essen. Er setzte auch seinen Opiumhandel fort, an dem Stilitano seinen Anteil hatte.

Ich wäre glücklich gewesen, wenn meine Liebe zu Armand nicht so überhand genommen hätte, daß ich mich frage, ob er wirklich nichts bemerkt haben sollte. Seine Anwesenheit brachte mich aus der Fassung. Seine Abwesenheit ängstigte mich. Nachdem wir ein Opfer ausgeplündert hatten, verbrachten wir eine Stunde zusammen in einer Bar, aber dann? Ich wußte nichts von seinen Nächten. Ich wurde eifersüchtig auf alle jugendlichen Strolche des Hafens. Schließlich erreichte meine Angst ihren Gipfel, als Robert ihn eines Tages – vor meinen Augen – anfuhr:
»Glaubst du vielleicht, ich könnte nichts über dich erzählen?«
»Was kannst du erzählen?«
»Naja, ich habe gewisse Anrechte.«
»Du? Kleines Arschloch?«
Robert lachte schallend.
»Eben. Weil ich ein kleines Arschloch bin. Ich bin deine Frau, oder?«
Er sagte es ohne Verlegenheit und ohne sich zu brüsten, mit einem boshaften Seitenblick in meine Richtung. Ich glaubte, Armand würde ihn schlagen oder ihn so zurechtweisen, daß Robert den Mund hielte, aber er lächelte. Er schien weder die Vertraulichkeit noch die Passivität des Jungen zu verschmähen. Von mir hätte er weder das eine noch das andere geduldet, er wäre außer sich geraten. So wurde ich über ihr Liebesverhältnis aufgeklärt. Ich war vielleicht der Freund, den Armand achtete, doch ach! – es wäre mir lieber gewesen, wenn er mich zu seiner Herzliebsten erkoren hätte.
An den Türrahmen gelehnt wie ein Janitschar, der die Gärten bewacht, erwartete mich eines Abends Armand. Ich hatte mich um eine Stunde verspätet und war sicher, daß er mich anbrüllen, vielleicht schlagen würde, ich hatte

Angst. Von der letzten oder vorletzten Stufe der Treppe aus sah ich ihn, nackt bis zum Gürtel: seine weite Hose aus blauem Tuch, die sich an den Füßen kräuselte, diente als Sockel, nicht für Armands Büste, sondern für seine verschränkten Arme. Vielleicht ragte der Kopf über sie hinaus, ich weiß es nicht: nur seine Arme existierten, kompakt, muskulös, ein dicker Strang von braunem Fleisch – einer wies eine feine Tätowierung auf, sie stellte eine Moschee dar mit Minarett und Kuppel, und einer Palme, die sich im Samum neigte. Auf sie herab fiel vom Hals, gebauscht, im Nacken festgeschlungen, eine lange, beige Musselinschärpe, mit der sich Legionäre oder Kolonialsoldaten den Kopf verhüllen, um den Sand abzuhalten. Die Brustmuskeln waren vollständig von den Armen verdeckt, der Bizeps sprang hervor. Diese Arme existierten für sich, sie waren Armands Schild und Wappen – wie ein Relief.
Keine blitzende oder flüchtige Meditation über die Planetensysteme, die Sonnen, die Sternnebel, die Galaxien könnte mich darüber hinwegtrösten, daß die Welt nicht in mir ist: im Angesicht des Universums bin ich verloren – aber das einfache Attribut einer kraftvollen Männlichkeit gibt mir Sicherheit. Die unruhigen Gedanken, die Ängste hören auf. Meine Zärtlichkeit – und die herrlichste Abbildung in Marmor oder Gold ist dem Modell aus Fleisch nicht ebenbürtig – legt auf diese Kraft Armreife aus Flughafer. Die Angst wegen meiner Verspätung, die mich fast frösteln ließ, verstärkte meine Erregung und ließ mich ihre Bedeutung erkennen. Die bizarre Verschlingung dieser verknoteten Arme genügte dem nackten Krieger als Waffe, aber in ihnen lebte auch die Erinnerung an die afrikanischen Feldzüge. Ihre Tätowierung – Minarett und Kuppel – verwirrte mich am Ende, denn sie erinnerte mich an die Trennung von Stilitano, während ich die Vision von Cádiz

im Meer vor Augen hatte. Ich ging an ihm vorbei, Armand rührte sich nicht.
»Ich komme zu spät.«
Ich wagte nicht, auf seine Arme zu schauen. Sie waren so sehr Armand, daß ich fürchtete, ich hätte mich bisher getäuscht, wenn ich mich seinen Augen oder seinem Mund zuwandte. Diese Arme, oder das, was sie ausdrückten, hatten keine andere Wirklichkeit als jene, die plötzlich durch die Verknotung von Armen vor dem Rumpf eines Ringers entsteht. Löst sich der Knoten auf, wird sich auch die schärfste, die genaueste Wirklichkeit Armands auflösen.
Heute also erfahre ich, daß ich errötet wäre, hätte ich diese Muskelstränge betrachtet, weil sich Armand in ihnen enthüllt. Erscheint die Standarte des Königs, von einem galoppierenden Reiter getragen, allein, können wir eine Erregung empfinden, können das Haupt entblößen – doch wenn der König selbst sie vor uns aufpflanzen würde, würden wir zu Boden geschleudert. Diese Verkürzung eines Symbols, das getragen wird von dem, den es bedeutet, gibt und zerstört gleichzeitig die Bedeutung und das Bedeutete. (Und alles wurde noch schlimmer dadurch, daß diese Muskelstränge den Oberkörper verdeckten!)
»Ich habe alles getan, um rechtzeitig zu kommen, es ist nicht meine Schuld, wenn ich mich verspätet habe.«
Armand antwortete nicht. Immer noch angelehnt, drehte er sich um seine Achse, mit einer einzigen Schwingung – wie die Türen eines Tempels.
(Der Zweck dieses Berichts ist, meine vergangenen Abenteuer zu verschönern, das heißt, aus ihnen die Schönheit zu gewinnen – in ihnen zu entdecken, was sie heute zum Singen bringt – denn es gibt keinen anderen Beweis dieser Schönheit.)

Armand war die Statue der Ungerührtheit. Seine Arme blieben verknotet. Sie waren auch ein Zeichen für die herrscherliche Waffe, die keine Neigung zeigte, sich hinter dem blauen Stoff der Hose aufzurichten – seine Arme ließen die Nacht erklingen – ihre Bernsteinfarbe, ihre Behaarung, ihre geballte Erotik (ohne daß er zu protestieren wagte, als ich eines Abends – wie ein Blinder mit dem Finger ein Gesicht erkundet – mit meinem Geschlecht über seine verkreuzten Arme strich) – vor allem aber ließ die bläuliche Tätowierung am Himmel den ersten Stern aufleuchten. Am Fuße der Mauern dieser Moschee, an die geneigte Palme gelehnt, hatte mich oft ein Legionär in der Dämmerung erwartet, in der gleichen gleichgültig-souveränen Haltung. Es sah aus, als ob er einen unsichtbaren Schatz bewachte und jetzt kommt mir der Gedanke, daß es – unseren Amouren zum Trotz – seine unberührte Jungfräulichkeit war, die er behütete. Er war älter als ich. Er kam immer als erster zu diesen Rendezvous in den Gärten von Meknès. Mit verschleiertem Blick (oder hatte er eine bestimmte Vision?) rauchte er eine Zigarette. Ohne daß er sich vom Fleck rührte (er sagte mir kaum guten Abend, reichte mir nicht die Hand), gewährte ich ihm die Lust, die er begehrte, richtete wieder meine Hose und verließ ihn. Ich hätte gewünscht, daß er mich in seine Arme drückt. Er war schön und wenn mir auch sein Name entschwunden ist, so erinnere ich mich doch, daß er behauptete, der Sohn der Goulue zu sein.

Die Betrachtung von Armands Armen – das glaube ich – war an diesem Abend die einzige Antwort auf alle metaphysischen Beunruhigungen. Hinter ihnen verschwand Armand – vernichtet – anwesender jedoch, und wirksamer, als es seine Person sein konnte, denn er war die Seele des Wappens.

Ich erinnere mich kaum an Einzelheiten des Geschehens, abgesehen davon, daß Armand mir zwei oder drei Ohrfeigen gab, die Euch zu verschweigen unhöflich wäre. Er ertrug nicht, daß ich ihn auch nur eine Sekunde warten ließ. Vielleicht fürchtete er, daß ich völlig verschwinden könnte. Einige Tage lang tat ich, als würden mich die Streitereien zwischen Robert und ihm nicht weiter berühren, doch in Wirklichkeit litt ich, aus Liebe, aus Neid, aus Wut. Heute würde ich diese Angst vielleicht auflösen, indem ich mich um die Paarung der beiden Männer bemühte, die ich liebte: den einen wegen seiner Kraft, den anderen wegen seiner Grazie. Eine mögliche Barmherzigkeit, wie sie meinem Herzen jetzt vertraut ist, hätte mich dieses Glück einfädeln lassen, nicht das Glück zweier Männer, sondern zweier Wesenheiten: Kraft und Schönheit. Wenn sich beides in mir nicht vereinen kann, möchte ich durch meine Güte – außerhalb meiner Person – einen Knoten vollkommener Liebe knüpfen. Ich hatte einige Ersparnisse. Ohne jemand davon zu verständigen – weder Stilitano, noch Armand, noch Sylvia, noch Robert – bestieg ich den Zug und kehrte nach Frankreich zurück.
In diesen Wäldern von Maubeuge begriff ich: das Land, das zu verlassen mir so viel Mühe bereitete, die Region, die mich umhüllte, nach der ich mich plötzlich sehnte, als ich diese letzte Grenze überquerte, war die strahlende Güte Armands, bestehend aus allen Elementen, die – umgekehrt betrachtet – seine Grausamkeit ausmachten.

Wenn nicht noch ein gewichtiges Ereignis eintritt, dem gegenüber meine literarische Kunst sich als blöde erweist, so daß ich, um dieses neuerliche Unglück zu bändigen, eine neue Sprache benötige, wird dieses Buch das letzte sein. Ich warte darauf, daß mir der Himmel aufs Maul fällt.

Heiligkeit heißt, den Schmerz zu nutzen. Heißt, den Teufel zu zwingen, Gott zu sein. Die Anerkennung des Bösen zu erreichen. Seit fünf Jahren schreibe ich Bücher: ich darf sagen, es hat mir Freude gemacht – aber es ist zu Ende. Durch das Schreiben gewann ich, was ich suchte. Was mich leiten wird, und mir zur Lehre dient, ist nicht, was ich gelebt habe, sondern der Ton, in dem ich es berichte. Nicht die Anekdoten, sondern das Kunstwerk. Nicht mein Leben, sondern seine Interpretation. Was die Sprache mir bietet, um es zu beschwören, um von ihm zu sprechen, um es zu übersetzen. Damit mir meine Legende gelingt. Ich weiß, was ich will. Ich kenne die Richtung. Die folgenden Kapitel (ich erwähnte, daß eine große Zahl verloren ist) teile ich als Bruchstücke mit.
(Unter Legende verstehe ich nicht die mehr oder minder dekorative Vorstellung, die sich das Publikum – soweit es meinen Namen kennt – von mir macht, sondern die Identität meines künftigen Lebens mit der kühnsten Vorstellung, die ich und die anderen aufgrund dieses Berichts von ihm entwickeln können. Bleibt festzustellen, ob die Erfüllung meiner Legende in der kühnstmöglichen Existenz der kriminellen Art besteht.)

Auf der Straße – so groß ist meine Angst, daß ein Polizist mich erkennen könnte – weiß ich, mich in mir selbst zu verkriechen. Wenn sich meine Essenz in den verborgensten, untergründigsten Schlupfwinkel geflüchtet hat (ein Ort in der Tiefe meines Körpers, an dem ich wache, lauere in Gestalt einer kleinen Flamme) fürchte ich nichts mehr. Ich bin so unvorsichtig zu glauben, daß mein Körper bar aller Erkennungsmale ist, daß er leer erscheint, nicht identifizierbar – so sehr hat mein äußeres Bild alles aufgegeben, was zu mir gehört: meinen Blick, die Finger mit ihren Ticks – sie sind verdunstet – und auch die Inspekteure sehen nun, was da neben ihnen auf dem Trottoir einherläuft, ist nichts weiter als eine leere Hülle, der Mann ist weggeräumt. Aber wenn ich durch eine ruhige Straße komme, wächst die Flamme, dringt durch meine Glieder, steigt bis zu meinem Gesicht auf und färbt es mit meiner Ähnlichkeit.

Ich werde immer unvorsichtiger, steige in gestohlene Autos ein, gehe an Läden vorüber, in denen ich mich betätigt hatte, zeige allzu offenkundig gefälschte Papiere vor. Ich habe das Gefühl, daß binnen kurzem alles zusammenbricht. Meine Unvorsichtigkeiten wiegen schwer und ich weiß, die Katastrophe mit ihren Flügeln aus Licht wird durch einen ganz, ganz leichten Irrtum ausgelöst werden.*
Aber während ich wie eine Gnade das Unglück erhoffe, ist es gut, daß ich mich bemühe, die gewohnten Spiele der Welt zu spielen. Ich möchte mich vollenden in einem der seltensten Geschicke. Ich sehe kaum, was es sein könnte, auf keinen Fall eine anmutige Kurve, die sich vorsichtig dem Abend entgegenneigt – sondern es soll eine noch nie dagewesene Schönheit sein, schön aufgrund der Gefahr, die an ihr nagt, sie aufwühlt und unterhöhlt. Oh macht, daß ich nichts bin als Schönheit. Ich werde langsam oder rasch gehen, aber ich werde wagen, was gewagt werden muß. Ich

---

* Aber wer soll meine Vernichtung verhindern? Von Katastrophen sprechend, kann ich nicht umhin, einen Traum zu zitieren: eine Lokomotive verfolgte mich. Ich lief auf den Schienengleisen, hörte das nahe Schnaufen der Maschine. Ich verließ die Gleise und lief in die Felder. Boshafterweise verfolgte mich die Lokomotive weiter, doch dann blieb sie freundlich, höflich vor einer kleinen zerbrechlichen Holzbarriere stehen, in der ich eine der Barrieren wiedererkannte, die eine Wiese meiner Pflegeeltern abschlossen. Auf sie führte ich als Kind die Kühe zur Weide. Einem Freund, dem ich den Traum erzählte, sagte ich: »... der Zug hielt vor der Barriere meiner Kindheit...«

werde den Schein zerstören, die Planen werden fallen, verbrannt, und eines Abends erscheine ich in Eurer flachen Hand, rein und ruhig wie eine gläserne Statuette. Ihr werdet mich sehen. Um mich her wird nichts mehr sein.

An der Bedeutsamkeit der Mittel, an der Pracht der Materialien, die er verwendet, um sich den Menschen zu nähern, ermesse ich, wie fern ihnen der Poet war. Die Tiefe meiner Verworfenheit hat ihn zu dieser Sträflingsarbeit gezwungen. Doch meine Verworfenheit war meine Verzweiflung. Und die Verzweiflung war die Kraft – und gleichzeitig die Materie, in der sie sich auflöst. Aber wenn es so ist, daß das schönste Werk die Kraft der größten Verzweiflung verlangt, mußte der Poet die Menschen lieben, sonst hätte er diese Anstrengung nicht unternehmen können. Und es mußte ihm gelingen. Es ist gut, daß die Menschen vor einem tiefen Werk zurückweichen, wenn es der Schrei eines Menschen ist, der sich ungeheuerlich in sich selbst verstrickt hat.
An der Bedeutsamkeit der Mittel, die ich fordere, um Euch von mir zu entfernen, könnt Ihr ermessen, wie zärtlich ich Euch zugetan bin. Erkennt, wie sehr ich Euch liebe, an den Barrikaden, die ich in meinem Leben und Werk errichte (das Kunstwerk soll nichts sein als der Beweis meiner Heiligkeit – und diese Heiligkeit muß real sein, um das Werk zu befruchten und damit ich mich auf sie stützen kann, wenn ich in Richtung auf ein noch unbekanntes Ziel eine noch größere Anstrengung unternehme), – damit Euer Atem (ich bin äußerst korrumpierbar) mich nicht faulen läßt. Meine Zärtlichkeit ist ein fragiler Stoff. Und der Atem der Menschen würde die Methoden für eine Suche nach einem neuen Paradies durcheinanderbringen. Ich werde die arglose Vision des Bösen erzwingen, auch

wenn ich bei dieser Suche mein Leben, meine Ehre und meinen Ruhm einbüße.

Schöpfer sein ist keine frivole Spielerei. Wer etwas erschafft, läßt sich auf ein Schreckensabenteuer ein und lädt bis zum Äußersten die Bedrohungen auf sich, denen seine Geschöpfe ausgesetzt sind. Man kann sich keine Schöpfung vorstellen, an deren Ursprung nicht die Liebe steht. Wie richtet man vor sich etwas auf, so stark wie wir selbst, das man verachten oder hassen muß? Das heißt, der Schöpfer wird die Sündenlast seiner Figuren tragen. Jesus wurde Mensch. Er sühnt. Nachdem er sie – wie Gott – geschaffen hat, befreit er die Menschen von ihren Sünden: man peitscht ihn aus, speit ihm ins Gesicht, verhöhnt ihn, nagelt ihn an. Das ist die Bedeutung des Wortes: »Er leidet in seinem Fleisch.« Lassen wir die Theologen beiseite. »Die Sündenlast der Welt auf sich nehmen«, bedeutet nichts anderes als: alle Sünden erproben, virtuell und in ihren Folgen; sich dem Bösen verschreiben. So muß jeder Schöpfer das Böse auf sich nehmen – ein schwaches Wort: sich zu eigen machen, so daß es zu seiner eigenen Substanz gehört und in seinen Adern zirkuliert –, das er seinen Helden zugeteilt hat, damit sie es aus freien Stücken wählen. Wir erkennen darin eine der vielen Nutzanwendungen, die der verschwenderische Mythos der Schöpfung und Erlösung erlaubt. Jeder Schöpfer, der seinen Figuren den freien Willen zubilligt, die freie Verfügung über ihre eigene Person, hofft insgeheim, daß sie das Gute wählen. Wie jeder Liebende hofft, daß er um seiner selbst willen geliebt wird.

Ich möchte einen Augenblick lang eine verschärfte Aufmerksamkeit richten auf die Realität des höchsten Glücks in der Verzweiflung: wenn man plötzlich allein ist, seinem plötzlichen Untergang gegenübersteht, wenn man die unwiderrufliche Zerstörung seines Werkes und seiner selbst erlebt. Ich würde alle Güter dieser Welt geben – man muß sie tatsächlich hingeben –, um den verborgenen Verzweiflungszustand kennenzulernen, von dem keiner weiß, daß ich ihn kenne. Nur Hitler, in den Kellern seines Palastes, erfuhr gewiß in den letzten Minuten der Niederlage Deutschlands diesen Moment des puren Lichts – eine fragile und zugleich deutliche Erkenntnis – das Bewußtsein seines Falls.

Mein Hochmut hat sich gefärbt mit dem Purpur meiner Schmach.

Zwar ist die Heiligkeit mein Ziel, aber ich vermag nicht zu sagen, was sie ist. Ich gehe von dem Wort selbst aus, welches jenen Zustand bezeichnet, der der moralischen Vollkommenheit am nächsten kommt. Von ihr weiß ich nichts, außer daß ohne sie mein Leben vergeblich wäre. Da mir eine Definition von Heiligkeit nicht gelingen kann – ebensowenig wie von Schönheit – möchte ich sie in jedem Augenblick erschaffen, das heißt: alle meine Handlungen sollen mich zu ihr, die ich nicht kenne, hinführen. Der Wille zur Heiligkeit soll mich jeden Augenblick lenken bis zu dem Tag, an dem ich ein solches Licht australe, daß die Leute sagen: »Das ist ein Heiliger«, oder etwas wahrscheinlicher: »Das war ein Heiliger.« Langsam taste ich mich dorthin vor. Eine Methode gibt es nicht. Blind und ohne andere Beweise als der Gewißheit, der Heiligkeit nahe zu sein, mache ich die Gesten, die mich zu ihr führen. Mag sein, daß man sie durch mathematische Disziplin erreicht, aber das wäre, fürchte ich, eine simple, aufpolierte Heiligkeit mit erprobten Formen, mit einem Wort: etwas Akademisches. Ein Trugbild. Herkommend von den elementaren Prinzipien der Moral und der Religion gelangt der Heilige ans Ziel, wenn er sich ihrer entledigt. Wie die Schönheit – und die Poesie – mit denen sie in meinen Augen verschmilzt, ist die Heiligkeit einzigartig. Ihr Ausdruck ist ursprünglich. Doch scheint mir der einzige Grund, auf dem sie ruht, der Verzicht zu sein. Sie verschmilzt also in meinen Augen auch mit der Freiheit. Vor allem jedoch möchte ich ein Heiliger sein, weil dieses Wort den Höhepunkt einer menschlichen Gebärde bezeichnet – und ich werde alles tun, um sie zu erreichen. Ich werde meinen Hochmut einsetzen dafür – und ihn opfern. Die Tragödie ist ein freudiger Augenblick. Die freudigen Gefühle werden durch das Lächeln befördert, durch das Frohlocken des ganzen Körpers und des Gesichts. Der Held weiß nichts von dem Ernst eines tragischen Themas. Er darf ihn nicht erkennen, falls er je etwas ahnte. Er ist von Geburt indifferent. Auf den Vorstadtbällen trifft man ernste junge Leute, gleichgültig für die Musik, die sie eher zu dirigieren als zu hören scheinen. Andere pflanzen ausgelassen auf die Mädchen eine Syphilis, die sie in einer von ihnen aufgelesen haben: dem Zerfall ihrer wundervollen Körper, der von den Wachsfiguren der Schaubuden angekündigt wird, gehen sie gelassen entgegen, mit einem Lächeln auf den Lippen. Wenn er auf den Tod zugeht – unvermeidlicher Ausgang – (oder auch auf das Glück) ... es ist die vollkommenste, also glücklichste Verwirklichung seiner selbst ... mit einem freudigen Herzen. Der Held würde einen heroischen Tod nicht verschmähen. Nur durch diesen Tod ist er ein Held, er ist die Bedingung, nach der die ruhmlosen Wesen so bitterlich trachten, er ist der Ruhm und schließlich (dieser Tod und die Häufung

scheinbaren Unglücks, die zu ihm führt) die Krönung eines vorbestimmten Lebens, aber vor allem der Blick auf unser eigenes Bild in einem idealen Spiegel, der uns in ewigem Glanz zeigt (bis dieses Licht, das unseren Namen trägt, sich verbraucht hat).
Die Schläfe blutete. Zwei Soldaten haben soeben miteinander gekämpft – aus einem Grund, den sie seit langem vergessen hatten – der Jüngere stürzte, aufgerissen die Schläfe unter der eisenharten Faust des anderen, der zusah, wie das Blut rann und sich in ein Büschel Primeln verwandelte. Dieser Blumenflor breitete sich rasch aus. Er erreichte das Gesicht, das bald von Tausenden dieser eng aneinander gepreßten Blumen übersät war – süß und violett wie der Wein, den die Soldaten erbrechen. Schließlich war der in den Staub gesunkene Körper des jungen Mannes nur noch ein Erdhügel, die Primeln wuchsen zu Margeriten heran, zwischen denen der Wind hindurchfuhr. Nur ein Arm blieb sichtbar und rührte sich, doch der Wind bewegte alle diese Gräser. Der Sieger sah bald nur noch eine Hand, die ein unbeholfenes Zeichen des Abschieds und der verzweifelten Freundschaft gab. Auch diese Hand verschwand schließlich in der blühenden Erde. Der Wind legte sich allmählich, voller Bedauern. Der Himmel, der anfangs das Auge des brutalen, mörderischen jungen Soldaten beschienen hatte, verdunkelte sich. Der Soldat weinte nicht. Er setzte sich auf diesen Hügel, in den sein Freund sich verwandelt hatte. Der Wind säuselte ein wenig, aber weniger. Der Soldat warf mit einer Kopfbewegung die Haare aus seinen Augen zurück und ruhte aus. Er schlief ein.
Das Lächeln der Tragödie wird auch ausgelöst durch eine Art Humor den Göttern gegenüber. Feinsinnig verspottet der tragische Held sein Schicksal. So freundlich erfüllt er

es, daß diesmal nicht der Mensch das Objekt ist, sondern die Götter.

Da ich bereits wegen Diebstahls verurteilt bin, kann es mir wieder geschehen, ohne Beweise, auf eine einzige windige Anklage hin, einen Zweifel. Das Gesetz sagt, ich sei einer solchen Tat fähig. Die Gefahr besteht nicht nur, wenn ich stehle, sondern in jedem Augenblick meines Lebens, weil ich gestohlen habe. Eine unbestimmte Unruhe verdüstert mein Leben, lastet auf ihm und macht es zugleich leicht. Um mir die Reinheit und Schärfe des Blicks zu bewahren, muß mein Bewußtsein jede Handlung berühren, damit ich sie rasch korrigieren, ihre Bedeutung verändern kann. Diese Unruhe hält mich wach. Sie verleiht mir die Haltung eines staunenden Rehs auf einer Lichtung. Aber die Unruhe reißt mich auch fort wie ein Schwindel, bringt meinen Kopf zum Dröhnen und läßt mich in ein dunkles Element stürzen, in dem ich mich verkrieche, wenn ich unter dem Laub den Boden beben höre von einem Huf.

Merkur, sagte man mir, war im Altertum der Gott der Diebe, die somit wußten, welche Macht sie beschwören konnten. Wir jedoch, wir haben niemand. Es könnte logisch erscheinen, den Teufel anzurufen, kein Dieb würde es ernsthaft wagen. Mit ihm zu paktieren hieße, sich zu tief einzulassen, so sehr widersetzt er sich Gott, der, wie man weiß, am Ende siegen wird. Der Mörder selbst würde nicht wagen, zum Teufel zu beten.
Um Lucien zu verlassen, werde ich eine Lawine von Katastrophen aufbieten, damit es so aussieht, als ob er von ihnen mitgerissen würde. Er wird ein Halm sein im Auge des Tornados. Sogar wenn er erfährt, daß ich ein solches Unglück wollte, wird er mich hassen – doch sein Haß wird

mich nicht berühren. Die Gewissensbisse, die Vorwürfe aus seinen schönen Augen, werden nicht genug Kraft besitzen, um mich zu bewegen, denn ich befinde mich im Zentrum einer verzweifelten Traurigkeit. Ich werde Dinge verlieren, die mir teurer sind als Lucien und die mir weniger teuer sind als meine Skrupel. So würde ich gern Lucien töten, um unter der Pracht des Verbrechens meine Schmach zu vergraben. Wie schade, daß eine religiöse Furcht mich vom Mord zurückhält – und mich zu ihm hinzieht. Es besteht die Gefahr, daß er mich zum Priester macht – und aus dem Opfer ... Gott. Um die Wirksamkeit des Mordes zu zerstören, würde es mir vielleicht genügen, sie aufs Äußerste zu reduzieren – durch die praktischen Erfordernisse der kriminellen Handlung. Ich brächte es fertig, einen Menschen zu töten für ein paar Millionen. Das Prestige des Goldes kann mit dem des Mordes konkurrieren.
Sollte das der frühere Boxer Ledoux dunkel geahnt haben? Aus Rache tötet er einen Komplizen. Er erzeugt eine Unordnung im Zimmer des Toten, um einen Diebstahl vorzutäuschen und als er einen Fünf-Francs-Schein auf dem Tisch liegen sieht, steckt er ihn ein und erklärt seiner erstaunten Freundin:
»Ich behalte ihn als Fetisch. Es soll nicht heißen, ich hätte ihn getötet, ohne daß es mir etwas einbrachte.«
Ich werde ziemlich rasch meinen Geist stärken. Wichtig ist, wenn man daran denkt, daß das Lid, die Nasenflügel keinen tragischen Zug bekommen, sondern daß man die Idee des Mordes mit großer Unbekümmertheit betrachtet, mit einem breiten Auge in der Stirnhaut, die sich faltet, als stünde sie unter dem Eindruck eines naiven Erstaunens, einer Hingerissenheit. Kein Gewissensbiß, kein vorauseilender Kummer können sich dann in Eurem Augenwinkel einnisten oder unter Euren Füßen Abgründe graben.

Ein höhnisches Lächeln, eine Schmalzmelodie zwischen den Zähnen gepfiffen, ein bißchen Ironie in den Fingern, die nach der Zigarette schnappen, würden ausreichen, damit ich wieder in Berührung trete mit der Ödnis der satanischen Einsamkeit (es sei denn, ich würde irgendeinen Mörder herzen, dem diese Gebärde, dieses Lächeln, diese Melodie vertraut sind). Nachdem ich den Ring von B. R. entwendet hatte:
»Wenn er es erfährt?« sagte ich mir. »Ich habe ihn an jemanden verkauft, den er kennt!«
Ich stelle mir seinen Kummer vor, denn er liebt mich – und meine Scham. Ich rechne also mit dem Schlimmsten: dem Tod. Seinem.

Auf dem Boulevard Haussmann habe ich den Ort gesehen, wo man einige Einbrecher festnahm. Einer von ihnen hatte versucht, das Schaufenster zu durchqueren, als er aus dem Geschäft flüchtete. Indem er großen Schaden bei seiner Festnahme anrichtete, glaubte er, die Bedeutung der vorausgegangenen Tat, des Einbruchs, zu verringern. Schon suchte er, seine Person mit einem blutigen, staunenswerten, beängstigenden Pomp zu umgeben, worin er selbst beklagenswert erschien. Der Kriminelle erzeugt einen Nimbus um seine Tat. Er möchte unter der Pracht verschwinden, in einer phantastischen Inszenierung – des Schicksals. Und gleichzeitig zerlegt er seine Handlung in starre Momente, nimmt er sie auseinander.
»Was vermögen die Kränkungen der Menschen wider mich, wenn mein Blut...«

Könnte ich die schönen Verbrecher noch bewundern, ohne zu erröten, wäre ich mit ihrer Natur nicht vertraut? Da sie das Unglück hatten, der Schönheit so vieler Gedichte zu dienen, komme ich ihnen zu Hilfe. Die Ausnutzung eines Verbrechens durch einen Künstler ist ein Frevel. Einer setzt sein Leben aufs Spiel, seinen Ruhm, um einen Dilettanten mit einem Ornament zu schmücken. Auch der imaginäre Held wurde durch ein lebendiges Wesen inspiriert. Ich will mich nicht an Schmerzen ergötzen, wenn ich sie noch nicht geteilt habe. Zuerst will ich mich der Verachtung der Menschen aussetzen, ihrem Urteil. Die Heiligkeit des Vincent de Paul macht mich mißtrauisch. Er hätte das Verbrechen des Galeerensklaven verüben müssen, dessen Platz er in den Ketten einnahm.

Der Ton dieses Buches – so fürchte ich – wird die besten Geister empören – nicht die schlimmsten. Ich suche keinen Skandal. Diese Notizen stelle ich für ein paar junge Leute zusammen. Mögen sie sie betrachten als die Niederschrift einer in jeder Hinsicht heiklen Askese. Das Experiment ist schmerzlich und ich habe es noch nicht abgeschlossen. Ob es einer romanesken Träumerei entspringt, spielt dabei keine Rolle, wenn ich so streng daran arbeite, als wäre es ein mathematisches Problem; wenn ich daraus nützliche Materialien gewinne für die Schaffung eines Kunstwerks oder für eine moralische Vervollkommnung (vielleicht auch für die Zerstörung dieser Materialien, ihre Auflösung) in der Nähe jener Heiligkeit, die für mich bis jetzt nur das schönste Wort der menschlichen Sprache ist.

Begrenzt von der Welt, der ich mich entgegenstelle, abgetrennt von ihr, werde ich umso schöner sein, strahlender, je schärfer die Kanten sind, die mich verletzen und mir Form geben, je grausamer die Einschnitte.
Man muß die Handlungen zu Ende führen. Wo auch immer sie ihren Ausgang nehmen, das Ende wird schön sein.

Eine Aktion ist infam, weil sie nicht zu Ende geführt wird. Als ich den Kopf drehte, war mein Auge geblendet von dem grauen Dreieck, das die beiden Beine des Mörders bildeten; sein einer Fuß stützte sich auf den schmalen Mauerabsatz, während der andere reglos im Staub des Hofes verharrte. Diese beiden Beine waren bekleidet mit rauhem, steifem, stumpfem Stoff. Ich wurde ein zweites Mal geblendet, denn als ich aufhörte, am Stil einer weißen Rose zu kauen, die ich zwischen den Zähnen hielt, schleuderte ich sie versehentlich (vielleicht einem Strolch ins Gesicht), doch mit hinterhältigem Geschick blieb sie an dem Schlitz hängen, der den strengen Winkel aus grauem Tuch bildete. Diese einfache Geste entging dem Wärter. Sie entging sogar den anderen Sträflingen und dem Mörder, der nur eine ganz leichte Berührung verspürte. Als er seine Hose betrachtete, wurde er schamrot. Glaubte er, einen Speichelfaden zu entdecken oder ein Zeichen der Wollust, herrührend von der einfachen Tatsache, daß er einen Augenblick unter dem klarsten Himmel Frankreichs weilte? Kurz, mit hochrotem Gesicht versuchte er, die beiläufige Geste zu verbergen, mit der er die merkwürdige Rose wegriß, die sich heimlich mit der äußersten Spitze einer Dorne festgehakt hatte; er stopfte sie in seine Tasche.

Ich nenne Heiligkeit nicht einen Zustand, sondern die innere Bewegung, die mich zu ihr hinführt. Es ist der ideale Punkt einer Moral, von dem ich nicht sprechen kann, denn ich nehme ihn nicht wahr. Er entfernt sich, wenn ich mich ihm nähere. Ich sehne ihn herbei und fürchte ihn. Dieses Verhalten mag töricht scheinen. Doch auch wenn es schmerzlich ist, ist es fröhlich. Es ist – eine Verrückte. Dumm wie es ist, nimmt es die Gestalt einer Carolina an, die auf ihren Röcken entführt wird und brüllt vor Glück.

Nicht so sehr die Einsamkeit, sondern den Verzicht erkläre ich zur höchsten Tugend. Er ist die schöpferische Tugend überhaupt. Dort müßte es Verdammung geben. Staunt man, wenn ich behaupte, daß das Verbrechen meine innere Kraft festigen kann?

Wann könnte ich endlich ins Herz des Bildes hüpfen, selbst das Licht sein, das es vor Eure Augen hinträgt? Wann wäre ich im Herzen der Poesie?
Ich laufe Gefahr, mich zu verlieren, indem ich die Heiligkeit mit der Einsamkeit verwechsle. Aber riskiere ich nicht durch diese Phrase, der Heiligkeit die christliche Bedeutung zurückzugeben, von der ich sie abtrennen möchte?
Diese Suche nach Transparenz ist vielleicht vergeblich. Wenn man sie erreichte, wäre es die Ruhe. Aufhören, »ich« zu sein, aufhören, »Ihr« zu sein, das Lächeln, das bleibt, ist ein Lächeln, das sich gleichmäßig über die Dinge legt.

Am Tag, als ich in der Santé ankam – zu einem meiner zahlreichen Aufenthalte dort –, wurde ich vor den Direktor gerufen: ich hatte am Guckloch eines Freundes geplaudert, den ich im Vorübergehen wiedererkannte. Ich wurde mit fünfzehn Tagen Arrest bestraft und sogleich abgeführt. Als ich drei Tage im Verlies war, steckte mir ein Aufseher-Gehilfe Zigarettenstummel zu. Die Häftlinge meiner Zelle, die ich noch gar nicht betreten hatte, schickten sie mir. Ich bedankte mich bei ihnen, nachdem ich aus dem Bunker freigekommen war. Guy sagte mir:

»Wir haben gesehen, daß wir einen Neuen hatten. An der Tür stand: Genet. Wir wußten nicht, wer das ist, Genet. Aber du kamst nicht. So haben wir begriffen, daß du im Bunker steckst und haben dir die Kippen rübergeschmuggelt.«

Weil mein Name auf dem Register mich dieser Zelle zuordnete, fühlten sich die Insassen bereits solidarisch mit einer unbekannten Strafe für ein Vergehen, das sie nicht betraf. Guy war die Seele der Zelle. Ein Jüngling, bleich und lockig, unbeugsam und kompromißlos. Wenn er zu mir sprach, kam mir jedesmal dieser seltsame Ausspruch in den Sinn: »Im Kreuz eine Ladung Parabellum.« Die Polizei hatte ihn festgenommen. Vor mir fand folgender Wortwechsel statt:

»Du hast das Ding in der rue de Flandre gedreht.«

»Ich wars nicht.«

»Du warst es. Die Concierge erkennt dich wieder.«

»Das muß ein Typ sein, der meine Fresse hat.«

»Sie sagt, er heißt Guy.«

»Dann muß es ein Typ sein, der meine Fresse und meinen Namen hat.«

»Sie erkennt deine Klamotten wieder.«

»Dann hat er meine Fresse, meinen Namen und meine Klamotten.«

»Die Haare sind dieselben.«

»Er hat meine Fresse, meinen Namen, meine Klamotten und meine Haare.«

»Wir haben deine Fingerabdrücke gefunden.«

»Er hat meine Fresse, meinen Namen, meine Klamotten, meine Haare und meine Fingerabdrücke.«

»Das kann ziemlich lange dauern.«

»Bis ans Ende.«

»Du hast das Ding gedreht.«

»Ich wars nicht.«

Von ihm bekam ich den Brief, in dem sich folgender Absatz befindet (man hatte mich schon wieder in die Santé gesperrt): »Mein kleiner Jeannot, ich bin zu pleite, um dir ein Päckchen zu schicken. Ich hab keinen Heller mehr, aber was ich dir sagen möchte – ich hoffe, es wird dir gefallen – es ist das erste Mal, daß ich gewichst habe und dabei an dich dachte, und es ist mir gekommen. Wenigstens kannst du sicher sein, daß du draußen einen Kumpel hast, der an dich denkt...«
Manchmal werfe ich ihm seine Vertraulichkeit mit dem Inspektor Richardeau vor. Ich versuche zu erklären, daß ein Polizist etwas noch Gemeineres ist als ein Spitzel. Guy hört mir kaum zu. Er macht kleine Schritte. Um seinen Hals spürt er den wehenden Kragen seines bauschigen Seidenhemds, auf seinen Schultern die gut geschnittene Jacke; er reckt den Kopf in die Höhe und blickt streng geradeaus auf die triste, graue, abweisende rue de Barbès, wo ihn vielleicht hinter den Vorhängen einer Absteige ein Lude vorübergehen sieht.
»Ja, im Grunde hast du recht«, sagte er. »Es sind alles Schweine.«
Nach einer Weile, wenn ich denke, er hat vergessen, was ich sagte (tatsächlich verfloß eine gewisse Zeit, ohne daß er an etwas dachte, um besser das Gewicht des Silberkettchens an seinem Handgelenk zu fühlen, oder damit eine Leere in ihm entsteht, die Raum schafft für den folgenden Gedanken), murmelt er:
»Ja, trotzdem. Ein Flic ist nicht dasselbe.«
»Ah, findest du?«
Trotz der Argumente, mit denen ich den Bullen und den Spitzel auf eine Ebene stelle und ersteren stärker verdammen möchte, fühle ich wie Guy und gestehe ihm nicht, daß es nicht dasselbe ist. Insgeheim liebe ich, ja, ich liebe die

Polizei. Ich werde ihm nicht meine Erregung gestehen, wenn ich in Marseille, cours Belsunce, an der Polizeikantine vorbeiging. Drinnen drängten sich die Marseiller Bullen, uniformiert und in Zivil. Diese Kantine faszinierte mich. Es sind Schlangen, die sich ineinanderschlingen und aneinander reiben, mit einer Vertraulichkeit, die die Niedertracht nicht hindert, sie vielleicht begünstigt.
Guy schreitet ungerührt aus. Weiß er, daß sein Mund zu weich ist? Er verleiht seinem Gesicht etwas Kindliches, Hübsches. Seine von Natur blonden Haare hat er dunkel gefärbt. Er möchte wie ein Korse aussehen, er fällt auf sein eigenes Spiel herein, ich habe den Verdacht, daß er sich gerne schminkt.
»Man fahndet nach mir«, sagte er.
Die Aktivität des Diebs ist eine Folge von knappen, nervösen Gesten. Jede dieser Gesten, die aus einem ausgeglühten Inneren stammen, ist schmerzlich, erbärmlich. Erst nach dem Diebstahl – und mit Hilfe der Literatur – singt der Dieb sein Heldenlied. Sein Erfolg stimmt in seinem Körper eine Hymne an, die der Mund wiederholt. Sein Mißerfolg verzaubert sein Elend. Auf mein Lächeln, mein Schulterzucken, antwortet Guy:
»Ich sehe zu jung aus. Für die anderen muß man aussehen wie ein Mann.«
Ich bewundere seine Willenskraft, die ihn nie verläßt. Allein schon sein Lachen würde ihn verraten, sagte er. Ich habe für ihn dasselbe Mitgefühl wie für einen Löwen, den der Dompteur auf einem gespannten Seil laufen läßt.

Die Güte Armands – ich spreche wenig von ihm, die Scham hindert mich und vielleicht die Schwierigkeit zu sagen, wer er war und was er für mich war, und seine moralische Autorität genau zu beschreiben – war, glaube ich, ein Ele-

ment, worin meine geheimen Eigenschaften (die ich nicht eingestehen konnte) ihre Rechtfertigung fanden.
Erst nachdem ich ihn verlassen hatte und die Grenze zwischen uns beiden lag, fühlte ich es. Er erschien mir intelligent. Das heißt, er hatte es gewagt, die moralischen Regeln zu durchbrechen – nicht unbewußt, mit jener ernüchternden Unbekümmertheit von Burschen, die nicht wissen, was das ist – im Gegenteil: um den Preis einer sehr großen Anstrengung, in der Gewißheit, etwas Unschätzbares zu verlieren, wissend aber auch, daß er etwas anderes gewinnen würde, wertvoller als das, was er verlor.
Die Gangster einer internationalen Bande hatten sich »feige, kampflos«, wie die belgischen Zeitungen schrieben, »der Polizei ergeben.« Wir erfuhren es eines Abends in einer Bar und jeder gab seinen Kommentar.
»Schlappschwänze sind das«, sagte Robert. »Bist du nicht der Ansicht?«
Stilitano antwortete nicht. Es widerstrebte ihm, in meiner Gegenwart über Verlegenheit oder Verwegenheit zu reden.
»Du sagst nichts, bist du nicht der Ansicht? Sie brüsten sich mit den tollsten Coups – Bankraub, Eisenbahnüberfälle – und jetzt sinken sie der Polente in die Arme. Sie hätten sich wehren können, bis zur letzten Patrone. Auf jeden Fall sind sie geliefert, man wird sie nämlich ausliefern. Frankreich verlangt nach ihnen. Man wird sie kürzer machen. Ich an ihrer Stelle ...«
»Und ich an deiner Stelle ...«
Armands Wut kam unvermittelt. Sein Blick war voller Empörung. Ein bißchen geduckt meinte Robert:
»Was, bist du nicht meiner Ansicht?«
»In deinem Alter hatte ich ein bißchen mehr auf dem Kerbholz, aber ich hab nicht gequasselt wie du, vor allem nicht über die, die man geschnappt hat. Für die gibts bloß

noch das Tribunal. Wer bist du überhaupt, daß du dir ein Urteil erlaubst?«
Der erklärende Tonfall machte Robert ein bißchen Mut. Er wagte zu antworten:
»Jedenfalls haben sie klein beigegeben. Wenn die wirklich das alles gemacht hätten, was behauptet wird...«
»Du bist eine blöde Drecksau. Genau deswegen, weil sie gemacht haben, was behauptet wird, haben sie klein beigegeben, wie du sagst. Weißt du, was sie wollten? Na, keine Ahnung? Ich werde es dir sagen. In dem Moment, wo Schluß war für sie, wollten sie sich etwas gönnen, wofür sie ihr ganzes Leben lang keine Zeit gehabt haben: klein beizugeben. Kapiert? Für sie ist das ein Fest, sich der Polizei zu stellen. Sie können sich ausruhen.«
Stilitano sagte keinen Ton. An dem leichten Lächeln um seinen Mund glaubte ich zu erkennen, daß ihm die Bedeutung von Armands Antwort geläufig war. Nicht in dieser selbstbewußten, heroischen, herausfordernden Art, sondern verschwommener. Robert antwortete nicht. Er begriff nichts von dieser Erklärung, außer vielleicht, daß sie ihn ein wenig von uns dreien absonderte.
Ich hätte selbst, aber erst später, diese Rechtfertigung gefunden. Armands Güte war es, die mir erlaubte, an sie zu glauben. Er verstand alles. (Ich will sagen, er hatte meine Probleme gelöst.) Nicht als ob ich meinte, die Erklärung, die er für die Kapitulation der Gangster wagte, habe für diese Gangster gegolten – aber sie galt für mich, wenn es darum gegangen wäre, meine Kapitulation unter solchen Umständen zu rechtfertigen. Seine Güte bestand auch darin, in ein Fest, in eine feierliche und lachhafte Parade zu verwandeln, was nur ein feiges Verlassen eines Postens war. Armands Anliegen war die Rehabilitierung. Nicht die der anderen oder seiner selbst, sondern der moralischen

Misere. Er gewährte ihr die Attribute, die man für die Vergnügungen der offiziellen Welt verwendet.
Ich habe keineswegs seine Statur, seine Muskeln, seine Behaarung, aber an manchen Tagen, wenn ich mich im Spiegel sehe, glaube ich, in meinem Gesicht etwas von seiner strengen Güte wiederzufinden. Und dann bin ich stolz auf mich, auf meine eingedrückte, massive Visage. Ich habe keine Ahnung, in welchem Massengrab er verscharrt ist oder ob er noch immer auf zwei Beinen steht und seinen biegsamen, starken Körper gleichmütig spazierenführt. Er ist der einzige, dessen genauen Namen ich wiedergeben möchte. Ihn auch nur um ein weniges zu verraten, wäre zu viel. Wenn er sich von seinem Stuhl erhob, herrschte er über die Welt. Er hätte sich ohrfeigen lassen, ohne sich zu rühren, sein mißhandelter Körper wäre unversehrt geblieben, er hätte nichts von seiner Größe eingebüßt. In unserem Bett nahm er den ganzen Platz ein, seine Beine waren gespreizt in einem stumpfen Winkel und nur in diesem blieb mir ein wenig Raum, in den ich mich kauern konnte. Ich schlief im Schatten seines Geschlechts, das manchmal auf meine Augen herabfiel und manchmal, beim Erwachen, meine Stirn mit einem wuchtigen, kuriosen, braunen Horn verzierte. Wenn er aufwachte, jagte mich sein Fuß aus dem Bett, nicht brutal, aber mit einem unwiderstehlichen Druck. Er sprach nicht. Er rauchte, während ich den Kaffee und die Toasts dieses Tabernakels zubereitete, worin die Weisheit verborgen war und Gestalt annahm.
In einer seltsamen Unterhaltung erfuhren wir eines Abends, daß Armand zwischen Marseille und Brüssel, von Stadt zu Stadt und von Café zu Café wandernd, vor den Kunden Papierspitzen ausschnitt, um sich sein Brot zu verdienen. Der Docker, der es uns erzählte, Stilitano und mir, zeigte keine Häme. Er sprach ganz natürlich von Deckchen,

Täschchen, Taschentüchern, einer delikaten Wirkarbeit mit Hilfe einer Schere und gefaltetem Papier.
»Ich hab ihn gesehen, Armand, wie er seine Schau abzog«, sagte er.
Mir vorzustellen, wie mein massiver, gelassener Meister sich mit Frauenhantierungen abgab, rührte mich. Keine Lächerlichkeit konnte ihm etwas anhaben. Ich weiß nicht, aus welchem Knast er kam, ob man ihn freigelassen hatte oder ob er geflüchtet war, aber was ich über ihn erfuhr, war der Beweis, daß er durch diese Schule aller Empfindsamkeiten gegangen war: die Ufer des Maroni oder die Zuchthäuser Frankreichs.
Während er dem Docker zuhörte, grinste Stilitano schadenfroh. Ich befürchtete, daß er versuchen würde, Armand zu verletzen: ich hatte recht. Die Fabrikspitzen, mit denen er die bigotten Schloßherrinnen zum Narren hielt, bedeuteten etwas Edles, zeigten Stilitanos Überlegenheit über Armand. Ich wollte ihn anflehen zu schweigen, aber ich wagte es nicht: einem Kumpel gegenüber so viel Takt zu bekunden, hätte bei mir, in meinem Herzen, seltsame Landschaften enthüllt, von einem so sanften Licht überstrahlt, daß die leiseste Berührung sie zerknittern konnte. Ich tat, als ginge es mich nichts an.
»Man erfährt jeden Tag was Neues«, sagte Stilitano.
»Es ist nichts dabei.«
»Das sag ich ja. Man schlägt sich durch, wie man kann.«
Um mich sicherer zu fühlen vermutlich, um meiner Haltlosigkeit eine Stütze zu geben, brauchte ich diese Vorstellung, daß meine Geliebten aus der härtesten Materie gehauen sind. Und jetzt erfuhr ich vom menschlichen Elend desjenigen, der den größten Einfluß auf mich ausübte. Und die Erinnerung, die mich am häufigsten heimsucht, ist ein Armand – den ich nie bei dieser Betätigung

erlebt habe – wie er sich den Tischen nähert, in den Restaurants, und aus seinem Papier venezianische Spitzenmuster schneidet. Vielleicht hatte er damals, ohne daß ihm jemand dabei half, die Eleganz entdeckt, nicht der sogenannten Manieren, sondern der *Vielfalt* im Spiel der Gebärden. Aus Trägheit, weil er mich unterwerfen wollte oder weil er ein Zeremoniell brauchte, das seine Person herausstellte, verlangte er von mir, daß ich seine Zigarette in meinem Mund anzündete und dann in den seinen steckte. Ich durfte nicht einmal warten, daß er diesen Wunsch bekundete, sondern mußte ihm zuvorkommen. Anfangs tat ich das, aber da ich selbst rauchte – damit es schneller ging, um Gesten einzusparen – steckte ich zwei Zigaretten in meinen Mund, zündete sie an und reichte die eine Armand. Schroff untersagte er mir, so zu verfahren, weil es in seinen Augen der Schönheit ermangelte. Wie zuvor mußte ich aus dem Päckchen eine Zigarette ziehen, sie anzünden, sie ihm in den Mund stopfen und dann für mich selbst eine andere herausholen.

Da das Trauergefolge anführen bedeutet, daß ich mich einem Schmerz unterwerfe (dem ich entrinne, denn ich verwandle ihn in eine notwendige Kraft, um aus der gewohnten Moral auszubrechen), kann ich keine Blumen stehlen, um sie auf das Grab eines mir teuren Toten zu legen. Durch das Stehlen entsteht eine innere Haltung, die man nicht ohne Anstrengung gewinnt, es ist eine heroische Tat. Der Schmerz beim Verlust eines geliebten Wesens enthüllt uns die Bande, die uns mit den Menschen verknüpfen. Er verlangt von dem Zurückbleibenden die Beachtung einer zunächst formalen Würde. Die Sorge um

diese Würde ließe uns sogar Blumen stehlen, wenn wir sie nicht kaufen können. Diese Geste entstand aus der Verzweiflung darüber, daß der Abschied von den Toten in seinen üblichen Formen sonst nicht möglich wäre. Guy kam, um mir zu sagen, wie man Maurice B. niedergeschossen hatte.
»Kränze müssen her.«
»Warum?«
»Für den Umzug.«
Seine Stimme war abgehackt. Die Silben in die Länge ziehend, hätte er befürchten müssen, daß seine ganze Seele erschlafft. Und er dachte vielleicht, dies ist nicht der Augenblick für Tränen oder Klagen. Von was für Kränzen wollte er sprechen, was für einem Umzug, was für einer Zeremonie?
»Die Beerdigung, wir brauchen Blumen.«
»Hast du Kies?«
»Keinen Heller. Wir müssen sammeln gehen.«
»Wo?«
»In der Kirche bestimmt nicht. Bei den Kumpels. In den Bars.«
»Alle sind pleite.«
Es war kein Grabmal, was Guy für einen Toten verlangte. Er wollte einfach, daß der Pomp der Welt dem Spitzbuben, seinem von den Kugeln eines Bullen niedergestreckten Freund, zugesprochen wird. Dem Niedrigsten der reichste Blumenmantel nach den Gebräuchen der Menschen. Der Freund sollte geehrt, vor allem jedoch sollten die Elenden gerühmt werden ... mit den bekannten Riten.
»Macht dich das nicht rasend, wenn du hörst, daß ein abgeknallter Bulle eine Beerdigung erster Klasse bekommt?«
»Stört dich das?«
»Dich nicht? Und wenn der Präsident begraben wird, marschiert der ganze Schwurgerichtshof hinterher.«

Guy war außer sich. Seine Empörung war wie ein Wetterleuchten auf seinem Gesicht. Er verströmte sich ohne Maß.
»Kein Mensch hat Geld.«
»Man muß welches finden.«
»Warum gehst du nicht Blumen klauen mit seinen Kumpanen?«
»Bist du wahnsinnig?«
Er sagte es mit einer dumpfen Stimme, beschämt, mit Bedauern vielleicht. Ein Wahnsinniger kann seinen Toten ein ungewöhnliches Leichenbegängnis bescheren. Er kann, er muß die Riten erfinden. Guy nimmt bereits die rührende Haltung eines scheißenden Hundes ein. Er drückt, sein Blick ist starr, seine vier Beine drängen sich unter seinem gebogenen Körper zusammen; er zittert vom Kopf bis zu dem rauchenden Klumpen. Ich erinnere mich an meine Scham – und mein Erstaunen – angesichts einer ähnlich nutzlosen Geste, als an einem Sonntag auf dem Friedhof – nachdem sie sich umgesehen hatte – meine Pflegemutter von einem unbekannten, ganz frischen Grab eine Ringelblumenstaude ausriß und auf dem Grab ihrer Tochter einpflanzte. Irgendwo Blumen zu stehlen, um den Sarg eines verehrten Toten zu bedecken, ist eine Geste – Guy verstand es –, die den Dieb nicht befriedigen kann. Keine Art von Humor wird hier geduldet.
»Und was wollt ihr machen?«
»Irgendwas knacken, schnell. Einen Überfall.«
»Habt ihr was in Aussicht?«
»Nein?«
»Also?«
Mit zwei Kumpanen plünderten sie in der Nacht die Blumen vom Friedhof Montparnasse. Sie kletterten über die Mauer der rue Froidevaux, in der Nähe der Pissotière. Ein Riesenwitz sei es gewesen, erzählte mir Guy. Viel-

leicht ging er zuerst scheißen, wie jedesmal vor einem Einbruch. Nachts, bei Dunkelheit, hockt er sich meistens vor die Toreinfahrt oder im Hof an den Fuß der Treppe und läßt die Hose runter. Diese Vertraulichkeit gibt ihm Mut. Er weiß, daß im Argot ein Kothaufen ein Wachposten ist.
»Ich setz einen Posten vor die Tür«, sagt er. »Das beruhigt beim Raufgehen. Man fühlt sich dann weniger fremd an dem Ort.«
Mit einer elektrischen Lampe suchten sie die Rosen. Es scheint, daß man sie nur schwer von dem Blattwerk unterscheiden konnte. Eine ausgelassene Trunkenheit ließ sie zwischen den Monumenten stehlen, laufen, Witze reißen.
»Da war was los«, sagte er mir. Die Frauen bekamen den Auftrag, Kränze zu flechten und Sträuße zu binden. Die schönsten gelangen ihren Kerlen.
Am Morgen war alles welk. Sie warfen die Blumen in die Mülltonnen und die Concierge fragte sich wohl, welchen Orgien man in den Zimmern gefrönt hatte, wo gewöhnlich nie ein Blumenstrauß hinfindet, außer manchmal einer Orchidee. Die meisten der Luden wagten nicht, auf eine so armselige Beerdigung zu gehen, ihre Würde, ihre Protzerei verlangte nach mondäner Feierlichkeit. Sie schickten ihre Frauen. Guy war dabei. Als er zurückkam, erzählte er mir die ganze Trübsal.
»Wie Clochards haben wir ausgesehen. Schade, daß du nicht gekommen bist. Nichts als Nutten und Knastbrüder.«
»Oh, weißt du, die seh ich alle Tage.«
»Darum gehts nicht, Jean, es war, damit jemand antwortet, wenn die Leichenträger nach der Familie fragen. Ich hab mich geschämt.«
(Als ich in Mettray in der Strafkolonie war, befahl man mir, an der Beerdigung eines jungen Zöglings teilzunehmen,

der auf der Krankenstation gestorben war. Wir begleiteten ihn zu dem kleinen Anstaltsfriedhof. Die Totengräber waren Kinder. Nachdem sie den Sarg hinuntergelassen hatten, ich schwöre, wenn ein Leichenträger gefragt hätte, wie in der Stadt: »Die Familie?«, wäre ich vorgetreten, so winzig wie ich war, in meiner Trauer.)
»Warum hast du dich geschämt?«
Guy streckte sich ein bißchen, dann lächelte er.
»Es war wirklich zu schäbig, weißt du. Ein Armenbegängnis.«
»Wir haben die ganze Nacht gesoffen. Gut wieder da zu sein. Jetzt kann ich wenigstens meine Schuhe ausziehen.«

In sehr jungen Jahren verspürte ich den Wunsch, in Kirchen einzubrechen. Später durfte ich aus ihnen zu meiner Freude die Teppiche plündern, die Vasen und manchmal die Bilder. In M. bemerkte G. nicht die Schönheit der Spitzen. Als ich ihm sagte, daß das Meßgewand und die Altardeckchen einen großen Wert besäßen, legte sich seine quadratische Stirn in Falten. Er wollte einen Betrag wissen. In der Sakristei murmelte ich:
»Ich weiß es nicht.«
»Wieviel? Fünfzig?«
Ich antwortete nicht, ich hatte es eilig, diesen Raum zu verlassen, wo sich die Priester ankleiden, auskleiden, ihre Soutanen zuknöpfen, ihre Chorhemden schnüren.
»Was? Wieviel? Fünfzig?«
Seine Ungeduld übertrug sich auf mich, ich antwortete:
»Mehr. Hunderttausend.«
Die Finger von G. zitterten, wurden schwerfällig. Sie zerknitterten die Stoffe, die kantigen Spitzen. Sein spärlich beleuchtetes, von Gier aufgewühltes Gesicht – ich weiß nicht, ob ich es abstoßend oder wundervoll nennen soll.

Wir kamen wieder zu uns an den Ufern der Loire. Wir setzten uns ins Gras und warteten auf den ersten Güterzug.
»Du hast Glück, daß du dich auskennst. Die Spitzen hätte ich glatt dagelassen.«
Damals schlug Guy mir vor, enger mit ihm zusammenzuarbeiten. »Es genügt, wenn du mir den Tip gibst, den Rest erledige ich,« sagte er mir. Ich lehnte ab. Im Einbrechermetier kann man nicht die Ideen eines anderen ausführen. Der Agierende muß so geschickt sein, daß er reagieren kann auf etwas, was im Plan nicht vorhergesehen war. Außerdem betrachtet Guy das Leben eines Diebs wie etwas Großartiges, Strahlendes, wie Purpur und Gold. Für mich ist es düster und unterirdisch, ein Glücksspiel voller Gefahren – wie seines, aber die Gefahr ist nicht, daß man vom Dach fällt und sich die Knochen bricht, daß man bei einer Verfolgungsjagd im Auto gegen eine Mauer rast oder von einer 6/35er Kugel stirbt. Ich bin nicht gemacht für diese pompösen Spektakel, bei denen man sich als Kardinal verkleidet, um die Schatzkammer einer Basilika auszuräumen oder ein Flugzeug besteigt, um die Rivalen abzuhängen. Was soll ich mit solchen Luxus-Spielchen.
Wenn er einen Wagen klaute, richtete es Guy so ein, daß er beim Erscheinen des Besitzers losfuhr. Er war versessen darauf, die Visage des Typs zu sehen, dessen Wagen plötzlich dem Dieb gehorcht und ihn im Stich läßt. Für ihn war das ein Fest. Er stieß ein ungeheures, metallisches, etwas übertrieben künstliches Gelächter aus und schoß los wie ein Sturmwind. Wenn ich den Bestohlenen sah, seine Entgeisterung, seine Wut und seine Scham, litt ich meistens.
Als ich aus dem Gefängnis kam, trafen wir uns in einer Zuhälterbar, »La Villa«. An den Wänden hingen Photos mit Widmungen; Porträts von Animierdamen, aber vor

allem von Boxern und Tänzern. Er hatte kein Geld. Er war gerade ausgebrochen.
»Hör zu, weißt du keinen Coup?«
»Doch.«
Mit gedämpfter Stimme erzählte ich ihm von meiner Absicht, einen Freund um einige Kunstobjekte zu erleichtern und sie im Ausland zu verkaufen. (Ich hatte gerade einen Roman geschrieben – *Notre-Dame-des-Fleurs* – dessen Veröffentlichung mir ein paar reiche Beziehungen einbrachte.)
»Muß man den Typ umlegen?«
»Nicht nötig. Folgendes.«
Ich atmete durch und beugte mich zu ihm. Ich änderte den Griff meiner Hände auf der Tresenstange, verschob das Bein und schickte mich an abzuschnellen.
»Folgendes. Wir könnten den Typ für acht Tage in den Knast bringen.«
Ich kann nicht wirklich sagen, daß sich Guys Züge geregt hätten, doch sein ganzer Ausdruck war verwandelt. Sein Gesicht erstarrte und verhärtete sich. Ich schauderte plötzlich vor der Härte in seinen blauen Augen. Guy neigte den Kopf ein wenig zur Seite, ohne den Blick von mir abzuwenden, genauer, er starrte mich an, er durchbohrte mich. Plötzlich verstand ich den Ausdruck: »Ich spieß dich auf!« Er antwortete mir mit einer leisen, gleichmäßigen Stimme – die auf meinen Magen zielte. Sie drang aus seinem Mund unnachgiebig wie eine Säule, ein Rammbock. In ihrer verhaltenen Monotonie wirkte sie gestaut, kompakt.
»Wie, das sagst *du* mir, Jeannot. *Du* sagst mir, wir sollen einen Typ ins Kittchen bringen?«
Mein Gesicht blieb so reglos wie seines, ebenso hart, aber angespannter... durch die Anstrengung des Willens. Sei-

nem Gesicht, in dem sich Gewitterwolken zusammenzogen, setzte ich mein eigenes entgegen wie einen Fels, seinem Wetterleuchten und seinen Blitzen meine Kanten und Stacheln. Ich wußte, seine Unerbittlichkeit würde sich in Verachtung entladen und für einen Augenblick bot ich Trotz. Sehr rasch überlegte ich, wie ich mich aus dieser Lage befreien konnte, ohne daß er vermutete, ich hätte eine schändliche Tat geplant. Ich brauchte Zeit für mich. Ich schwieg. Und ließ zu, daß sich sein Erstaunen und seine Verachtung über mich ergossen.
»Ich kann einen Typ abknallen. Wenn du willst, leg ich ihn um, ich mach ihn fertig, deinen Kerl. Du brauchst es mir nur zu sagen. Also was, Jeannot, möchtest du, daß ich ihn umlege?«
Ich schwieg weiter und starrte ihn an. Meine Miene schien mir undurchdringlich. Guy mußte meine Gespanntheit bemerken, er mußte glauben, ich befände mich auf dem Höhpunkt eines höchst dramatischen Augenblicks durch einen Willensakt, einen Entschluß, der ihn bis zur Rührung erstaunte. Doch schreckte mich seine Strenge um so mehr, als er mir nie männlicher erschien als an diesem Abend. Er saß auf dem hohen Hocker, seine muskulösen Schenkel zeichneten sich unter dem glatten Tuch der Hose ab und auf ihnen lag seine starke, fleischige, rauhe Hand. Irgendetwas Undefinierbares, irgendein Element bestehend aus Bosheit, Torheit, Männlichkeit, Eleganz, etwas Aufgeblasenes und Schwammiges machte ihn den Zuhältern ähnlich, die uns umgaben, machte ihn zu ihrem Freund. Er zermalmte mich. »Sie« zermalmten mich.
»Weißt du nicht, was es bedeutet, einen Typ da reinzubringen? Wir haben es beide erlebt. Wirklich, so was kann man nicht machen.«

Und er selbst? Hatte er seine Freunde verraten, verzinkt? Seine Vertrautheit mit einem Kriminalinspektor hatte mich fürchten – und hoffen – lassen, er wäre eine Zuträgerin. Fürchten: denn ich lief Gefahr, denunziert zu werden, fürchten auch, weil er mir zuvorkäme mit seinem Verrat. Hoffen: denn ich hätte einen Gefährten, eine Stütze in der Verwerflichkeit. Ich begriff die Einsamkeit und Verzweiflung des Reisenden, der seinen Schatten verloren hat. Ich schwieg noch immer und starrte Guy an. Mein Gesicht blieb unbewegt. Der Augenblick mich aufzuraffen, war noch nicht gekommen. Mochte er in seiner Verwunderung herumplantschen, bis er den Boden unter den Füßen verlor. Trotzdem – seine Verachtung war unüberhörbar, denn er sagte:
»Aber Jeannot, für mich bist du wie ein Bruder. Weißt du, was das heißt? Wenn irgendein Kerl hier dich ans Messer liefern würde, ich würde ihn fertigmachen. Und du sagst mir...«
Er senkte die Stimme, denn die Luden hatten sich genähert. (Auch Huren hätten uns hören können. Die Bar war überfüllt.) Ich legte noch mehr Härte in meinen Blick. Kniff die Augenbrauen zusammen. Kaute das Innere meiner Lippen und schwieg weiter.
»Wenn mir ein anderer so was vorschlagen würde...«
Obwohl ich meinen Willen wie einen Panzer um mich gelegt hatte, fühlte ich mich gedemütigt durch die brüderliche Sanftheit seiner Verachtung. Der Ton seiner Stimme, seine Worte ließen mich schwanken. Ist er selbst ein Spitzel oder nicht? Ich werde es nie sicher wissen. Ist er einer, so kann er mich dennoch verachten für eine Tat, die er selbst begehen würde. Es ist auch möglich, daß es ihn ekelt, mich als Gefährten in der Verworfenheit zu haben, weil ich in seinen Augen nicht interessant bin oder weni-

ger strahle als irgendein anderer Dieb, den er akzeptieren würde. Ich spürte seine Verachtung. Es hätte wenig gefehlt, daß sie mich auflöst, wie einen Klumpen Zucker. Ich mußte – ohne zu übertreiben – an meiner Starrheit festhalten.
»Einen anderen als dich hätte ich zusammengeschlagen. Hörst du, Jeannot? Ich weiß nicht, warum ich dir das durchgehen lasse. Nein, wirklich, keine Ahnung.«
»Es reicht.«
Er hob den Kopf, sein Mund blieb halb geöffnet. Der Ton hatte ihn überrascht. »Wie?«
»Ich sage, es reicht.« Ich beugte mich näher zu ihm heran und legte meine Hand auf seine Schulter.
»Mein kleiner Guy; so ist es mir lieber. Ich hatte Sorge, wie ich dich mit R. (dem Polizisten) gesehen habe, wie gut Freund du mit ihm bist; mir war richtig mulmig. Ich hatte Angst, du wärst eine Zuträgerin geworden.«
»Du spinnst. Ich traf mich mit ihm, erstens weil er ein echter Gauner ist und außerdem sollte er mir Papiere besorgen. Das ist ein Typ, den bloß die Kohle interessiert.«
»Na ja. Jetzt weiß ich Bescheid, aber gestern, wie ich euch zusammen an der Theke gesehen habe, ich schwör dir, ich war ziemlich von den Socken. Denn was eine Angeberin ist, die schlägt mir auf den Magen. Kannst du dir vorstellen, was für ein Hammer das für mich war, an dir zu zweifeln, zu glauben, du wärst ein bezahlter Spitzel?«
Ich war nicht so vorsichtig wie er, als er mir seine Vorwürfe machte, und hob ein wenig die Stimme. Die Erleichterung, nicht mehr seiner Verachtung ausgesetzt zu sein, verschaffte mir Luft, ließ mich losstürzen, zu laut und zu stürmisch. Es war ein freudiges Hochgefühl, aus dieser Verachtung emporzutauchen, einer Schlägerei zu entgehen, bei der alle Zuhälter der Bar gegen mich gewesen wären –

meinerseits mich Guy überlegen zu fühlen durch die Beherrschung der Sprache. Und eine Art Mitleid mit mir selbst ließ mich ohne besondere Mühe einen anrührenden Klang in meiner Stimme finden – ich hatte ja verloren, obwohl ich nun wieder auf die Füße gefallen war. Meine Härte, meine Unbeugsamkeit hatten einen Riß erhalten und der Einbruch (den keiner von uns mehr erwähnen würde) hatte sich aufgelöst. Wir waren umgeben von angesehenen Zuhältern. Sie redeten laut aber sehr höflich. Guy sprach von seiner Frau. Ich antwortete so gut ich konnte. Eine große Tristesse legte sich wie ein Schleier um mich, durch den manchmal das Wetterleuchten meiner Wut drang. Die Einsamkeit (deren Bild eine Art Nebel oder Dunst sein könnte, der aus mir aufsteigt) – aufgerissen einen Augenblick lang durch die Hoffnung – die Einsamkeit schloß sich wieder hinter mir. Ich hätte einen Gefährten in der Freiheit haben können (denn im Grunde bin ich sicher, daß Guy ein Spitzel ist), er wird mir verwehrt. Ich hätte gern mit ihm zusammen verraten. Denn ich möchte meine Komplizen lieben können. Ich darf nicht in dieser außergewöhnlichen Einsamkeit (in der sich der Einbrecher befindet) mit einem Burschen ohne Anmut eingemauert sein. Da ich während der Handlung fast nur aus Angst bestehe (die meine Materie ist oder vielmehr mein Licht), kann es passieren, daß ich mich in die Arme meines Komplizen sinken lasse. Ich glaube nicht, daß ich ihn mir groß und stark wähle, damit er mich bei einem Fehlschlag beschützt, sondern damit panische Angst mich in die wunderbare Zuflucht seiner Armbeuge, seiner Schenkel schleudert. Es ist eine gefährliche Wahl, zu oft ist die Angst in Zärtlichkeit umgeschlagen. Zu leicht überlasse ich mich diesen schönen Schultern, diesem Rücken, diesen Hüften. Guy war begehrenswert bei der Arbeit.

Er besucht mich, aufgelöst. Es ist mir unmöglich festzustellen, ob seine Panik echt ist. An diesem Morgen trägt er eine jämmerliche Miene zur Schau. Er wirkte entspannter auf den Gängen und Treppen der Santé mit den Luden, deren Wirkung an dem Hausrock hängt, den sie für den Anwaltsbesuch überziehen. War er beschwingt durch die Sicherheit, die das Gefängnis bietet?
»Ich muß raus aus der Scheiße. Sag mir irgendeinen Coup, danach hau ich ab in die Provinz.«
Er ist versessen darauf, unter den Luden zu leben, und in seiner Entnervtheit, seiner überspannten Kopfbewegung erkenne ich den tragischen Ton der Schwuchteln und Schauspielerinnen. »Ist es möglich«, frage ich mich, »daß die ›Männer‹ auf dem Montmartre sich derart täuschen?«
»Du bringst mich in Verlegenheit. Man kann einen Einbruch nicht aus dem Ärmel schütteln.«
»Irgendwas, Jeannot. Ich knall einen ab, wenns sein muß. Ich bring es fertig, einen Typ umzulegen für zwanzig Scheine. Gestern stand ich mit einem Fuß im Bagno.«
»Das bringt mich nicht weiter«, sagte ich lächelnd.
»Du hast überhaupt keine Ahnung. Du lebst in einem Palast.«
Er ist mir lästig, was habe ich zu befürchten von Luxushotels, Lüstern, Salons, von der Freundschaft der Männer? Der Komfort wird vielleicht Kühnheiten meines Geistes ermöglichen. Und ist mein Geist weit voraus, bin ich gewiß, daß mein Körper folgen wird.
Plötzlich schaut er mich an und lächelt.
»Monsieur empfängt mich im Salon. Können wir nicht in dein Zimmer gehen? Ist da dein Jüngling?«
»Ja.«
»Ist er nett? Wer ist es?«
»Ich zeig ihn dir.«

Nachdem er uns verlassen hatte, fragte ich Lucien, was er von Guy hält. Insgeheim wäre ich glücklich gewesen, wenn sie sich geliebt hätten.
»Er sieht drollig aus mit seinem Hut. Scheußliche Klamotten.«
Und sofort spricht er von etwas anderem. Weder Guys Tätowierungen, noch seine Abenteuer, noch seine Furchtlosigkeit haben Lucien interessiert. Die Lächerlichkeit seiner Aufmachung war alles, was er bemerkt hatte. Die Eleganz der Strolche mag nicht überzeugend sein für einen Mann von Geschmack, doch sie putzen sich heraus, am Tage, besonders am Abend, mit einem ergreifenden Ernst, sorgfältig wie eine Kokotte. Sie wollen glänzen. Ihre Beschränktheit sieht nur den Körper (ärmliche Behausung eines Luden, der besser gekleidet ist als ein Prinz). Aber diese Süchtigkeit nach Eleganz, was bedeutet sie bei Guy? Was zeigt sie, wenn sie aus diesem lächerlichen, kleinen, blauen Hut besteht, dieser enggeschnittenen Jacke, diesem Kavalierstüchlein? Trotzdem, wenn er auch nicht die kindliche Anmut, die Zurückhaltung von Lucien hat – sein leidenschaftliches Temperament, sein heißeres Herz, sein loderndes Leben machen mir Guy immer noch teuer. Er könnte, wie er sagt, bis zum Mord gehen. Er kann sich an einem Abend für sich selbst oder für einen Freund ruinieren. Er ist ein Draufgänger. Und alle Qualitäten von Lucien zusammengenommen besitzen in meinen Augen vielleicht nicht so viel Wert wie eine einzige der Tugenden dieses lächerlichen Strolchs.
Meine Liebe zu Lucien und mein Glücksgefühl dabei sind bereits eine Aufforderung, eine Moral anzuerkennen, die Eurer Welt näher steht. Nicht daß ich großherziger wäre, das war ich immer, aber dieses starre Ziel, zu dem ich unterwegs bin, grausam wie die eiserne Fahnenstange auf

der Spitze eines Gletschers – so begehrenswert, so teuer meinem Hochmut und meiner Verzweiflung – bedroht meine Liebe zu sehr, scheint mir. Lucien weiß nichts von meinem Weg durch diese infernalischen Regionen. Ich gehe noch immer gern, wohin er mich führt. Wieviel berauschender, schwindelhafter, bis zum Sturz, zum Erbrechen, wäre die Liebe, die ich ihm weihe, wäre Lucien ein Dieb und ein Verräter. Aber würde er mich dann lieben? Ist es nicht seine Unterwerfung unter die Ordnung der Moral, die Sanftmut, der ich die Zärtlichkeit verdanke und seine leichte Verwirrung – in mir? Dabei möchte ich mich mit einem eisernen, eisig lächelnden Monster verbinden, das tötet, stiehlt, Vater und Mutter den Richtern ausliefert, um selbst die monströse Ausnahme zu sein, die sich dieser Abgesandte Gottes (das Monster) gewährt. Es befriedigt meinen Hochmut und meinen Hang zur inneren Einsamkeit. Luciens Liebe beseligt mich, aber ich brauche nur durch Montmartre zu schlendern, wo ich lange gelebt habe, und was ich dort erblicke, der Dreck, den ich ahne, läßt mein Herz pochen, spannt meinen Körper und meine Seele. Besser als irgendeiner weiß ich, daß es in diesen verrufenen Vierteln nichts gibt, daß sie ohne Geheimnis sind – und trotzdem bleiben sie für mich geheimnisvoll. Erneut an solchen Plätzen zu leben, im Einklang mit dem Milieu, bedeutete eine unmögliche Rückkehr in die Vergangenheit, denn die bleichen Strolche an der Ecke haben eine blasse Seele, und die schrecklichsten Luden sind von einer trostlosen Dummheit. Aber nachts, wenn Lucien in sein Zimmer zurückgekehrt ist, kauere ich mich furchtsam unter den Laken zusammen und wünschte, den Körper eines härteren, gefährlicheren und zärtlicheren Diebs zu spüren. Ich plane für demnächst das tollkühne Leben eines Gesetzlosen in den verkommensten Vierteln des verkommensten aller Häfen. Ich werde Lucien verlassen. Soll aus ihm werden, was auch immer. Ich gehe weg. Nach Barcelona, nach Rio, oder anderswohin und zuerst ins Gefängnis. Dort treffe ich Sek Gorgui wieder. Sanft wird sich der große Neger auf meinen Rücken legen. *Sanft aber mit sicherer Präzision wird sein Schwanz in mich eindringen. Er wird nicht zittern. Er kennt nicht die vorschnellen Zuckungen meines eigenen Gliedes. Seine Präsenz in mir wird mich so beglücken, daß ich vergessen werde zu »kommen«.[36] Der Neger – grenzenloser als die Nacht – wird mich zudecken. Aber alle seine Muskeln auf mir sind sich bewußt, daß sie in eine Männlichkeit münden, die sich in diesem harten, gewalttätig gestauten Punkt sammelt – während der ganze Körper unter diesem Schatz und Selbstinteresse bebt, die nur für mein Glück existieren. Wir werden uns nicht rühren. Er wird tiefer dringen. Eine Art Schlaf wird den Neger auf meine Schulter niederstrekken und in seiner erdrückenden Nacht werde ich mich nach und nach auflösen. Mein Mund wird geöffnet sein, ich werde die Lähmung des Negers fühlen, wie er in dieser finsteren Achse von seinem stählernen Sporn festgehalten wird. Ich werde leicht sein. Keine Verantwortung mehr tragen. Auf die Welt werde ich den klaren Blick richten, den der Adler Ganymed geliehen hat.

Je mehr ich Lucien liebe, desto weiter entfernt sich von mir meine Neigung zum Diebstahl und zu den Dieben. Ich bin glücklich, ihn zu lieben, aber eine große Trauer, körperlos wie ein Schatten und schwer wie der Neger, breitet sich über mein ganzes Leben, kaum auf ihm ruhend, streift es und drückt es nieder, dringt in meinen halb geöffneten Mund: es ist die Sehnsucht nach meiner Legende. Die Liebe zu Lucien macht mich mit der scheußlichen Süße

der Wehmut bekannt. Um mich von ihm abzuwenden, kann ich Frankreich verlassen. Dann würde er verschmelzen mit meinem Haß auf das Land. Aber dieses verzaubernde Kind hat die Augen, die Haare, die Brust, die Beine der idealen Strolche, jener, die ich verehre; ich hätte das Gefühl, sie zu verlassen – wenn ich ihn verließe. Sein Zauber rettet ihn.
An diesem Abend fuhr ich mit meinen Fingern durch seine Locken. Verträumt sagt er mir:
»Ich würde gern meinen Kleinen sehen.«
Dieser Satz könnte eine Härte auslösen, aber er läßt ihn schmelzen. (Bei einem Aufenthalt hatte er einem Mädchen ein Kind gemacht.) Meine Augen betrachten ihn mit größerem Ernst, auch mit mehr Zärtlichkeit. Diesen Jungen mit dem stolzen Gesicht, dem Lächeln, den lebhaften, sanften, schelmischen Augen sehe ich mit einem Blick, wie ich ihn für eine junge Gemahlin hätte. Die Verletzung, die ich diesem männlichen Wesen zufüge, nötigt mich zu einem plötzlichen Respekt, zu neuen Liebesbeweisen, und diese dumpfe, ferne, fast enge Wunde läßt ihn erschlaffen wie die Erinnerung an die Schmerzen einer Niederkunft. Er lächelt mir zu. Noch mehr Glück erfüllt mich. Ich fühle, daß meine Verantwortung größer geworden ist, als ob der Himmel – wörtlich – unsere Vereinigung gesegnet hätte. Aber wird er später bei seinen Mätressen vergessen können, was er für mich war? Und was wird aus seiner Seele werden? Von welchem Übel nie geheilt? Wird er, was das betrifft, den Gleichmut von Guy haben, das gleiche Lächeln zu dem gleichen Schulterzucken, und hinter sich schleudern, in den Wind seines lebhaften Ganges, diesen lastenden und tiefen Schmerz: die Melancholie des verletzten Mannes? Wird daraus eine Art Unbekümmertheit entstehen – allem und jedem gegenüber?

Oft hatte mir Roger eingeschärft, ich sollte ihn nicht zu lange mit den Pédés, die er aufgerissen hatte, allein lassen. Wir gingen folgendermaßen vor: sowie er aus der Pissotière oder einem Gebüsch herauskam, wo sich eine Tunte ihm genähert hatte, folgten wir ihm – Stilitano oder ich – aus einiger Entfernung bis zum Zimmer – meistens in einem kleinen Hotel, das von einer früheren Nutte geführt wurde, in einer schmutzstarren, stinkenden Straße, ich wartete einige Minuten (oder Stilitano), dann gingen wir hinauf.
»Aber nicht zu spät, Jeannot, hörst du? Nicht zu spät.«
»Er muß wenigstens Zeit haben, sich auszuziehen.«
»Klar. Aber du beeilst dich. Vor der Tür laß ich immer eine kleine Papierkugel fallen.«
Er bestand so sehr darauf und sagte es so häufig, daß ich ihm eines Tages erwiderte:
»Aber warum soll ich eigentlich so schnell machen? Du brauchst doch nur auf mich zu warten.«
»Du bist verrückt. Ich hab Angst.«
»Angst wovor?«
»*Du mußt verstehen, ich krieg einen Steifen bei jeder Gelegenheit.[37] Wenn der Typ Zeit hat, an mir rumzumachen, bin ich verloren. Ich bin nicht sicher, daß ich ihn nicht machen lasse.«
»Laß ihn doch machen.«
»Was glaubst du? Wenn ich richtig in Fahrt bin, *wäre ich fähig, mich vögeln zu lassen.[38] Auf keinen Fall. Aber sag Stil nichts davon.«
Im Walde verirrt, vom Unhold geleitet, verstreute Roger kleine, weiße Kiesel; eingekerkert von einem bösartigen Kerkermeister, machte er auf sich aufmerksam durch eine Botschaft, die er an der Tür zurückließ. Eines Abends trieb ich törichterweise meinen Scherz mit seiner Angst. Stilitano und ich warteten eine ganze Weile, bevor wir hinauf-

gingen. Als wir die Tür gefunden hatten, öffneten wir sie mit der allergrößten Behutsamkeit. Ein winziger Vorraum, eng wie eine Bettnische, trennte uns vom Zimmer. Mit einer roten Nelke zwischen den Zehen, nackt auf dem Bett liegend, charmierte Roger einen alten Monsieur, der sich langsam vor dem Spiegel entkleidete. In diesem Spiegel sah man folgendes Schauspiel: Roger führte mit einer geschickten Bewegung seinen Fuß an den Mund und griff nach der Nelke. Nachdem er einige Sekunden ihren Duft eingesogen hatte, ließ er sie durch seine Achselhöhle wandern. Der Alte war erregt. Er verheddderte sich in seinen Knöpfen, seinen Hosenträgern, er gierte nach dem jungen Körper, der sich geschickt mit Blumen bedeckte. Roger lächelte.
»Du bist meine Kletterrose«, sagte der Alte.
Bevor er diesen Satz begonnen hatte, drehte sich Roger – zuckend unter den zerknitterten Laken – auf den Bauch und pflanzte die Nelke in seinen Hintern. Nun preßte er die Wange auf das Kissen und schrie lachend:
»Und auf die wirst du klettern.«
»Hier bin ich«, sagte Stilitano und setzte sich in Bewegung.
Er war ungerührt. Seine Scham – ich habe gesagt, wie sie seine manchmal fast bestialische Gewalttätigkeit zierte, dabei weiß ich heute besser, daß diese Scham kein Gegenstand ist, kein Schleier auf der Stirn und den Händen (sie färbte Stilitano nicht), auch kein Gefühl, sondern eine Verlegenheit, eine Reibung, die verhindert, daß die verschiedenen Teile eines inneren Mechanismus gelenkig und selbstbewußt ineinandergreifen ... als weigerte sich ein Organismus, am Überschwang eines anderen teilzunehmen, es ist das Gegenteil von Freiheit ... also war es vielleicht eine alberne Feigheit, die sie hervorrief, es

widerstrebt mir, sie eine Zierde zu nennen ... nicht als ob Torheit den Gesten – sei es durch ein Zögern, oder Schroffheit – nicht manchmal eine Grazie verleiht, die sie anders nicht hätten, und daß diese Grazie eine Zierde für sie ist – doch die Scham Stilitanos war Blässe, was sie auslöste, war nicht eine Flut wirrer Gedanken, mysteriöser Wogen, es war keine Konfusion, die sie in neue, unbekannte und dennoch geahnte Gefilde entführt hätte ... ich hätte es bezaubernd gefunden, ihn an der Schwelle einer Welt zögern zu sehen, deren Enthüllung seine Wangen rötete... es war keine Liebe, sondern ein Zurückfließen des Lebens selbst ... so daß am Ende nur noch Platz war für die entsetzliche Leere der Hirnlosigkeit. Ich erkläre so gut ich kann, nur aufgrund der Färbung seiner Epidermis, Stilitanos Verhalten. Aber vielleicht gelingt es mir auf diese Weise, die ausgedorrte Figur zu beschreiben, die sich in meinem Gedächtnis festgesetzt hat – die Scham behinderte diesmal weder seine Stimme noch seinen Gang. Er schritt auf das Bett zu, drohend. Flink, viel flinker fuhr Roger in die Höhe und stürzte sich auf seine Kleider.
»Alte Sau.«
»Was erlauben Sie sich ...«
Der alte Herr zitterte. Er sah aus wie eine dieser Karikaturen, auf denen jemand in flagranti bei einem Ehebruch ertappt wird. Er stand mit dem Rücken zum Spiegel, in dem sich seine engen Schultern und seine gelbliche Glatze abzeichneten. Ein rosa Licht beleuchtete diese Szene.
»Du halts Maul. Und du«, sagte er zu Roger, »zieh dich an, aber dalli.«
Neben seinem Kleiderhaufen stehend, hielt Roger noch immer unschuldig die Purpurnelke fest. Mit der gleichen Unschuld erigierte er. *Sein Schwanz erschlaffte allmählich, ohne daß er aufhörte zu lächeln.[39] Er begann sich

anzuziehen, während Stilitano den Alten aufforderte, seine Schätze herauszurücken.
»Misthaufen. Dachtest, du könntest meinen Bruder vögeln.«
»Ich habe überhaupt nicht ...«
»Maul halten. Reich die Moneten rüber.«
»Wieviel wünschen Sie?«
»Alles.«
Stilitano sagte es so eisig, daß der Alte keinen Versuch mehr unternahm.
»Die Uhr.«
»Aber ...«
»Ich zähle bis zehn.«
Durch diese Bemerkung, die mich an meine Kinderspiele erinnerte, schien mir Stilitano noch grausamer. Ich hatte den Eindruck, daß er spielte und daß er sehr weit gehen könnte, weil es ja nur ein Spiel war. Der Alte löste die Kette, an der die Uhr hing, und sich ihm nähernd, reichte er sie Stilitano, der sie entgegennahm.
»Deine Ringe.«
»Meine Ringe ...«
Jetzt stotterte der Alte. In der Mitte des Zimmers stehend, deutete Stilitano auf die Objekte, nach denen es ihn gelüstete. Ich befand mich hinter ihm, ein wenig nach links zu, die Hände in den Taschen und beobachtete ihn im Spiegel. Ich war sicher, daß er angesichts dieser alten, zittrigen Tunte seine Grausamkeit noch übertreiben würde. In der Tat, als der Alte ihm antwortete, die verformten Gelenke hinderten die Ringe daran, vom Finger zu gleiten, befahl mir Stilitano, Wasser laufen zu lassen.
»Einseifen.«
Mit großer Gewissenhaftigkeit seifte der Alte seine Hände ein. Er versuchte, die beiden goldenen Siegelringe abzustreifen, vergeblich. Verzweifelt, voller Angst, daß man

ihm die Glieder abhacken könnte, streckte er Stilitano die Hand hin, so furchtsam unruhig, wie eine Braut am Fuße des Altars. Stilitano stand massiv – meine Erregtheit war beinahe sichtbar, als mich Monsieur B. in seinem Park vor einem mit Nelken bepflanzten Erdhügel stehenließ: »Dies ist eines meiner schönsten Blumenbeete«, sagte er mir –, würde ich seiner Trauung beiwohnen mit einem zitternden Greis, dessen Hand benetzt ist? Mit einer Sorgfalt und Präzision, die mich seltsam ironisch anmuteten, versuchte Stilitano, die Ringe abzureißen. Mit der anderen Hand stützte der Alte die Hand, die behandelt wurde. Vielleicht empfand er eine geheime Genugtuung darüber, so von einem hübschen Burschen ausgeplündert zu werden. (Ich notiere den Ausruf eines armen Buckligen, dem René, ohne ihm einen Augenblick der Lust zu gewähren, seinen einzigen Tausend-Francs-Schein entrissen hatte. »Schade, daß ich meinen Lohn noch nicht bekommen habe. Ich hätte dir alles gegeben!« Und Renés Antwort: »Du kannst ihn mir ja schicken.«) Wie man es mit Säuglingen macht, oder wie ich selbst ihm die einzige Hand einseifte, so seifte Stilitano umständlich die des Alten. Beide waren jetzt vollkommen ruhig. Sie widmeten sich gemeinsam einer einfachen Tätigkeit, die sich von selbst verstand. Stilitano zeigte keine Verbissenheit, er übte Geduld. Ich war sicher, daß durch das Reiben der Finger sich abnutzen und am Ende den gewünschten Umfang erreichen würde. Schließlich trat er von dem Alten zurück und gab ihm in aller Ruhe zwei Ohrfeigen. Er verzichtete auf die Ringe.

Ich habe diese Erzählung ein wenig ausgedehnt, aus zwei Gründen. Erstens, weil sie mir ermöglicht, eine Szene zu vergegenwärtigen, deren Reiz für mich unerschöpflich ist. Zu der Schamlosigkeit, mit der sich René den Greisen anbietet, gesellten sich einige der Elemente, in denen

mein Lyrismus seinen Ursprung hat. Zunächst die Blumen, wie sie die Robustheit eines Zwanzigjährigen begleiten. Ohne sein Lächeln aufzugeben, stellte dieser Junge seine männliche Kraft – sich unterwerfend – der zitternden Gier eines Alten entgegen. Die Brutalität, mit der Stilitano diese Zweisamkeit zerstört, und die Grausamkeit, mit der er diese Zerstörung zu Ende führt. In diesem Zimmer schließlich, vor einem Spiegel, wo soviel – trotz des Anscheins – willige und (das ist mein Eindruck) in sich selbst verliebte Jugend ... die Anwesenheit eines alten, halb entkleideten, lächerlichen, *erbärmlichen* Monsieur – dessen gedemütigte Person, eben deswegen, weil ich sie als *erbärmlich* bezeichne, mich selbst verkörperte.
Der zweite Grund: ich denke, es ist nicht alles verloren für mich, denn so gestand Stilitano, daß er Roger liebt und jener, daß er den anderen liebt. In der Schmach hatten sie sich erkannt.

Ob Lucien auf Zehenspitzen in mein Zimmer schleicht oder wie ein Sturmwind hereinfährt, ich bin stets gleichermaßen bewegt. Die Phantasiefoltern, die ich für ihn erfand, verursachen mir einen heftigeren Schmerz, als wenn er sie tatsächlich erlitten hätte. Muß ich glauben, daß meine Idee von ihm mir teurer ist als das Kind, dem sie als Vorwand, als Anlaß dient? Auch körperlich kann ich ihn nicht leiden sehen. Manchmal, in gewissen Augenblicken der Zärtlichkeit, verschleiert sich sein Blick ein wenig; die Wimpern rücken enger zusammen, eine Art Beschlag trübt sein Auge. In solchen Augenblicken zeichnet sich auf seinem Mund ein gerührtes Lächeln ab. Das Schreckliche in diesem Gesicht – denn es verursacht mir Schrecken – ist das Eintauchen in meine Liebe zu diesem Kind. Ich ertrinke darin wie in Wasser. Ich sehe, wie ich

darin ertrinke. Der Tod taucht mich hinein. Ich darf mich nicht, wenn er daliegt, zu oft über sein Gesicht beugen: ich würde darin meine Kraft einbüßen, und die ich daraus schöpfe, dient nur dazu, mich zu verlieren und ihn zu retten. Die Liebe, die ich ihm entgegenbringe, besteht aus tausend Zeichen einer tiefen Freundlichkeit, die von ihm ausgeht, aus dem Grund seines Herzens, scheinbar zufällig ausgesandte Zeichen, die sich nur an mir festhaken.
Manchmal sage ich mir, wenn wir zusammen stehlen würden, könnte er mich stärker lieben, er würde meine Liebhaber-Launen ertragen.
»Das Elend würde seine Scham aufbrechen«, sage ich mir, »die Rinde seiner Scham.«
Dann antworte ich mir, daß seine Liebe, wenn sie sich einem Gleichgestellten zuwendete, gewalttätiger wäre, daß es mehr Tumult in unserem Leben gäbe, aber daß sie dadurch nicht stärker würde. Um ihm jeden Schmerz durch mich zu ersparen, würde ich ihn eher töten. Lucien, den ich an anderer Stelle meinen Abgesandten auf Erden genannt habe, verbindet mich mit den Sterblichen. Ich bemühe mich – für ihn und durch ihn – der Ordnung zu dienen (die jene leugnet, der meine ganze Sorge gilt). Doch werde ich daran arbeiten, aus ihm ein sichtbares, bewegliches Meisterwerk zu machen. Die Gefahr liegt in den Elementen, die er mir bietet: Naivität, Sorglosigkeit, Trägheit, die Arglosigkeit seines Geistes, sein Respekt vor den Menschen. Ich werde also benutzen müssen, was mir wenig vertraut ist, doch wünsche ich, daß mir damit eine glückliche Lösung gelingt.
Hätte er mir die umgekehrten Eigenschaften geboten, ich hätte sie mit dem gleichen glühenden Herzen bearbeitet – um eine entgegengesetzte, doch ebenso erstaunliche Lösung zu finden.

Ich sagte, die Eleganz sei das einzige Kriterium einer Handlung und ich widerspreche mir nicht, wenn ich erkläre, daß ich den Verrat wähle. Verraten kann eine schöne, elegante Geste sein, aus Nervenstärke und Anmut zusammengesetzt. Ich verwerfe die Idee des Edlen, die von einer verborgeneren, fast unsichtbaren Schönheit ablenkt zugunsten einer harmonischen Form, die man anderswo aufspüren müßte als in geächteten Handlungen und Dingen. Niemand wird sich täuschen lassen, wenn ich schreibe: »Der Verrat ist schön«, und so erbärmlich sein zu glauben – so tun, als glaubte er –, ich spräche von jenen Fällen, wo er notwendig und edel ist, weil er das Gute bewirkt. Ich sprach vom niederträchtigen Verrat, den keine heroische Entschuldigung rechtfertigen kann, dem heimtückischen, schnöden Verrat, der den unedelsten Gefühlen entspringt: Neid, Haß (obschon eine gewisse Moral den Haß zu den edlen Gefühlen zu zählen wagt), Habsucht. Es genügt, daß der Verräter sich seines Verrats bewußt ist, daß er ihn begehrt und bereit ist, die Liebesbande zu zerreißen, die ihn an die Menschen fesselten. Unerläßlich, um die Schönheit zu gewinnen, ist die Liebe. Und die Grausamkeit, die sie zerbricht.

Ist er hochherzig – man versuche, mich zu begreifen –, beschließt der Schuldige, der zu sein, den das Verbrechen aus ihm gemacht hat. Eine Rechtfertigung zu finden, ist für ihn einfach, wie könnte er sonst leben? Der Hochmut gibt sie ihm ein. (Man beachte die gewaltige Kraft des schöpferischen Wortes im Hochmut wie im Zorn.) Er zieht sich in seine Schmach zurück vermöge des Hochmuts, ein Wort, welches Ausdruck der kühnsten Freiheit ist. Im Inneren seiner Schmach, in seinem eigenen Sabber, verpuppt er sich, webt er eine Seide, die sein Stolz ist. Dieses Kleid ist nicht natürlich. Der Schuldige hat es gewebt, um sich zu schützen, purpurn, um schöner zu sein. Kein Hochmut ohne Schuld. Wenn der Stolz die kühnste Freiheit darstellt – Luzifer kreuzt die Klinge mit Gott –, wenn der Stolz der Wundermantel ist – von meiner Schuld gewebt, die sich darin aufbäumt –, so will ich schuldig sein. Die Schuld erzeugt die Einzigkeit (die Verwirrung auslöschend) und wenn der Schuldige ein hartes Herz hat (denn es genügt nicht, daß man ein Verbrechen begangen hat, man muß es verdienen und verdienen, es begangen zu haben), hebt es ihn auf einen einsamen Sockel. Die Einsamkeit wird mir nicht geschenkt, ich erobere sie. Was mich zu ihr führt, ist ein Streben nach Schönheit. In ihm will ich mich definieren, meinen Umriß abstecken, aus dem Verschwommenen heraustreten, mich ordnen.

Ein Findelkind zu sein, bescherte mir eine einsame Jugend und Kindheit. Als Dieb glaubte ich an die Einzigartigkeit dieses Metiers. Ich war, sagte ich mir, eine monströse Ausnahme. In der Tat, meine Neigung und meine Diebereien hatten etwas zu tun mit meiner Homosexualität, gingen aus ihr hervor, die mich bereits in einer nicht alltäglichen Einsamkeit gefangenhielt. Meine Verwunderung war groß, als ich bemerkte, wie verbreitet der Diebstahl war. Ich tauchte ein in die vollständigste Banalität. Um ihr zu entrinnen, genügte es, daß ich mich meines Schicksals, ein Dieb zu sein und es sein zu wollen, rühmte. Und dann kam es zu einem Paradox, worüber die Dummköpfe lächelten. Man behauptet, ich sei ein schlechter Dieb. Aber was hat das für eine Bedeutung? Das Wort Dieb bezeichnet den, dessen Haupttätigkeit das Stehlen ist. Es erkennt ihn und scheidet alles übrige, was er – außer Dieb – noch ist, aus. Es ist eine Vereinfachung. Die Poesie besteht in dem schärfsten Bewußtsein, ein Dieb zu sein. Vielleicht ist das Bewußtsein jeder anderen Eigenschaft, die wesenhaft werden und Euch benennen kann, gleichermaßen Poesie. Doch es ist gut, daß das Bewußtsein meiner Außergewöhnlichkeit durch eine asoziale Aktivität benannt wird: den Diebstahl.

Ohne Zweifel verdankt der Schuldige, der sich seiner Schuld rühmt, der Gesellschaft seine Besonderheit, doch mußte er sie schon zuvor besitzen, damit die Gesellschaft sie anerkennt und daraus ein Verbrechen macht. Ich wollte ihr entgegentreten, aber sie hatte mich bereits verdammt, weniger den Dieb bestrafend als den unbeugsamen Feind, dessen eigensinnigen Geist sie fürchtete. Doch diese Besonderheit, die sie bekämpfen wird, steckte in ihr wie ein Stachel in ihrer Flanke, ein Gewissensbiß – eine Trübung – eine Wunde, aus der ihr Blut rinnt, das sie selbst nicht zu vergießen wagt. Kann ich nicht das strahlendste Geschick gewinnen, so will ich das elendste, nicht um einer unfruchtbaren Einsamkeit willen, sondern um aus einem so seltenen Stoff ein neues Werk zu schaffen.

Ich traf Guy eines Tages – nicht am Montmartre oder auf den Champs-Élysées, sondern in Saint-Ouen. Abgerissen und verdreckt stand er allein in einer Gruppe von Käufern, die ärmer und schmutziger aussahen als die Händler. Er versuchte, ein Paar Bettlaken zu verkaufen, die er gewiß aus einem Hotel gestohlen hatte. (Wie oft war ich mit solchen Bündeln beladen, die meine Silhouette und meinen Gang der Lächerlichkeit preisgaben: Bücher in der Achselhöhle, die meine Arme an jeder Bewegung hinderten, Laken und Decken, in der Taille zusammengerollt, so daß ich gedunsen schien, Regenschirme am Bein, Medaillen im Ärmel ...) Er war traurig. Java begleitete mich. Wir erkannten uns sofort. Ich sagte:
»Bist du das, Guy?«

Ich weiß nicht, was er auf meinem Gesicht las, seines bekam einen schrecklichen Ausdruck.
»Schon gut, laß mich.«
»Hör zu...«
Die Laken lagen auf seinen Unterarmen in der sehr edlen Haltung, wie Stoffe von Mannequins in Schaufenstern vorgezeigt werden. Sein Kopf neigte sich ein wenig zur Seite, als wollte er seine Worte betonen. Er sagte:
»Vergiß mich.«
»Aber...«
»Kumpel, vergiß mich.«
Die Scham, die Demütigung verweigerten ihm wohl den Speichel für einen längeren Satz. Java und ich setzten unseren Weg fort.

Um in seinem Inneren – durch Gesten, die sie leugnen oder zerstören sollen – in Fühlung zu bleiben mit den betörenden Einbrechern (deren Taten mich verzaubern), denkt sich Maurice R. Fallen aus, die er gegen sie anwendet. Seine Einfälle bezeugen seine Manie und daß er insgeheim (vielleicht ohne es zu ahnen) in sich selbst das Böse sucht. Mit ausgetüftelten Vorrichtungen hat er sein Haus gespickt. Unter einer Blechplatte entlang den Fenstern führt eine Hochspannungsleitung hindurch. Ein Klingelsystem ist eingerichtet, komplizierte Schlösser sichern die Türen usw. Er besitzt wenig, was er schützen müßte, aber auf diese Weise bleibt er in Verbindung mit dem agilen, durchtriebenen Verstand der Übeltäter.

>Gott: mein persönliches Tribunal.
>Die Heiligkeit: die Vereinigung mit Gott.
>Sie wird sein, wenn das Gericht endet, das heißt, wenn Richter und Gerichteter verschmelzen.

Ein Tribunal trennt das Gute vom Bösen. Es spricht ein Urteil, verhängt eine Strafe.
Ich werde aufhören, Richter und Angeklagter zu sein.

Junge Liebende suchen bis zur Erschöpfung erotische Situationen. Sie sind um so *neugieriger*, je armseliger ihre Phantasie und je tiefer die Liebe, die sie treibt. Im Geschlecht seiner Frau zerquetschte René Trauben, dann teilten sie und aßen sie. Manchmal bot er seinen Freunden davon an, die erstaunt waren über eine so seltsame Konfitüre. Er salbte auch seinen Schwanz mit Mousse au chocolat.
»Meine Frau ist ein Leckermaul«, sagte er.
Ein anderer meiner Geliebten ziert seine Schamhaare mit Schleifchen. Noch ein anderer hat für die Schwanzspitze seines Freundes einen winzigen Kranz aus Gänseblümchen geflochten. Mit Hingabe wird im Schlafzimmer ein phallischer Kult zelebriert – hinter dem Vorhang der zugeknöpften Hosenschlitze. Wenn eine überschäumende Phantasie, die Verwirrung nutzend, sich seiner bemächtigt – was für Feste werden gefeiert, mit Pflanzen und Tieren als Gästen, geistreich und voller Witz. In die Körperhaare von Java stecke ich die Federn, die nachts aus dem aufgerissenen Kopfkissen quellen. Das Wort Eier ist eine Rundung in meinem Mund. Ich weiß, daß mein Ernst, wenn ich diesen Körperteil erfinde, zu meiner stärksten Kraft wird. Wie der Zauberer aus seinem Hut hundert Wunder zaubert, kann ich aus ihnen jede andere Kraft zaubern.

René fragt mich, ob ich Pédés kenne, die er ausnehmen kann.
»Nicht deine Freunde natürlich, die Freunde sind heilig.«
Ich denke ein paar Minuten nach, schließlich fällt mir Pierre W. ein, bei dem Java einige Tage gewohnt hatte.

Pierre W., eine alte Tante (50 Jahre), kahl, manieriert, trägt eine Brille mit Stahlbügeln. »Wenn er Liebe macht, legt er sie auf die Kommode,« sagte mir Java, der ihn an der Côte d'Azur getroffen hatte. Zum Spaß fragte ich Java eines Tages, ob Pierre W. ihm gefällt.
»Du liebst ihn, gibs zu.«
»Du bist verrückt. Ich liebe ihn nicht. Aber er ist ein guter Kumpel.«
»Achtest du ihn?«
»Eigentlich schon. Er hat mir zu essen gegeben. Sogar Geld hat er mir geschickt.«
Er sagte mir das vor sechs Monaten. Heute frage ich ihn:
»Und bei Pierre W. – gibts da nichts zu holen?«
»Da ist nicht viel, weißt du. Er hat eine goldene Uhr.«
»Das ist alles?«
»Vielleicht hat er Geld, aber das müßte man erst finden.«
René will genauere Angaben. Er bekommt sie von Java, der sogar bereit ist, mit seinem ehemaligen Liebhaber ein Rendezvous auszumachen und ihn in einen Hinterhalt zu locken, wo René ihn ausrauben kann. Nachdem er gegangen ist, sagt mir René:
»Was für ein Miststück, Java. Um so was zu machen, muß einer wirklich ein Schwein sein. Ich würde das nicht fertigbringen.«
Eine seltsame Atmosphäre – Trauer und Gewitterstimmung – verdüstert die Welt: ich liebe Java, der mich liebt, und der Haß hetzt uns gegeneinander. Wir hielten es nicht mehr aus. Wir haßten uns. Wenn dieser Zorneshaß ausbricht, fühle ich, wie ich mich auflöse, wie er sich auflöst.
»Du bist ein Schwein.«
»Und du – ein kleiner Misthaufen.«
Zum ersten Mal entschließt er sich, er schäumt vor Wut, will mich töten, sein Zorn verhärtet ihn: er ist kein Schein-

wesen mehr, sondern ein wilder Spuk. Doch der er für mich war, löst sich auf. Der ich für ihn war, hört auf zu existieren, während in uns beiden – unser Delirium kontrollierend – die Gewißheit einer Versöhnung wacht, so tief, daß wir, wenn wir uns wiederfinden, in Tränen ausbrechen werden.

Seine Feigheit, Schlappheit, die Gewöhnlichkeit seiner Manieren und Gefühle, seine Dummheit, seine Duckmäuserei hindern nicht, daß ich Java liebe. Ich könnte hinzufügen: seine Freundlichkeit. Das Aufeinanderprallen, die Vermischung oder wechselseitige Durchdringung dieser Elemente, erzeugen eine neue Qualität, eine Art Legierung, für die es keinen Namen gibt: die physische Person Javas, sein massiver, düsterer Körper. Diese neue Qualität könnte man mit einem Kristall vergleichen – jede der genannten Eigenschaften wäre eine Facette. Java schillert. Sein Wasser – und seine Feuer – sind jene besondere Kraft, die ich Java nenne und die ich liebe. Genauer: ich liebe weder die Feigheit noch die Dummheit, ich liebe Java nicht *für* das eine oder *für* das andere, aber ihr Zusammentreffen fasziniert mich.

Man wird sich vielleicht wundern, daß aus so schwammigen Eigenschaften die scharfen Kanten eines Felskristalls entstehen und daß ich den Ausdruck von Handlungen mit Attributen einer meßbaren Welt vergleiche. Ich war fasziniert. Dieses Wort enthält die Idee des Bündels – des gebündelten Lichts, ähnlich dem Blitzen der Kristalle, das einer gewissen Anordnung der Oberflächen entspringt. Damit vergleiche ich die neue Qualität – Kraft – die aus der Schlaffheit, Feigheit usw. gewonnen wird.

Diese Kraft hat nur den Namen desjenigen, der sie ausstrahlt. Wenn die Feuerprojektile, die sich von ihm lösen, einen brennbaren Stoff finden, mich entflammen – entsteht Liebe. Ich suche, was ich in mir vergleichen könnte und die Überlegung sagt mir, es ist das Fehlen solcher Eigenschaften. Ich brenne, denn Java verbrennt mich. Meine Feder hält inne für eine kurze Meditation, die Worte, die sich meinem Geist aufdrängen, bedeuten Licht und Wärme – so spricht man gewöhnlich von der Liebe: Geblendetheit, Strahlen, Glut, Lichtbündel, Faszination, Brennen. Doch die Eigenschaften Javas, aus denen sich seine Feuer zusammensetzen, sind von eisiger Kälte. Jede für sich genommen bedeutet das Fehlen von Temperament, von Temperatur.*
Was ich geschrieben habe, gibt nicht Java wieder, sondern stellt die Idee eines Augenblicks dar, als er vor mir stand. Es ist der Augenblick unserer Trennung und da er mich verläßt, erkläre ich in einem Bild, warum ich leide. Unser Bruch war brutal und für mich schmerzhaft. Java flieht vor

---

* Javas Traum. Als er in mein Zimmer kam – denn wenn er mit seiner Mätresse schläft, besucht er mich tagsüber – erzählte mir Java seinen Traum. Zuerst aber, daß er am Tag zuvor in der Metro einen Matrosen traf.
»Es ist das erste Mal, daß ich mich nach einem hübschen Typ umdrehe«, sagt er mir.
»Hast du nicht probiert, dich an ihm zu reiben?«
»Bist du verrückt? Aber ich bin in seinen Wagen eingestiegen. Wenn er es mir vorgeschlagen hätte, ich glaube, ich wäre einverstanden gewesen, Liebe mit ihm zu machen.«
Und dann beschreibt er mir hingebungsvoll den Matrosen. Danach erzählt er mir den Traum, den er in der Nacht nach dieser Begegnung hatte. In dem Traum ist er als Schiffsjunge auf einem Schiff und ein anderer Matrose verfolgt ihn mit einem Messer. Als dieser ihn zwischen den Tauen eingeholt hatte, stürzt Java vor dem gezückten Messer auf die Knie und sagt:
»Ich zähle bis drei. Töte mich, wenn du kein Feigling bist.«
Kaum hatte er das letzte Wort gesprochen, löste sich die ganze Szene auf.
»Danach«, sagte er mir, »habe ich einen Arsch gesehen.«
»Und dann?«
»Bin ich aufgewacht.«

mir. Sein Schweigen, seine flüchtigen Küsse, seine flüchtigen Besuche – er kommt auf dem Fahrrad – sind eine Flucht. Unter den Kastanienbäumen auf den Champs-Élysées machte ich ihm eine leidenschaftliche Liebeserklärung. Ich habe leichtes Spiel. Was mich noch immer an ihn fesselt und gerade in dem Augenblick, in dem ich ihn verlasse, ist seine Ergriffenheit, seine Verwirrung angesichts meiner Entschlossenheit, die Brutalität dieses plötzlichen Bruchs. Er ist überwältigt. Was ich ihm sage – über uns, über ihn vor allem – macht uns zu zwei so schmerzerfüllten Wesen, daß seine Augen sich verschleiern. Er ist traurig. Seine stumme Betrübnis gibt ihm einen poetischen Glanz, der ihn noch verführerischer macht, denn nun funkelt er im Dunst. Ich binde mich stärker an ihn, jetzt, da ich ihn verlassen muß.
Seine Hand, die nach der Zigarette greift, die ich ihm reiche, ist zu schwach, zu fein für die schweren Muskeln seines Körpers. Ich erhebe mich, ich küsse ihn und sage ihm, daß dieser Kuß der letzte ist.
»Nein, Jeannot, ich werde dir noch andere geben«, sagte er. Als mir einige Minuten später diese Szene vor Augen trat, hatte ich plötzlich die Gewißheit, daß die Zerbrechlichkeit seiner Hand, ohne daß ich es zunächst klar erkannte, meinen Entschluß endgültig und unwiderruflich gemacht hat.
Seine Finger, wie sie von den zerquetschten Mistelkugeln an Neujahr verklebt waren. Sein Sperma, die Hände voll.
Unser Zimmer ist verdunkelt von feuchter Wäsche. Sie trocknet auf Schnüren, die quer von einer Wand zur anderen gespannt sind. Diese Hemden, Slips, Taschentücher, Socken, Handtücher, Unterhosen rühren die Seele und den Körper der zwei Kerle, die sich das Zimmer teilen. Brüderlich sinken wir in den Schlaf. Wenn seine Handflä-

chen, lange in Seifenlauge getaucht, weicher sind, gleicht er es aus durch größere Gewalt, wenn wir uns lieben.
*Nach unserem Streit, bei dem ich ihn beschimpfte mit einer Grausamkeit, die ein Beweis meiner Zärtlichkeit war, warf ich ihm vor, feige zu sein und daß er sich ficken ließe aus Schwäche für zu wenig Geld (er versicherte mir, er hätte einmal seinen Arsch mit gespreizten Fingern geschützt. »Der Alte glaubte, er vögelte mich, aber da war nichts dran, er fickte bloß die Hand. Ich stellte mich schlafend. Er hat in meine Finger gespritzt.« Wir waren in diesem Zimmer, stießen uns an der noch nassen, aufgehängten Wäsche. Plötzlich nahm ich seinen Kopf in meine Hände und lächelte ihm zu. Die Hoffnung kehrte in ihn zurück, stieg von seinem Herzen zum Mund, der lächelte. Seine Augen wurden feucht. Hinter meinem Hosenschlitz wachte mein Schwanz. Das Blut strömte in ihn ein, ließ ihn schwellen. Er stand dieser intimen Versöhnung vor. Er wollte es sich nicht nehmen lassen, bei diesem Fest dabei zu sein. Zärtlich legte ich Javas gefügige Hand auf den Hügel. Freundlich beugte er den Kopf.[40]

In jeder größeren Stadt Frankreichs kenne ich wenigstens einen Dieb, mit dem ich zusammengearbeitet – oder mit dem ich im Gefängnis Pläne geschmiedet, Einbrüche vorbereitet oder angestiftet habe. Bei ihnen wäre ich sicher, einen Beistand zu finden, wenn ich mich allein in der Stadt befände. Diese über ganz Frankreich und manchmal auch jenseits der Grenzen verstreuten Burschen – auch ohne daß ich sie häufig sehe – sind mir eine Stärkung. Es beruhigt mich und ich bin glücklich zu wissen, daß sie am Leben, daß sie tätig und schön sind und sich irgendwo im Schatten verkrochen haben. Das kleine Adressbuch in meiner Tasche mit ihren chiffrierten Namen ist ein Trost.

Es ist ein Schatz, der die gleiche Macht wie ein Geschlecht besitzt. Ich übertrage: Jean B. in Nizza. Getroffen eines Nachts in den Jardins Albert Ier. Er hatte nicht den Mut mich niederzuschlagen, um mir mein Geld abzunehmen, aber er nannte mir die Affäre vom Mont-Boron. René D. in Orléans, Jacques L. und Martino, zwei in Brest verbliebene Matrosen. Sie habe ich kennengelernt im Gefängnis von Bougen. Wir schmuggelten gemeinsam Rauschgift. Dédé le Niçois, in Cannes, ein Lude. In Lyon: Zuhälter, ein Neger und ein Bordellwirt. Zwanzig Bekannte in Marseille. Gabriel B. in Pau. Usw. Ich habe gesagt, sie sind schön. Nicht von einer regelmäßigen Schönheit, sondern von einer anderen, die aus Kraft und Verzweiflung besteht und vielen Eigenschaften, deren Nennung einer Erklärung bedarf: Scham, Verschlagenheit, Trägheit, Resignation, Verachtung, Unlust, Tapferkeit, Feigheit, Angst... die Liste wäre lang. Diese Eigenschaften sind in das Gesicht oder den Körper meiner Freunde geschrieben. Sie drängeln sich dort, fallen übereinander, bekämpfen sich. Daher sage ich, sie besitzen eine Seele. Wir sind Komplizen und außerdem verbindet uns eine geheime Absprache, etwas wie ein zarter Pakt, den ein Geringes anscheinend zerreißen könnte, aber den ich zu hüten weiß und mit gewandten Fingern lenke: es ist die Erinnerung an unsere Liebesnächte, oder eine kurze verliebte Unterhaltung, eine lächelnd hingenommene flüchtige Berührung, der verhaltene Seufzer einer erahnten Wollust. Ich durfte mich an ihren Rauheiten aufladen wie an den Polen eines elektrischen Stroms. Ich glaube, sie alle ahnten, daß sie mich ermutigten, mir Auftrieb gaben und Zuversicht, daß ich durch sie Kraft speicherte, damit ich sie beschütze. Doch ich bin allein. Das Büchlein in meiner Tasche beweist, daß ich solche Freunde hatte; aber ihr Leben ist unzusammenhängend wie das meine und tatsächlich weiß ich nichts über sie. Die meisten sind wahrscheinlich im Gefängnis. Und die übrigen? Durch welchen Zufall würden wir uns begegnen und in welcher Gestalt? Doch wenn auch die Gegensätze von gemein und edel weiterbestehen, ich wußte bei ihnen die Augenblicke des Stolzes, der Härte zu unterscheiden und sie als verstreute Elemente einer Unerbittlichkeit wahrzunehmen, die ich in mir vereinen möchte, um daraus ein Meisterwerk des Willens zu schaffen.

Armands physische Erscheinung – er hatte eine Seefahrerstatur, massiv und matt, sein Auge war bleiern, der Schädel kurzgeschorener, die Nase eingedrückt, nicht durch einen Fausthieb, sondern weil er gegen die Glaswände gestoßen ist, die uns von Eurer Welt trennen – beschwört das Bild der Strafkolonie herauf, deren strahlendster Vertreter er in meinen Augen war. Er zog mich an, ich stürzte ihm entgegen und jetzt wage ich verzweifelt, mich in ihn zu versenken. Das Mütterliche, das ich in ihm ausmachte, ist nicht weiblich.

Manchmal rufen sich die Männer zu: »Na, Alte?«
»Salut, du Luder.«
»Da ist sie ja, die Gerissene!«
Solche Bräuche gehören zur Welt des Elends und des Verbrechens. Des bestraften Verbrechens, das sichtbar – oder im Inneren – eine Blume zur Schau trägt (genauer: eine Lilie, denn das Zeichen der Brandmarkung war die Lilie). Es sind Zurufe, die den Verfall von Männern andeuten, die einst stark waren. Als Erniedrigte können sie die Zweideutigkeit ertragen. Ich glaube, sie sind bereit, sich selbst zu befruchten, Eier zu legen und auszubrüten, ohne daß der grausame Stachel des Männchens stumpf wird.

Unter den niedrigsten der Bettler sagt man zueinander:

»Was macht die Walz? (oder: die Kabylei?)...« Guyana ist ein weiblicher Name, in dem alle diese Männer aufgehoben sind, die man die Harten nennt. Es ist eine tropische Gegend am Gürtel der Welt, fieberträchtig – es ist das Goldfieber –, wo in Dschungelsümpfen grausame Volksstämme lauern. Auf sie nehme ich Kurs (nicht meine physische Person, sondern ihr Bewacher) – denn verschwunden ist die ideale Region des Unglücks und der Buße und in meine Furcht mischt sich ein tröstender Rausch. Jeder der Unerbittlichen, die dort umherirren, ist männlich geblieben – nicht anders als die der Walz und der Kabylei – aber das Scheitern hat ihn die Nutzlosigkeit jedes Beweises gelehrt. Armand war ein Mann, abgeschlafft. Wie die Helden auf den Lorbeeren, so schlief er auf seinen Muskeln, ruhte in seiner Kraft – und auf ihr – aus. Seine Faust auf dem schwächlichen Nacken, wenn er brutal den Kopf eines Kindes niederbeugte *bis zu seinem Glied[41] – es war Gleichgültigkeit oder weil er die rauhen Bräuche einer Welt nicht vergessen hatte, in der er lange lebte und aus der er nun zurückgekehrt war. Mir schien er gütig, denn er bot mir eine Gastlichkeit, die so genau meine verborgensten Wünsche erfüllte (die ich mit der größten Mühe, dem größten Schmerz entdecke). Meine Sehnsucht heißt Guyana. Nicht der geographische Ort, der heute entvölkert, entmannt ist – sondern die Nähe, die Promiskuität (nicht im Raum, sondern im Bewußtsein) der großen Archetypen des Unglücks. Guyana ist gütig. Der Atem, der es emporhebt und senkt in einem langsamen, schwerfälligen, regelmäßigen Rhythmus, wird durch eine Hülle von Güte gelenkt. Dieser Ort grausamster Trockenheit und Unfruchtbarkeit erweckt plötzlich die Vorstellung von Güte, das Bild einer mütterlichen Brust, erfüllt von einer beruhigenden Kraft – aus der ein etwas ekelerregender

Geruch aufsteigt und mir einen schmählichen Frieden gewährt. Die jungfräuliche Mutter und Guyana: ich nenne sie Trösterinnen der Bekümmerten.

Wenn ich mir Armand vorstelle, der solche bösartigen Eigenschaften vereint, sehe ich keine grausamen Bilder, vielmehr die allerzärtlichsten, solche, durch die ich meine Liebe nicht für ihn, sondern für Euch ausdrücken würde. Nachdem ich Belgien verlassen hatte, wurde ich von einer Art Reue oder Scham heimgesucht, so daß ich im Zug nur an ihn dachte, und da ich keine Hoffnung hatte, daß er je wieder vor mich hintreten würde – vor meine Hände und meine Augen –, machte ich mich an die kuriose Verfolgung seines Phantoms: während der Zug mich von ihm entfernte, mußte ich versuchen, den Raum und die Zeit, die mich von ihm trennten, zu verkürzen, sie wieder einzuholen durch ein immer rascheres Denken ... doch mehr und mehr drängte sich mir die Idee seiner Güte auf und nahm Gestalt an (einziger Trost für den Verlust Armands) – und als der Zug (er durchfuhr zunächst einen Tannenwald und vielleicht war es das unvermittelte Auftauchen einer hellen Landschaft, dieser brutale Bruch mit dem wohltuenden Schatten der Tannen, was die Vorstellung einer Katastrophe vorbereitete) bei Maubeuge mit entsetzlichem Lärm eine Brücke überquerte, dachte ich plötzlich, wenn die Brücke einstürzen und der Zug, in zwei Teile gerissen, in den Abgrund fallen würde, hätte diese Güte (die mich erfüllte und meine Handlungen lenkte) genügt, die beiden Hälften des Zuges zusammenzufügen, die Brücke wiederherzustellen und die Katastrophe zu vermeiden. Nachdem das Viadukt überquert war, fragte ich mich sogar, ob es sich nicht tatsächlich so zugetragen hatte. Der Zug setzte seinen Weg auf den Schienengeleisen fort. Die französische Landschaft drängte Belgien hinter mir zurück. Armands Güte bestand nicht darin, das Gute zu tun: die Idee Armands, sich entfernend von seinen Knochen und Muskeln, wurde ein dunstiges Element, in das ich flüchtete und diese Zuflucht war so beseligend, daß ich aus ihrem Inneren Botschaften der Dankbarkeit in die Welt aussandte. In ihm hätte ich die Billigung meiner Liebe zu Lucien gefunden. Anders als Stilitano hätte er das Gewicht dieser Liebe angenommen. Armand saugte mich auf. Seine Güte löste in mir eine Ergriffenheit aus, in der Bilder des Friedens entstehen. Die Sprache bringt es zum Bewußtsein.

Sich ihrer Trägheit überlassend, bleiben Stilitano, Pilorge, Michaelis, die Luden alle und Gauner, denen ich begegnet bin, aufrecht, nicht streng, aber gefaßt, ohne Zärtlichkeit; sogar in der Wollust oder beim Tanzen, verharren sie in sich, spiegeln sich, betrachten ihre Männlichkeit, die sie glänzen läßt, als hätte man sie in Öl getaucht – während ihnen gegenüber, ungerührt durch diese ungestüme Präsenz, üppige Mätressen sich spiegeln, in sich selbst versunken, isoliert allein durch ihre Schönheit. Ich möchte sie zu Sträußen vereinen, diese schönen Knaben, sie absondern von der Welt. Vielleicht würde dann ein Reiz den unsichtbaren Stoff, der sie begrenzt, zum Schmelzen bringen: im Schatten Armands könnten sie sich entfalten und blühen, und mir zu Ehren jene Feste geben, die der Stolz meines idealen Guyana sind.

In meiner Kindheit war das Sakrament der Buße bloß ein verschämtes, verstocktes Geschwätz, ein Schatten hinter dem Gitter des Beichtstuhls und einige hergeleierte Gebete; heute entfaltet es seinen ganzen irdischen Prunk: auf dem kurzen Gang zum Schafott oder bei dieser Fahrt über das Meer, die sich lebenslänglich in einer Fabelwelt fortsetzt. Ich brauche nicht zu beschreiben, was Guyana strahlend und düster erscheinen läßt: die Nächte, die Palmen, die Sonnen, das Gold – man findet es im Überfluß auf den Altären.

Wenn ich in Eurer Welt leben müßte, die mich doch empfängt (der Gedanke ist mir unerträglich), ich würde daran sterben. Heute, da ich als Sieger in einem erbitterten Kampf eine scheinbare Waffenruhe vereinbart habe, lebe ich in Eurer Welt im Exil. Ich will nicht wissen, ob ich nach dem Bagno verlange, um ein mir nicht bekanntes Verbrechen zu sühnen, mein Begehren ist so heftig, daß man mich wohl oder übel dorthin bringen muß. Ich habe die Gewißheit, daß ich nur dort ein Leben weiterführen kann, das abgetrennt wurde, als ich in die Welt eintrat. Von der Sorge um Ruhm und Reichtum befreit, mit langsamer, peinlicher Geduld, werde ich die peinigenden Gesten der Bestraften vollbringen. Tag für Tag werde ich mich der Arbeit hingeben, einer Regel gehorchend, welche keine andere Autorität besitzt als die Ordnung, die das Gefängnis unterjocht und erschafft. Ich werde mich verzehren. Die ich dort wiederfinde, werden mir helfen. Ich werde werden wie sie: geschliffen, poliert.

Aber ich spreche von einem aufgelassenen Bagno. Ich erschaffe es insgeheim neu und lebe darin im Geiste, so wie die Christen die Passion erleiden. Es gibt nur den Weg über Armand, der sich fortsetzt im Spanien der Bettler, der schmachvollen, geschändeten Armut.

Ich schreibe diese Notizen im Alter von fünfunddreißig Jahren. Was ich mir für den Rest meines Lebens wünsche, ist das Gegenteil von Ruhm.

Stilitano war weniger gewunden als Armand. In meiner Vorstellung gleicht Armand dem sich ausdehnenden All. Er schrumpft nicht auf observierbare Grenzen, sondern verformt sich, je länger ich ihm folge. Stilitano dagegen ist

umrissen. Auch die unterschiedliche Natur der Spitzen, mit denen sie handelten, bezeugt es. Armand erregte sich nicht sofort, als Stilitano über sein Talent zu lachen wagte, er beherrschte seine Wut und ich glaube nicht, daß Stilitanos Bemerkung ihn verletzt hat. Er rauchte bedächtig seine Zigarette weiter, dann sagte er:
»Vielleicht findest du mich bescheuert? Du hältst mich für ein Arschloch?«
»Das hab ich nicht gesagt.«
»Weiß ich schon.«
Er rauchte mit abwesendem Blick. Ich war Zeuge einer der zahlreichen Kränkungen, die Armand erlitten haben mußte. Sein Stolz bestand nicht nur aus kühnen oder auch nur achtbaren Elementen. Schönheit, Kraft, seine Stimme, die Unerschrockenheit hatten ihm nicht immer zum Sieg verholfen, da er sich doch wie ein Kümmerling einer Klöpplerinnenlehre unterziehen mußte – Unterweisungen, wie man sie Kindern gibt, denen man höchstens Papier anvertraut.
»Man sollte es nicht glauben«, sagte Robert, den Kopf über den Ellbogen, die er auf den Tisch gestemmt hatte.
»Was sollte man nicht glauben?«
»Naja, daß du weißt, wie man so was macht.«
Er wagte nicht, das Elend ohne Umschweife anzusprechen: Robert zögerte, während er sprach. Stilitano lächelte. Ihm war klar, daß Armand litt. Er fürchtete – ebenso wie ich – die Frage, die Robert nicht zu stellen wagte:
»Wo hast du das gelernt?«
Ein Docker, der sich näherte, ließ sie in der Schwebe. Er nannte eine Uhrzeit, als er dicht an Armand vorüberging: elf. Die Melodien des elektrischen Klaviers beschwingten den dichten Rauch der Bar, in der wir uns befanden.
Armand antwortete: »In Ordnung.«

Sein Gesicht hatte denselben traurigen Ausdruck wie zuvor. Es gab wenig Huren, und der Umgangston war herzlich und einfach. Wenn sich ein Mann von seinem Stuhl erhob, hatte er keine Hintergedanken.

Später sagte ich mir, als ich an seine fleischigen Finger dachte, daß die Papierspitzen, die aus ihnen herauswuchsen, häßlich sein mußten. Armand war zu ungeschickt für solche Arbeiten, es sei denn, er hätte sie im Bagno oder im Gefängnis erlernt. Die Fertigkeit der Sträflinge ist allerdings erstaunlich. In ihren Verbrecher-Fingern sieht man manchmal feine, fragile Kunstwerke, hergestellt aus Enden von Streichhölzern, Pappe, Schnüren, allem möglichen. Ihr Stolz ist wie der Stoff, aus dem die Kunstwerke sind: er ist demütig und fragil. Besucher beglückwünschen manchmal die Sträflinge zu einem Tintenfaß – aus einer Nuß geschnitzt – so wie man einen Affen oder einen Hund lobt: staunend über so viel Schlauheit und List.

Nachdem sich der Docker entfernt hatte, blieb Armands Miene unverändert.

»Wenn du glaubst, daß man alles können muß – bist du wirklich ein mieses Arschloch.«

Ich erfinde die Worte, aber ich habe den Ton der Stimme nicht vergessen. Es war ein gedämpftes Grollen, das Gewitter pochte mit leichtem Schlag gegen die herrlichsten Stimmbänder der Welt. Armand erhob sich, noch immer rauchend.

»Gehen wir«, sagte er.

»Gehen wir.«

Mit diesen Worten beschloß er, daß man zu Bett gehen würde. Stilitano zahlte, Armand ging hinaus, führte die Eleganz vor, die ihm am teuersten war: den eiligen Gang. Er ging auf der Straße. Die Behendigkeit war die gleiche.

Außer daß er an diesem Abend keinen Kalauer von sich gab, keinen seiner gewohnten Sprüche, die ihm den Ruf eines Rüpels eingebracht hatten. Ich glaube, er verschluckte seinen Kummer. Er lief rasch, den Kopf starr in die Höhe gereckt. Neben ihm trug Stilitano seine Ironie zur Schau, Robert seine jugendliche Frechheit. Ich ging in ihrer Nähe, sie waren in mir, ich war ihr Bewußtsein, in dem sie sich spiegelten. Es herrschte eine große Kälte. Diese stämmigen Kerle, die ich begleitete, waren verfroren. Tief in ihren Taschen vergraben, trafen sich ihre Hände an der empfindlichsten Stelle des Körpers, zerrten am Zwilch, so daß sich die Hinterbacken abzeichneten. Keiner sprach.
An der rue du Sac angekommen, gab Stilitano Robert und Armand die Hand und sagte:
»Ich passe noch ein bißchen auf Sylvia auf, bevor ich heimgehe. Kommst du mit, Jeannot?«
Ich begleitete ihn. Wir stolperten eine Weile wortlos über die Pflastersteine. Stilitano lächelte. Ohne mich anzuschauen, sagte er:
»Du bist ziemlich intim geworden mit Armand.«
»Ja. Warum?«
»Oh, nichts Besonderes.«
»Ja, und?«
»Einfach so.«
Wir gingen weiter, entfernten uns von dem Ort, wo Sylvia arbeitete.
»Sag mal.«
»Was?«
»Wenn ich Kohle hätte, brächtest du es fertig, mich übers Ohr zu hauen?«
Aus Prahlerei – und weil ich schon wußte, daß meine Verwegenheit nur eine Formel sein konnte – antwortete ich:

»Ja. Warum nicht, wenn es sich lohnt.«
Er lachte.
»Und Armand? Hättest du den Mumm?«
»Warum fragst du?«
»Antworte.«
»Und du?«
»Ich? Warum nicht? Wenn er einen großen Haufen hat. Ich bescheiß ja auch die andern, es gibt keinen Grund. Und du, sag schon.«
Durch den Tempuswechsel, das plötzliche Präsens anstelle des Konditionals, begriff ich, daß wir uns soeben darauf geeinigt hatten, Armand zu beklauen. Aus Berechnung und Scham hatte ich Zynismus geheuchelt, als ich Stilitano erklärte, ich würde ihn bestehlen. Diese Grausamkeit zwischen uns hob die Grausamkeit gegenüber einem Freund auf. Wir hatten begriffen, daß uns etwas einte, daß unsere Komplizenschaft nicht dem Interesse entsprang, sondern aus der Freundschaft geboren war. Ich entgegnete:
»Es ist gefährlich.«
»Nicht übermäßig.«
Ich war überwältigt bei dem Gedanken, daß Stilitano die Freundschaft mit Robert in den Wind schlagen mußte, um mir einen solchen Vorschlag zu machen. Aus Dankbarkeit hätte ich ihn geküßt, wenn sein Lächeln nicht ein Schirm gewesen wäre. Schließlich fiel mir ein, daß er Robert vielleicht dieselbe Frage gestellt und jener sich geweigert hatte. Vielleicht versuchte Robert in diesem Augenblick sogar, zwischen Armand und ihm eine ähnlich innige Beziehung herzustellen, wie sie zwischen Stilitano und mir bestand. Doch ich hatte die Gewißheit, in diesem Über-Kreuz-Spiel meinen Kavalier gewählt zu haben.
Stilitano verlangte von mir, daß ich – bevor Armand Zeit

hätte, es nach Holland oder Frankreich zu schmuggeln – ein Opiumpaket entwende, welches ihm Matrosen der l'Aruntai – eines unter brasilianischer Flagge fahrenden Frachters – aushändigen würden.
»Was kümmert dich Armand? Wir beide waren zusammen in Spanien.«
Von Spanien sprach Stilitano wie von einem Heldenleben. Die Nacht war eisig und feucht.
»Armand – da brauchst du dir nichts vorzumachen, wenn der einen Typ aufs Kreuz legen kann...«
Da ich nicht genug Kraft besaß, moralische Gesetze zu verordnen und durchzusetzen, mußte ich die üblichen Ausflüchte benutzen, die Rolle des Rächers übernehmen, um meine Verbrechen zu verteidigen.
»... er hat keine Skrupel. Man erzählt alles mögliche über ihn. Frag die Kerle, die ihn gekannt haben.«
»Wenn er erfährt, daß ich es war...«
»Er wird es nicht erfahren. Du brauchst mir nur zu sagen, wo er es versteckt. Wenn er rausgeht, steig ich in seine Bude rauf.«
Ich versuchte Armand zu retten und meinte:
»Ich glaub nicht, daß er das Zeug in seinem Zimmer läßt. Sicher hat er ein Versteck.«
»Man wird es finden. Du bist zu schlau, als daß du es nicht rausbringen würdest.«
Sicher hätte ich Armand nicht verraten, bevor er mir die Achtung bekundete, von der ich oben sprach. Allein der Gedanke hätte mich abgestoßen. Solange er mir nicht sein Vertrauen geschenkt hatte, war ein Verrat sinnlos: ich wäre nur der einfachen Regel gefolgt, die mein Leben beherrschte. Doch jetzt liebte ich ihn. Ich erkannte seine Allmacht an. Und wenn er mich nicht liebte, so nahm er mich doch in sich auf.

Seine Macht über mich war so absolut, so umfassend, daß sie jede gedankliche Auflehnung ausschloß. Ich konnte meine Unabhängigkeit nur beweisen, indem ich nach meinen Gefühlen handelte. Die Vorstellung, Armand zu verraten, erleuchtete mich. Ich fürchtete und liebte ihn zu sehr, als daß ich nicht den Wunsch gehabt hätte, ihn zu täuschen, zu verraten, zu bestehlen. Ich spürte im voraus die ängstliche Lust, die mit dem Frevel einhergeht. Wenn er Gott war (er hat das Mitleid gekannt) und wenn er sein wohlgefälliges Auge auf mich richtete – tat es mir wohl, ihn zu verleugnen. Besser noch: Stilitano, der mich nicht liebte und den ich nicht hätte verraten können, half mir dabei. Sein spitzes Naturell paßte wunderbar zu diesem Bild: ein Stilett, welches das Herz durchbohrt. Die Stärke des Teufels, seine Macht über uns beruhen auf seiner Ironie. Seine Verführung ist vielleicht nur sein Gleichmut. Die Heftigkeit, mit der Armand die Regeln leugnete, bewies seine eigene Kraft – und die Macht dieser Regeln über ihn. Stilitano lächelte über sie. Seine Ironie löste mich auf. Schließlich besaß sie die Kühnheit, sich in einem sehr schönen Gesicht auszudrücken.
Wir betraten eine Bar und Stilitano erklärte mir, was ich zu tun hätte.
»Hast du Robert etwas gesagt?«
»Du bist verrückt. Das ist unter uns.«
»Und du glaubst, es bringt was ein?«
»Und ob. Dieser Geizkragen! Er hat einen sagenhaften Coup gelandet in Frankreich.«
Es schien, als hätte Stilitano schon lange darüber nachgedacht. Ich sah, wie er aus der Heimlichkeit eines nächtlichen Lebens – das sich unter meinen Augen abgespielt hatte und mir verborgen geblieben war – wieder auftauchte. Hinter seinem Lachen hatte er auf der Lauer gelegen. Als

wir die Bar verließen, kam ein Bettler auf uns zu; er wollte ein paar Sous.
Stilitano betrachtete ihn verächtlich.
»Mach es wie wir, mein Junge. Wenn du Geld brauchst, nimm es dir.«
»Wo gibts denn welches? Könnt ihr mir das sagen?«
»In meiner Tasche. Hol es dir, wenn du willst.«
»So seht ihr aus. Aber wenn einer...«
Stilitano verweigerte das Gespräch, das sich in die Länge zog und bei dem er Gefahr lief, den Kürzeren zu ziehen. Er verstand es, einen Schnitt zu machen, der ihn streng erscheinen ließ und seiner Erscheinung einen klaren Umriß gab.
»Wenn wir welches wollen, nehmen wir es, wo es ist«, sagte er mir. »Sollen wir uns mit einem Clochard einlassen?«
Hatte er verstanden, daß dies der Augenblick war, um mir eine Lektion in Strenge zu erteilen, oder mußte er sich selbst seines Egoismus vergewissern? Stilitano sagte es mit so ausgeklügelter Beiläufigkeit, daß dieser Rat in der nebelschwangeren Nacht so etwas wie eine philosophische Wahrheit wurde, ein bißchen arrogant, was meiner zum Mitleid neigenden Art gefiel.
»Du hast recht«, sagte ich, »nicht er geht in den Knast. Soll er sich was einfallen lassen, wenn er nicht zu feige ist.«
Mit diesem Satz schändete ich nicht nur die kostbarste Zeit meines Lebens (auch wenn sie es nur im Verborgenen war) – ich machte es mir bequem in meinem Diamant-Reichtum, in dieser Stadt der Diamantenschleifer, in dieser Nacht des einsamen Egoismus voll schillernder Facetten.
Wir näherten uns wieder dem Ort, wo Sylvia arbeitete, aber

es war spät, sie war nach Hause gegangen.* (Ich bemerke, daß für seine Frau die Ironie erlosch. Er sprach von ihr ohne Freundlichkeit, ohne ein Lächeln.) Da die Prostitution in Belgien nicht wie in Frankreich reglementiert war, konnte ein Zuhälter ohne Gefahr mit seiner Frau zusammenwohnen. Stilitano und ich machten uns auf den Weg zum Hotel. Er war so geschickt, unser Vorhaben nicht weiter zu erwähnen und sprach stattdessen über unser Leben in Spanien.
»Du warst richtig verknallt damals.«
»Und jetzt?«
»Jetzt? Noch immer?«
Ich glaube, er wollte sich meiner Zuneigung vergewissern und ob ich Armand seinetwegen verlassen würde. Es war drei oder vier Uhr morgens. Wir kamen aus einem Land, in dem das Licht und die Geräusche gewalttätig sind.
»Nicht wie früher.«
»Echt?«
Er lächelte, schaute mich im Gehen von der Seite an.
»Was ist los?«
Stilitanos Lächeln war entsetzlich. Der Wunsch – wie so oft und vor allem seit dieser Zeit – stärker zu sein als ich bin, meine Natur zu überwinden, sie zu belügen, hatte mich einen Satz aussprechen lassen, der – obwohl in ruhigem Ton vorgebracht – eine Herausforderung war – wie die Prämisse eines Theorems, die ich erklären mußte. Die Erklärung, und nicht umgekehrt mußte die Veränderung zeigen.
»Es ist alles in Ordnung.«

---

* Wir entfernten uns eilig, denn es ist ein bekanntes Anzeichen: wenn sich die Huren nicht an ihren Standorten aufhalten, sind die Bullen in der Nähe. »Keine Nutten, viele Bullen«, heißt es im Milieu.

»Und? Ich gefall dir nicht mehr. »
»Ich liebe dich nicht mehr.«
»Ah!«
*Ich fühlte, wie ich erigierte.[42] In diesem Augenblick gingen wir unter einer Eisenbahnbrücke hindurch. Dort war es noch dunkler. Stilitano blieb stehen und schaute mich an. Er trat einen Schritt vor. Ich wich nicht von der Stelle. Seinen Mund fast auf meinem murmelte er:
»Du bist ein Aas, Jean. Das gefällt mir.«
Ein paar Sekunden herrschte Schweigen. Ich hatte Angst, er würde sein Messer ziehen, um mich umzubringen und ich glaube, ich hätte mich nicht gewehrt. Aber er lächelte.
»Zünd mir eine an«, sagte er.
Ich holte eine Zigarette aus seiner Tasche, zündete sie an, machte einen Zug und steckte sie ihm zwischen die Lippen. Mit einer geschickten Zungenbewegung schob Stilitano sie in den rechten Mundwinkel und trat, immer noch lächelnd, einen Schritt vor, als wollte er mir das Gesicht verbrennen. Meine Hand, die vor mir herabhing, ging von selbst zu seinem Körper: Erregung überkam ihn. Stilitano lächelte und sah mir in die Augen. Es machte ihm offenbar keine Mühe, den Rauch in seiner Brust zurückzuhalten. Er öffnete den Mund, ohne daß ein Wölkchen entwich. Von ihm selbst und seinem Zubehör trat nur das Grausame hervor. Alles Zarte und Verschwommene war verbannt. Und doch war ich noch vor kurzem Zeuge seiner Demütigung. Der Spiegelpalast befand sich in einer Baracke, deren Inneres aus einem Labyrinth von Glaswänden besteht, die einen mit Folie, die anderen durchsichtig. Man bezahlt, tritt ein, und danach muß man versuchen, den Ausgang zu finden. Verzweifelt rennt man gegen sein eigenes Bild oder gegen einen Besucher, der durch eine Glasscheibe von uns getrennt ist. Die Gaffer schauen von der Straße aus zu. (Die

Szene, die ich erzählen werde, gab mir die Idee zu einem Ballett mit dem Titel *Adame Miroir*.) Als ich in die Nähe dieser Jahrmarktsattraktion kam – es war die einzige ihrer Art auf dem Rummelplatz –, schien mir der Menschenauflauf davor so gewaltig, daß ich begriff: hier ereignete sich etwas Ungewöhnliches. Man lachte. In der Menge erkannte ich Roger. Er starrte auf das System der verschränkten Spiegel und sein verzerrtes Gesicht drückte Tragik aus. Noch bevor ich Stilitano erblickt hatte, wußte ich, daß er – und nur er – sich in den Glasfluren *sichtbar* verirrt hatte. Niemand konnte ihn hören, aber an seinen Gesten, seinem Mund erkannte man, daß er vor Wut brüllte. Schnaubend schaute er auf die Menge, die ihm lachend zusah. Der Aufseher der Baracke blieb ungerührt. Solche Situationen sind alltäglich. Stilitano war allein. Alle hatten herausgefunden außer ihm. Das Universum verschleierte sich auf seltsame Weise. Der Schatten, der sich plötzlich über Dinge und Menschen legte, war der Schatten meiner Einsamkeit angesichts dieser Verzweiflung – denn Stilitano war so erschöpft davon zu brüllen und gegen die Spiegel zu rennen, daß er vor dem Gelächter der Gaffer resignierte, sich niederhockte und die Fortsetzung verweigerte. Ich zögerte, wußte nicht, ob ich weggehen oder mich für ihn schlagen und das gläserne Gefängnis einreißen sollte. Ohne daß er mich sah, beobachtete ich Roger: er starrte noch immer auf Stilitano. Ich trat etwas näher: seine glatten aber weichen Haare, die in der Mitte gescheitelt waren, beschrieben einen Bogen auf beiden Wangen und trafen sich über dem Mund. Sein Kopf ähnelte gewissen Palmen. Tränen standen in seinen Augen.

Wenn man mir vorwirft, Jahrmarktsbaracken, Gefängnisse, Blumen, Kirchendiebstahl, Bahnhöfe, Grenzen, Opium, Matrosen, Häfen, Pissoirs, Beerdigungen, Absteigequar-

tiere zu mittelmäßigen Melodramen zu nutzen und Poesie mit dem oberflächlich Pittoresken zu verwechseln, was kann ich entgegnen? Ich habe gesagt, wie sehr ich die Ausgestoßenen liebe, die keine andere Schönheit besitzen als die ihres Körpers. Die Kulissen sind voll von Gewalttätigkeit, der Brutalität der Männer. Die Frauen rühren nicht daran. Die Jahrmärkte im Norden sind den großen Blonden gewidmet, den männlichen Gesten. Nur sie tummeln sich dort. Die Mädchen an ihren Armen haben Mühe, sich festzuhaken. Sie waren es, die über Stilitanos Unglück lachten.
Entschlossen trat Roger ein. Es schien, als würde er sich zwischen den Spiegeln verlieren. Wir bemerkten, daß er sich plötzlich rasch oder bedächtig umwandte, sahen seinen sicheren Gang, den gesenkten Blick, wie er sich am Boden orientierte, der weniger tückisch war als die Spiegel. Er war seiner selbst gewiß und so gelangte er zu Stilitano. Seine Lippen murmelten. Stilitano erhob sich, gewann seine Zuversicht zurück und in einer Art Apotheose verließen sie den Schauplatz. Sie hatten mich nicht gesehen, befreit feierten sie weiter, während ich allein nach Hause ging. War es das Bild des erniedrigten Stilitano, das mich so verwirrte? Ich wußte, er war fähig, den Rauch einer Zigarette bei sich zu behalten, während sie sich aufzehrte und nur die Glut hervortrat. Bei jedem Zug leuchtete sein Gesicht auf. Unter meinen Fingern, die ihn kaum streiften, fühlte ich, wie er erigierte.
»Gefällt er dir?«
Ich antwortete nicht. Wozu? Er wußte, daß meine Prahlerei verpufft war. Er zog die linke Hand aus der Tasche, legte mir den Arm um die Schulter, drückte mich an sich, während die Zigarette seinen Mund hütete und vor einem Kuß bewahrte. Jemand näherte sich. Rasch murmelte ich: »Ich liebe dich.«

Wir lösten uns voneinander. Als ich ihn an der Tür seines Hotels verließ, konnte er sicher sein, daß ich ihm alle Nachrichten über Armand zutragen würde.
Ich ging heim und legte mich in meinem Zimmer ins Bett. Niemals, auch wenn sie mich betrogen oder mich haßten, konnte ich meine Geliebten hassen. Durch eine Wand von Armand getrennt, der zusammen mit Robert schlief, litt ich, nicht an Stelle eines der beiden zu sein oder mit ihnen zusammen zu sein oder einer von ihnen zu sein, ich beneidete sie, aber ich empfand keinen Haß. Mit großer Vorsicht stieg ich die Holztreppe hinauf, sie war sehr laut und fast alle Seitenwände waren aus Holz. Als er an diesem Abend seinen Gürtel ablegte – stelle ich mir vor – ließ Armand ihn nicht klatschen wie eine Peitsche. Er sah wohl seine mächtige, männliche Traurigkeit und gewiß bedeutete er Robert durch eine lautlose Geste, er möge sich seiner Lust unterwerfen. Ich erkannte deutlicher die Herkunft von Armands Macht: sie entsprang auch dem Unglück, der Niedertracht. Diese Papier-Spitzen waren aus demselben feinen Gewebe – wenig geeignet für Eure Moral – wie die Tricks der Bettler. Sie waren Blendwerk, Gaukelei wie die Narben, die Stümpfe, die Blindheit.

Dieses Buch – wenn es am Firmament seine einsame Bahn zieht – möchte kein Kunstwerk sein, losgelöst von seinem Autor und der Welt. Mein vergangenes Leben hätte ich in einem anderen Ton, mit anderen Worten mitteilen können. Ich habe es heroisiert, weil ich in mir diese Gabe hatte: die Poesie. Ich fühle die Aufgabe, das Abenteuer fortzusetzen, ausgehend vom *Ton* meines Buches. Er diente mir dazu, was die *Vergangenheit mir heute übermittelt*, zu verdeutlichen; auf die Armut und das bestrafte Verbrechen legte ich den Finger, mit Nachdruck und wiederholt. Ihnen gehe ich

entgegen. Nicht mit dem lange gehegten Vorsatz – in der Art der katholischen Heiligen – sie zu finden, sondern bedächtig, ohne den Versuch, die Mühen und die Schrecken dieses Wegs zu vertuschen.
Aber versteht man? Es geht nicht darum, eine Philosophie des Elends in die Tat umzusetzen, im Gegenteil. Das Bagno bietet mir mehr Freuden als Eure Ehren und Eure Feste. Und doch sind sie es, die ich suchen werde. Ich giere nach Eurer Anerkennung, nach meiner Salbung.
In meinem heroisierenden Buch, das meine Genesis geworden ist, stehen die Gebote, die ich nicht übertreten kann: wenn ich seiner würdig bin, wird es mir den schändlichen Ruhm eintragen, dessen Großmeister es ist, denn was sonst, außer ihm, könnte meine Referenz sein? Und vom Standpunkt einer alltäglicheren Moral aus, wäre es nicht logisch, daß dieses Buch meinen Körper mit sich reißt und mich ins Gefängnis zerrt – nicht, wiederhole ich noch einmal, aufgrund eines raschen Verfahrens, eingedenk Eurer Regeln; sondern infolge eines Fatums, das in ihm waltet, von mir selbst eingebracht, und das mich als Zeugen zurückbehält, als Experiment, als Probe meiner Kraft und meiner Verantwortung?
Von diesen Festen des Bagno möchte ich sprechen. Die Anwesenheit erniedrigter Männer um mich her ist bereits ein großes Glück, das mir zugestanden ist. Doch erwähne ich es nur beiläufig, andere Situationen (die Armee, der Sport usw.) können mir ein gleiches bieten. Dem zweiten Band dieses »Tagebuchs« werde ich den Titel »Sittliche Verfehlung« geben. Ich beabsichtige, darin die Feste eines persönlichen Bagnos mitzuteilen, zu beschreiben, zu kommentieren, eines Bagnos, das ich in meinem Inneren entdecke, nach der Durchquerung jener Region in mir mit Namen Spanien.

VERGEGENWÄRTIGUNG

Archetypen des Unglücks
oder
kleiner, großer Dieb

Arnold Stadler
in Jean Genets *Tagebuch des Diebes* lesend

Das Photo, nicht von Brassai, zeigt einen Jungen, erwartungsvoll wie er vor dem Leben steht. Und auch schon mit einer ersten Trauer aus Enttäuschung über das Zurückliegende im Gesicht. Gewaschen und gebadet, wohl in einem Zuber, der dafür in die Küche gestellt wurde, und zurechtgeschnitten von einem Haarschneider, nicht Coiffeur, der möglicherweise der Nachbar war. Zurechtgeschnitten auch das Photo, das vielleicht von einem Wanderphotographen stammt, wenn es hochkommt, von einem im Dorf, der schon eine Kamera besaß. Die Hände fehlen, und so auch die anderen Attribute dieses Tages, die Kerze und das Meßbuch, sowie der Rosenkranz: es ist der Tag von Jean Genets erster heiliger Kommunion. Den Kommunionanzug, der zugleich der erste (Sonntags-)Anzug seines Lebens ist, trägt Genet, der zeitlebens dieses Leben um 1922 vergegenwärtigen wird, wie einen Fremdkörper. Und auch dieser Anzug scheint einen Fremdkörper zu kleiden.
Einen ähnlichen Anzug trugen auch sonst die Kommunionkinder vom Lande, von einst, und haben auch ein ähnliches Photo von diesem Tag aufbewahrt oder verloren. So standen auch wir vor dem Leben und schauten wir, wie Genet. Wir – das heißt alle, die noch schwarz-weiß photographiert wurden, von denen nur ein Photo gemacht wurde

von diesem Tag, dazu auch noch als Gruppenphoto, wie vielleicht auch von Genet, von da die Vereinzelung dieser Aufnahme, als ob er allein auf der Welt wäre, und auch nicht einmal ganz: ein Teil des Kopfes fehlt ja, und so ein Teil der Schulter, wie auch die Hände, die später noch ganz andere Dinge gemacht haben als zu beten wie am Weißen Sonntag. Die von mittelalterlichen Theologen einmal so genannten *partes inhonestae* (die »unehrenhaften Teile«) des Körpers, die untere Hälfte, wo Genet später, auch im *Tagebuch des Diebes,* das Zentrum des Universums ortet, ist gleich ganz weggelassen, hat auf dem Kommunionphoto auch nichts verloren.
So standen wir alle, schwarz-weiß, von deren früherem Leben es schon gar keine Aufnahmen gibt, die ohnehin nie wieder angeschaut worden wären, keine Video-Aufnahmen, so wenig wie von Genet, der auch aus einer schwarzen Gegend kam, wo das Frühjahr auch so spät war, daß es erst im nächsten Jahr blühte, – und wo alles katholisch war. Das ist, Genet *vergegenwärtigend*, eine Wahrheit, deren Bedeutung belesene Genet-Hagiographen gerne übersehen oder herunterspielen; vielleicht, weil sie, anders als Genet, das katholische Leben nie gelebt und nie am eigenen Leib erfahren haben. Und nicht wissen, was es für ein Kind wie Genet hieß, die erste heilige Kommunion zu empfangen. Eingeweiht zu werden, auch in ein Sprachmuster, das der Sprache selbst einen sakramentalen Charakter verleiht, eine Initiation, von der noch Genets letzter sogenannter Roman *Das Tagebuch des Diebes* zeugt. Sein ganzes frühes Leben hat Genet ja als Folge von Jahren, die Kirchenjahre waren, erlebt, von der Wiederholung, von da auch möglicherweise der rituelle Charakter von Genets Werk. Vielleicht schien ihm die heilige Messe das erste große Theaterstück, und er hörte die Lesungen und die

Psalmen als erste Beispiele großer Literatur und Dichtung, nun gut: jedenfalls kommen fast alle Hauptworte Genets aus diesem frühen Zusammenhang. Alle großen Wörter und Dinge, von denen das *Tagebuch* spricht, auf die er zeitlebens zurückkommt, auch hier in diesem Roman, der *Tagebuch des Diebes* heißt, hat er in diesem Zusammenhang zum ersten Mal gehört. Das Wort und Ding »Heiligkeit«, zum Beispiel, noch auf den letzten Seiten des Tagebuchs: *Heiligkeit, die für mich bis jetzt nur das schönste Wort der menschlichen Sprache ist.* Auch ein gescheiter Leser, der alles Katholische (Genets) nur aus zweiter Hand, über die Lektüre (ist Lesen Leben aus zweiter Hand?) des *Tagebuch des Diebes* kennt, kann wohl nicht umhin, sich zu erklären, woher in diesem Tagebuch alle die heiligen Worte und Dinge kommen, dieser quasi sakrale Entwurf rührt. Oder nicht?

Bevor ich nun einige – wenige – Details des *Tagebuchs vergegenwärtige* (den ganz schön verschlungenen Pfaden des Inhalts mag der Leser selbst nachgehen: das war die Freude des Lesers dieses wunderbaren Buchs) möchte ich noch, ganz unakademisch und unintellektuell, auf das Leben zu sprechen kommen, das diesem Buch vorausliegt, und fragen, was mich mit diesem Leben und Werk verbindet. Denn es verbindet mich doch einiges mit Genet. Oder nicht? Führte ich zum Beispiel das Unglück (ein wie nebenbei gesprochenes Hauptwort des *Tagebuchs)* nicht darauf zurück, daß bei uns zu Hause keine Palmen wuchsen? Daß unsere Gegend weit weg war? Genets Sehnsucht hieß *Guyana* (vgl. Beginn und Ende *Tagebuch*).

Die Welt wurde uns, von Anfang an, katholisch erklärt, was wir an keiner Stelle beklagten, und wovon wir zehrten, wenn auch auf die sonderbarste Weise, indem wir sie, auf die sonderbare Weise, jene des Schreibens, vergegenwärtigten. Auch von mir gibt es ein einziges Schwarzweißphoto, wie ich kurzgeschoren und gebadet vor dem Leben stehe wie Genet. Ministrant war ich auch. So wurden wir im selben Jahrhundert, nur ein wenig zeitversetzt, ins Leben, das heißt auch ins Leben der Kirche und ihrer Heiligen und Sakramente eingewiesen. Dem Sakrament der Eucharistie (Kommunion) ging das Sakrament der Buße (Beichte) voraus. Der monatelangen Kommunionschule war eine monatelange Beichtschule beigesellt. Hier hat Genet zum ersten Mal von der Unterscheidung in Gut und Böse gehört, die ihn noch sehr beschäftigen sollte. Gewiß hat auch Genet alles auswendig gelernt und noch zuletzt den Beichtspiegel aufsagen können, all die Gebote von *heiligen Namen und Dingen* und von *Schamhaftigkeit und Keuschheit*. Und ich glaube nun, nach mehr als nur Lektüre vom *Tagebuch des Diebes*, wo noch auf den letzten Seiten (aber auch schon auf den ersten) vom Sakrament der Buße mehr als nur gesprochen wird, daß dieses Buch selbst eine einzige Beichte ist, daß es nach diesem Vorbild geschrieben ist, ihm, sich abwendend nachempfunden ist, und zwar tief nachempfunden.

Auch habe ich, wie Genet, gestohlen und gelogen, und wußte, daß es das Sakrament der Buße gibt, wie Genet, der dieses Konzept an den Anfang und das Ende seines *Tagebuch des Diebes* stellen wird. Davon später. Doch schon der Titel mit dem Dieb: suggeriert das nicht schon die gewissenhafte Aufzeichnung eines Menschen, der weiß, daß er nicht im Recht ist, sich aber trotzdem gerechtfertigt sehen möchte? Einer, der einer ist, der ein Sündenbewußtsein hat?

Genets Wahrheitsempfindsamkeit war so groß, daß er das Konzept schließlich über den Haufen geworfen hat, als er bemerkte, daß er nicht danach leben, daß er es nicht einhalten konnte. Aber er hat geschrieben, und das Problem schriftlich zu bewältigen versucht. So wie Joseph Roth einen »heiligen Trinker« kannte, kenne ich einen »heiligen Sünder«, ohne Sartres Buch von *Saint Genet* gelesen zu haben, und haben zu wollen. Ich weiß nicht, was Sartre über Genet geschrieben hat, aber der Titel seines schönnamigen Genet-Buches leuchtet mir ein.

Genet nimmt sich in seiner Lügenhaftigkeit sehr ernst und schreibt ein Buch darüber. Seine Wahrheitsempfindsamkeit war derart ausgeprägt, in einer Weise skrupulös, daß er darüber zum Schreiben kam, wie ein großer Sünder, der zum großen Heiligen mutieren möchte. Der mit sich abrechnete, nichts durchgehen ließ, und sich zu einem Sünder in der Erscheinungsform des Diebes ausrief. Das *Tagebuch des Diebes* ist ein sehr eigenartiges, aber öffentliches, veröffentlichtes Schuldbekenntnis. Dies in einer Zeit, da »ich habe gesündigt« nicht viel mehr bedeutet als »ich habe zu viel Schokolade gegessen« (d. h. »ich habe die Sünde des zu hohen Kalorienverbrauchs begangen«, »ich bekenne, daß ich abnehmen muß«, als ob die Sünde gewogen und in Kilogramm angegeben werden könnte); ganz anders Genet: Zeitlebens sich an der alten Bedeutung von *Sünde* orientierend, diese ernstnehmend, setzt er »Buße« und »Schuld« als den Beginn und den Ausgang seiner sonderbaren Lebensbeichte, die er *Tagebuch des Diebes* nennt. Es ist auch viel Sündenstolz dabei, ein Phänomen, das auch aus den Lebensbeschreibungen mancher Heiligen bekannt ist. Und Sehnsucht, die bei Genet mit *Guyana* umschrieben ist.

Im *Tagebuch*, angeblich Genets letzter Roman, nennt Genet seinen vollen Namen und die wichtigsten Daten, als ob es für die Polizei und die Gerichtsakten geschrieben wäre. Dabei ist es für *euch*, die Leser, für uns, von denen er sich derart abgrenzt, indem er sie auf diese Weise anspricht. *Ihr*, das sind jene anderen, die er der bürgerlichen

Welt zuschlug. Und doch: *Um mich zu verstehen, braucht es die Komplizenschaft des Lesers.* Diese und andere verwirrende Prämissen schickt der »Tagebuchschreiber« seiner ganz und gar antichronologischen, aber alles vergegenwärtigenden Erzählung voraus.

Das Tagebuch lesend, und vor allem von Genet selbst provoziert, kommt der Leser wohl oder übel immer wieder zur Frage: und was hat das mit mir zu tun? Eine Frage, die ich mir ja schon die ganze Zeit stelle, indem ich in einem anderen Leben lese, das heißt: den zweifelhaften Fährten, die dieser kleine, große Dieb gelegt hat, nachlese und -gehe. Werde ich am Ende ein anderer Mensch sein? Und was für einer? Jedes große Buch verfügt doch über diese Qualität, ist doch eine ausführliche Umschreibung dieser Frage. Oder nicht? Auch ich (d. h.: der Leser) habe gestohlen und gelogen, nur habe ich diese Dinge bei mir behalten. Ich habe kein Buch darüber geschrieben, habe mein Leben nicht als Leben eines Diebes beschrieben. Mit dem Stehlen und Lügen beginnt der Mensch ja früh, als Kind, rechtzeitig sozusagen, um für das Leben gerüstet zu sein.

Es ist vertrackt bei Genet wie auch sonst: die Wahrheit ist, daß der Mensch ein Lügner ist. Das ist gesagt von einem, der ein Mensch ist: vgl. Psalm 116. Ich (Verfasser eines Nachworts) habe selbst das Buch der Psalmen unter dem Titel DIE MENSCHEN LÜGEN ALLE (Psalm 116) übertragen.

Die Wahrheit stammt von einem, der doch auch Mensch war und erinnert an den Satz jenes Philosophen, der sich wohl für sehr geistreich hielt und sagte: Alle Kreter lügen. Dabei selbst ein Kreter war und (mit voller Absicht) eines jener Probleme formulierte, die keine Lösung haben, sondern nur eine Geschichte. So ist es auch ein klein wenig bei Genet, der das Paradox des wahren Lügners und gewissenhaften Kriminellen zur Ikone erhebt. Der mit einer beispiellosen Treue von Diebstahl und Verrat redet und zeitlebens seinen ersten Lügen und Abwegigkeiten treu bleibt, gerade in diesem Buch, das sehr gewissenhaft gewissenlos sein will (Verrat, Übertretung aller 10 Gebote). Auch in der lügenhaften Übertreibung, ja Erfindung und Selbstbezichtigung, ein großer Dieb zu sein und ein verworfenes Leben zu führen, was auch den roten Faden seines grandiosen literarischen Werks ermöglichte.

Genet schrieb von einer Kindheit her, deren Kapital das Unglück und deren Muse die Sehnsucht war. Beides trieb ihn zum Schreiben, und nicht zum Verstummen. Also keine stillschweigende Bankrotterklärung und die Annahme des Lebens und seiner Verhältnisse, wie es die Regel ist, sondern schon früh der Plan, ein Buch zu schreiben, *mein Buch*. Schon früh also das, was in einer anderen Zeit »geistliche Berufung« genannt worden wäre. Aber auch mir, nachdem ich wieder entlassen bin aus der Welt des *Tagebuch des Diebes* scheint dieses Wort: ein Berufener – das angemessene Wort zu sein, das einer Antwort auf meine Frage, die das Tagebuch aufwarf: Wer schreibt da? Wer läßt da von sich hören? noch am nächsten kam.
Das *Tagebuch des Diebes* befindet sich an der Nahtstelle von Leben und Werk. Es gehört zu seinem lebenslänglichen Versuch, herauszufinden, wer er ist. Schreiben ist auch eine Umstandsbestimmung von Ort und Zeit. Zur Zeit der Abfassung dieses Buches definiert sich Genet als Dieb, als Tagebuchschreiber einer diebischen, verräterischen, kriminellen Existenz. Dabei war es, wie gesagt, nach den Statuten der bürgerlichen Gesellschaft und ihrem Strafgesetzbuch gar nicht so weit her mit Genets Kriminalität. Gemessen an den legalen und legalisierten Formen des Diebstahls, des Raubes, der Gemeinheit und des Betrugs,

grenzt das, was bei Genet tatsächlich vorlag, an Mundraub. Es waren, gemessen an Genets Zeitgenossen Onassis und Niarchos, die zu Zeiten des Zweiten Weltkrieges ihr Vermögen begründeten, indem sie hohe Versicherungen auf Schiffe abschlossen, auf deren Versenkung sie spekulierten, und noch ganz anderer krimineller Machenschaften, Lappalien eines Menschen, der nicht zuletzt aus materieller Not zum Gesetzesbrecher dieser Welt wurde. Einer Freundin, die nichts von Genet wußte, und der ich ein wenig von seinen zahllosen Diebstählen und Verhaftungen erzählte (nicht ohne Bewunderung), kam mit der naheliegenden Frage: *aber war er nicht arm?* Doch, gewiß, diesen Umstand der frühen Existenz des Autors vom *Tagebuch des Diebes*, das ja weithin eine schmerzliche Vergegenwärtigung dieser Jahre ist, sollten wir nicht ganz aus dem Auge verlieren...
Aber im Gegensatz zu Onassis, Niarchos, über deren Machenschaften der Glanz des Reichtums kam, der durch die Verehrung der Welt geadelt scheint, figuriert Genet als Krimineller, der die Gesetze dieser Welt übertrat. Dieser Sicht hat Genet insgeheim und bewußt zugearbeitet, auch, indem er ein Buch wie *Tagebuch des Diebes* schrieb. Auch, um diese Welt und ihre Art Glänzen zu beschämen.
Tatsächlich war er ein eher kleiner Dieb, der behauptete, ein großer sein zu wollen. Ein richtiger Dieb hätte wohl kein *Tagebuch des Diebes* geschrieben. Selbst er räumt in seinem Tagebuch ein, kein großer, sondern nur ein schlechter Dieb (gewesen) zu sein. Im tatsächlichen Leben hat Genet jene Menschen, die Randfiguren wie er waren, zum Beispiel beschenkt, und nicht bestohlen. Er hatte das Geld für mehrere Häuser; bewohnt haben, auf verschiedenen Kontinenten, diese Häuser andere, Freunde und deren Frauen und Kinder, während er in schäbigen Hotelzimmern lebte, und auch in einem solchen starb.

Schön finde ich auch, daß sein Grabstein, der Originalstein, gestohlen wurde. Mag sein, daß er diesen Diebstahl provoziert hat. Gewiß hätte er sich darüber diebisch gefreut. Schön auch die Geschichte mit sogenannten Original-Manuskripten: Genet hat simple, allerdings eigenhändige Abschriften an hochmögende Institutionen als Originale verkauft. So besitzen wir mehrere Originale eines Buches, und vielleicht hat er auch die verschollenen Zeichnungen, die sein Freund Giacometti von ihm, dem Dieb, anfertigte, bei sich behalten. Ich fürchte, auch dies hätte Giacometti gefreut.

*

Ein großer Autor entläßt den Leser mit Fragen, und nicht mit Antworten. Auch das *Tagebuch des Diebes* kann nicht wie eine Schul- gar Mathematikaufgabe gelöst werden. Aufgrund seiner Widersprüchlichkeit kann dieses Buch auch nicht als abgeschlossen gelten wie ein Fall. Genets Roman ist keine Konstruktion, sondern eine Reaktion auf das unsystematisierbare Leben. Insofern ist das Tagebuch des Diebes, als Roman deklariert, in der Nähe von Genets Leben zu Hause.
Dieses Buch – wenn es am Firmament seine einsame Bahn zieht – möchte kein Kunstwerk sein, losgelöst von seinem Autor und der Welt. Mein vergangenes Leben (...) Ich habe es heroisiert, weil ich in mir diese Gabe hatte: die Poesie, resumiert Genet auf der zweitletzten Seite. Und dann, um sich abzugrenzen, aber in engster Nähe zur Sprache und Welt des Heilsweges der Heiligen, formuliert Genet sein Gegen-Glück, das sonst auf der Welt als Unglück gälte/gilt: jene Wonnen mit Namen *Guyana* und *Bagno*, einem Straflager, wo Imagination und Faktizität eins werden. Es ist an der Stelle zu orten, wo im Heilserwartungshorizont eines

gewöhnlichen Heiligen das Paradies angesiedelt ist/wäre. Aber Genet ist ja kein gewöhnlicher Heiliger, sondern Genet, der von einem Bagno-Fest träumt, bei dem *die Anwesenheit erniedrigter Männer um mich her bereits ein großes Glück ist.* Ein masochistisches Fest. Dies erinnert an manche Szene eines Barockaltars, bei deren Anblick der Betrachter nicht weiß, ob sich der Heilige, und ein wenig auch der Betrachter selbst, in der Hölle oder im Paradies befindet. Das ist Genets Geschichte.
Endlich möchte ich auch sagen, was mich auch an diesem Buch wie an Genet so bewegt: mitten in den Tumult und die Gemeinheit und die Wiederholung, die auch in den Überfällen und dem Ausnehmen *alter Tanten (um die 50)* besteht, wovon der Ich-Erzähler angeblich sein Leben fristet, nach und zwischen all den Serienstraftaten, die sonst im Leben mit Gefängnis geahndet werden, las ich kleine, flüchtige Sätze wie: *Rasch murmelte ich: Ich liebe dich.* Oder wenn er seine Elends- und Wanderjahre durch Europa vergegenwärtigt: *und ich staunte darüber, daß ich mich unter dem bestirnten Himmel befand, den Alexander und Caesar gesehen hatten, während ich doch nur ein Bettler und ein arbeitsscheuer Dieb war.* – Dies war in einer Zeit, als *meine Seele im Innern verfault war.*
Das ist, verzeihen Sie das verworfene Wort: Schön. Wahr und Schön.
Genet kündigt im Schlußsatz des *Tagebuchs* einen zweiten Band an, dem er den Titel *Sittliche Verfehlungen* geben möchte, der aber so wenig erschienen ist wie Teil II von Heideggers *Sein und Zeit*.
Genet nennt sein Buch *meine Genesis*. Es ist geschrieben, indem er den sakramentalen Wortschatz der katholischen Kirche einbezog und etwas Neues, aber vom Alten her, schrieb. *Das Bagno* (Genets imaginärer Ort der Sehnsucht,

nur dem Namen nach konkret im Zusammenhang mit dem berüchtigten französischen Straflager in Guyana) stellt sich als der Ort heraus, wo das Sakrament der Buße gespendet wird, zusammenfallend mit allen Sakramenten, wo die Strafe als Belohnung erscheint, das Unglück als Glück, der Fluch als Gnade, und der sonst als Hölle geltende Ort als Paradies.
Nach dem Bagno verlange ich, um ein mir nicht bekanntes Verbrechen zu sühnen, mein Begehren ist so heftig, daß man mich wohl oder übel dorthin bringen muß, so das *Tagebuch*. Und im Geist will er darin leben, sagt er, *wie die Christen im Geist die Passion erleiden*.
Genets Paradieskonzept, sein Gegenmodell und Gegenglück, ist konkret und ohne jede Ironie und Lüge, die doch im *Tagebuch* zu einer »Kardinaltugend« ausgerufen ist: *Ich schreibe diese Notizen und bin 35 Jahre alt.*
Meine Sehnsucht heißt Guyana. Nicht der geographische Ort, der heute entvölkert, entmannt ist, sondern die Nähe, die Promiskuität (nicht im Raum, sondern im Bewußtsein) der sublimen Vorbilder, der großen Archetypen des Unglücks. – Damit sind wir, wenn mich dieses *Tagebuch* nicht täuscht, im Zentrum dieses Archipels bei den Männern wie Stilitano, Armand und allen Männern und Heiligen dieses Buches. *Meine Sehnsucht heißt Guyana.* Guyana (*nicht der geographische Ort, der heute entmannt ist*) steht am Anfang und Ende des *Tagebuchs*. Es ist ein metaphysischer Ort und Schauplatz von Genets Liebe und Begehren, das sich angeblich *dem Bösen verschrieben* hat. (*Tagebuch*, erste Seite). Wie Genet früh gehört hat, zeichnet es den Menschen aus, gut und böse unterscheiden zu können. Das Gewissen ist dabei ein menschliches Hauptorgan. Die willentliche Entscheidung für das Böse wird in jenem Sprachgebrauch, der auch Genet prägt, Sünde genannt. Das Guyana Genets ist

ein sehr merkwürdiger Ort, wo Sünde, Sündenbekenntnis und Buße, Liebe und Verrat der Liebe, Gut und Böse zusammenfallen. Und in Guyana scheinen auch Sünde und Strafe, die Gnade (Sündenvergebung, Sündenauslöschung), das Gute und das Böse zusammenzufallen. Das ist alles sehr merkwürdig und so nur einmal gültig: bei Genet. Darüber hinaus wäre ein solches Guyana ungültig, ja unsinnig.

Das *Tagebuch des Diebes* ist Genets literarischer Entwurf, der die Unmöglichkeit seiner Existenz aufzuheben und zu deuten versucht und im Anschluß an und in Abgrenzung von bekannten metaphysischen Mustern einen (metaphysischen) Ort kreiert, wo die Unterschiede aufgehoben sind, wo Himmel und Hölle zusammenfallen – *coincidentia oppositorum* – und wo das große Fest gefeiert wird. *Meine Sehnsucht heißt Guyana:* das Hauptsakrament an diesem Ort ist der Eros der Männlichkeit. Das Bagno ist eine Art Taufe, die zugleich Firmung, Buße, Kommunion, Vermählung, Weihe und Salbung ist, womit zugleich auch alle sieben Sakramente der katholischen Kirche aufgezählt wären, die, wenn auch verdreht und von Genet neu gedeutet und »weiterentwickelt« im *Tagebuch des Diebes* figurieren. Was für ein Buch! (Es könnte auch ein Ärgernis sein.) Genet beklagt das Ende der berüchtigten Strafkolonie als Ende eines großen Entwurfs, *also war die Strafkolonie das Maß meiner Liebe* und schafft sich im *Tagebuch* eine neue: seine Strafkolonie, einen Ort, an dem Leben möglich ist: einen unmöglichen Ort als möglichen Ort der Liebe. Das kann nur bei Genet so sein, und nur in einem Roman, der *Tagebuch des Diebes* heißt, glücken. Während der Lektüre dieses Buches, das nicht geringe Anforderungen an den Leser stellt, denselben oftmals schikaniert, fielen mir oft ähnlich unerbittliche Kunstwerke ein, Liebesgeschichten mit dem Neigungswinkel ins Absolute und Totalitäre, ganz unironische Welten wie »Romeo und Julia«, zum Beispiel, Tragödien eben, die, seitdem es die »Pille« gibt, auch nicht mehr möglich wären. Genet beklagte das Ende von Guyana wie einer, der die Einführung der »Pille« als Ende der Liebe in der Dimension von Romeo und Julia beklagte. Auch der Marquis de Sade fiel mir ein. Und Kafka. Soweit ich de Sade kenne, ist auch bei ihm alles unironisch und von einem unerbittlichen, traurigen Ernst, geschrieben von einem Konstrukteur der Liebe, der mit der Gnade des Unglaubens versehen war, während Genet doch voller Liebe war, gerade zu den Randfiguren des Lebens (*Ich habe gesagt, wie ich die Ausgestoßenen liebe*) nach seinem Bilde, und der sich niemals mit der Faktizität der Verhältnisse abfand, und voller Widerworte und Sehnsucht war. Freilich geht auch das *Tagebuch* von einer Idee aus (die aber nicht hermetisch ist und selbstgenügsam, sondern metaphysisch, mit der Sehnsucht als Fundament), die er *Guyana* nennt. Ab dann, vor allem dann, wenn er die Idee vergißt (und das geschieht oft), erzählt er seine Liebesgeschichte mit Stilitano, Armand und den anderen Männern als seine Passionsgeschichte, auf eine unvergeßliche Weise, verstrickt mit der Passionsgeschichte des Herumirrens eines Armen und Verstoßenen, der Genet selbst war. In der Nachfolge der »Nachfolge Christi«, mit allen Attributen des Schmerzes und des Leidens und des Verstoßen- und Verworfenseins im Spanien von 1932 schreibt Genet sein *Tagebuch des Diebes* wie früher einer eine Heiligenvita verfaßte, die ihrerseits wieder am jesuanischen Vorbild und seiner Erniedrigung geschult war: *1932. Spanien war damals übersät mit Ungeziefer, seinen Bettlern ... Ich war also eine Laus und ich war mir dessen bewußt. Unsere armseligen Gesichter.* –

Wie so viele Menschen und Schriftsteller ist auch Genet aus dem Leid geboren. Das *Tagebuch* ist auch Zeugenschaft, das das Hohelied des Diebes singt. Man mag sich am Wort *Dieb* stoßen, sollte sich aber nicht darüber täuschen lassen, daß Genet hier das Leben eines vom Christentum (von seinen Anfängen her gedacht – nicht in seiner bürgerlichen Erscheinungsform) privilegierten Menschen beschreibt, im Prinzip ist es eine Heiligenvita; und auch noch oft genug mit Anspielungen auf IMITATIO und COMPASSIO: *Wenn die Bettler ihre Wunden pflegten – stolz, meine verdreckten Hände zu zeigen, stolz meinen Bart… gab mir die Kraft oder die Schwäche, was hier dasselbe ist – für den folgenden Sieg, der in Eurer Sprache natürlich Niederlage heißt – Doch da Glanz und Licht zu unserem Leben nötig waren – Je tiefer die Verkommenheit, desto stärker der Hochmut – diese Lepra. Ich werde also immer mehr verkommen immer mehr ein Gegenstand des Ekels werden, bis zum Ende – Es war die Glut der Demut, die uns am Leben hielt:* Ich fürchte, man muß irgendwann im Leben diesen sonderbaren, wunderbaren französischen Heiligen (Therese von Lisieux, Bernadette, der Pfarrer von Ars…, die Genet kannte, und auch nannte im *Tagebuch* – Vincenz von Paul z.B.), begegnet sein, um zu ahnen, wovon Genet sprach, und das heißt auch: wovon er sich abgrenzte – und also definierte.
Genet erzählt im *Tagebuch* die Passionsgeschichte eines Heiligen, dessen Attribut der Schwanz ist. Das wäre das Zeichen, das auf der Ikone erscheinen müßte. Es gab vor kurzem immer noch Menschen, die nicht wußten, was ein Dildo ist, und es gibt noch Menschen, die das Wort Schwanz irgendwo hinten orten, auf der verkehrten Seite (was sie ehrt), wie »Pferdeschwanz«, zum Beispiel, während bei Genet Pferdeschwanz möglicherweise eine Umschreibung jenes Organs aus und in der Mitte seines Universums

wäre: *Schöpfungsorgan* nennt er es, wie ich finde, sehr poetisch. Damit gemeint ist der Schwanz von Stilitano, dem ersten Mann des *Tagebuchs*, den Genet in den Elendstagen von Barcelona (und später wieder in Antwerpen, einer Stadt, »deren Existenz der Tod ist«) liebt. Es handelt sich bei Stilitano um einen einhändigen Serben, Gauner wie er, was Genet, nebenbei, wieder die Möglichkeit eröffnet, sich dem Versehrten, Kranken, Mühseligen und Beladenen, Fremden und Verfolgten zuzuwenden. Der Hauptgrund von Genets Zuwendung ist aber Stilitanos *Schöpfungsorgan: Sein ganzer Glanz, seine Macht hatten ihren Ursprung zwischen den Beinen.* Genet lebt von diesem sich verweigernden Mann, weil er nicht von ihm leben kann. Er darf dem Einarmigen Dienste leisten, die ansonsten als Bußübungen gälten: beim An- und Ausziehen helfen, die Schuhe schnüren und so fort. Mehr nicht. Die erzwungene Keuschheit ist der Motor dieser Liebe. Diese irdische Liebe war eigentlich eine sehr himmlische, wie fast immer bei Genet fällt die eine mit der anderen zusammen.

Meine Liebe mit Salvador dauerte sechs Monate, hat nichts vom Glanz Stilitanos, ist eine Liebe zu einem Mitbettler, den er erst in Barcelona, und wenig später in der Nähe von Gibraltar liebt oder nicht: jedenfalls sucht er ihn nach Läusen ab, die Liebe fällt mit dem Erbarmen zusammen. Das *Tagebuch des Diebes* ist auch aus Empörung über die sogenannte christliche Moral geschrieben, die tatsächlich eine bürgerliche, spießige Moral des 19. Jahrhunderts war, in die Genet eingewiesen werden sollte, was zum Glück für den Leser des *Tagebuchs* mißglückte. Genet selbst mußte aber erst einmal das Leben eines Opfers führen. Kam von da, von sich auf die von ihm verherrlichten »Archetypen des Unglücks«. Genet hat, indem er mit der Welt abrechnete, sich in sie hineingeschrieben.

Daß Literatur von der Art Genets einmal zur *Bückware* gerechnet werden könnte, spricht gegen die Zeit, nicht gegen Genet. Das voyeuristische Bedürfnis hat sich auf angemessenere Bereiche verlagert. Der Blick ist frei für die Größe Genets, die darin besteht, daß er ein Werk geschaffen hat, das nicht vergleichlich, sondern unvergleichlich ist. Er hat etwas zur Sprache gebracht, was einem anderen sozusagen bisher nicht vergönnt oder geglückt war. Daß er auch homosexuell war, ist nicht ganz unwichtig. Aber diese Tatsache, die auch Thema seiner Bücher ist, macht ihn noch lange nicht zu einem großen Schriftsteller, noch lange nicht zu Genet. Die Tatsache, daß er großer Sprachmensch war, ist ungleich entscheidender für Genet als der Umstand, daß er homosexuell, was für sein Leben ein entscheidendes Datum ist, war. Es gab einen Vertrag über ein Buch, das er *Die Hölle* nennen wollte und die Homosexualität zum Gegenstand haben sollte. Es ist nie erschienen, wohl nie geschrieben worden. Genauso wie homosexuell war er auch ein Dieb, was ihn noch lange nicht zum Schriftsteller gemacht hat, wenn er auch dieses Tagebuch des Diebes schrieb, in dem er Diebstahl, Homosexualität und Verrat als »Kardinaltugenden« ausruft. Dieses Buch ist vor allem ein Versuch der Erforschung des Ich, auch der Versuch einer Apologie eines Menschen, der ein Dieb war, und auch als Dieb zu den Menschen gerechnet sein wollte; und er hat sich von da auf das anerkannte Modell des Kleinen und Geringen, das neutestamentliche, in der Weise berufen, daß er auf es anspielte und den Leser, an den das *Tagebuch* gerichtet ist. halb polemisch, halb *komplizenhaft*, wissen ließ, daß er sehr wohl von diesem *Eurem* Modell wußte.

Es wäre Genet unrecht getan, zu behaupten, daß er nur seine Zeit provozieren wollte. Aber der Provokateur ist

auch im *Tagebuch* präsent. Er hat den Bösen auch gespielt, beziehungsweise verkündigt, besonders in den ersten und letzten Seiten des *Tagebuches*; dazwischen hatte er sein Programm gründlich vergessen, dafür den Menschen, der er war, vergegenwärtigt. Und immer schimmert auch die Liebe durch: die himmlische in der irdischen, und die irdische in der himmlischen.
Es war der Sommer 1934, als ich auf den Straßen Andalusiens umherzog ... Ich war allein. Demütig lief ich am äußersten Straßenrand neben dem Graben, und der Staub von weißem Gras puderte meine Füße ... Ich weiß nicht mehr, was ich dachte, aber ich erinnere mich, daß ich Gott meine ganze Not darbrachte. In meiner Einsamkeit, fern den Menschen, war ich nahe daran, nur noch Liebe, nur noch Andacht zu sein ... Meine Kehle war ausgetrocknet. Meine Augen brannten ... Ich war wie Leder, vergilbt, trist.
Das sind Passagen, die in einer Kommunionszene gipfeln, weit weg von Anmaßung und Gaunertum, schon eher ist das der Tonfall der Klagelieder der Psalmen. Psalm 22: »Ich liege im Dreck. Keiner hilft mir. Meine Knochen sind wie aufgelöst, und ich bin wie Wasser, hingeschüttet. Meine Kehle? Ausgetrocknet, eine Scherbe. – Du hast mich in den Staub des Todes gelegt«– Auch ich will Genet in seiner Einsamkeit ernstnehmen, in seiner Enttäuschung, die dieses Leben war, das er da beschrieb, über das er keinen Satz verloren hätte, wäre er nicht enttäuscht gewesen. Über das er hätte nichts sagen müssen, wäre es geglückt.
Es ist ja alles immer schon fünfzig Jahre her. Und bald hundert. *Mein Sieg ist verbal. – Doch gesegnet sei es dieses Elend.* Der Abstand ist nun historisch, Genet aber vergegenwärtigt für immer, das heißt, für den Leser. Wohl wahr: *Mir fehlte der Sinn für das irdische Glück.*

Als Stricher in Antwerpen kommt er den Menschen nur nahe, indem er ihr Opfer ist, oder sie seines: *als es mir gelang, einen Mann zu fesseln ... Alter Schmutzfink! ... Ich schlug ihm mit der Faust in die Fresse.* Mehr Nähe ist nicht möglich. Sonderbare Kommunionen des Jean Genet auf der Suche nach *Heiligkeit: die Vereinigung mit Gott*, dies mittendrin, und Definitionsversuche von Liebe, nachdem er *Pierre W., eine alte Tante (50 Jahre), kahl, manieriert, trägt eine Brille mit Stahlbügeln* überfallen und beschrieben hat: *so spricht man gewöhnlich von der Liebe: Geblendetheit, Strahlen, Glut, Lichtbündel, Faszination, Brennen:* Nicht anders beschreibt der Mystiker (Frankreich hatte einige, die auch einen Platz in der Literaturgeschichte haben) seine mystische Gotteserfahrung. Ich kann auch nichts dafür, aber so steht es im *Tagebuch*, das nicht nur an dieser Stelle in eine Art Geistliches Tagebuch übergeht: *Was für eine wunderbare Perversion, sanft und gnädig, die uns ermöglicht, die Häßlichen, die Verdreckten, die Entstellten zu lieben* – Diese wunderbare Perversion ist, wenn ich dies so sagen darf, die christliche Perversion, von der Nietzsche Abstand genommen hatte, die aber durch Genet rehabilitiert und neu interpretiert wird. Und nicht genug: Nicht nur, daß er Wörter und Modelle aufgreift, er nimmt das Modell der Kenosis, um seine eigene Geschichte verständlich zu machen, wenigstens ein Versuch.

Das Herumirren Genets erinnert an die Heimatlosigkeit des Menschensohns (eine der Selbstbezeichnungen Jesu). Genets Worte (auch Stichworte bei Paulus) sind *Gestalt, demütig, Abstieg, Erniedrigung, verworfen, zu verherrlichen durch die Gnade der Liebe.* Das ist, theologisch gesprochen: Kenosis. Es ist das christliche Heilsprogramm der Menschwerdung, des Abstiegs und der Erniedrigung Jesu, die den Menschen rettet. – Doch bei Genet wird niemand gerettet. Das ist der einzige Unterschied. Ich weiß nicht, wie sich Sartre und andere Hagiographen zu diesem Genet, der im *Tagebuch* wie ein Wiederholungstäter auf Derartiges zurückkommt, verhalten haben. Man kann natürlich darüber hinweglesen. *Das Leben, von dem ich oben gesprochen habe, lebte ich zwischen 1932 und 40. Während ich es für Euch aufschrieb* – Und damit bin ich schon fast am Ende, und wollte einfach nur noch zitieren: *Ich werde in der Liebe gefangen sein, so wie man im Eis, im Schlamm oder in der Angst gefangen ist.*

*

Armer Kleiner, du hast gelitten! sagt sich Genet beim Betrachten eines Photos der Ermittlungsbehörden, das Genet mit 16 oder 17 zeigt. (*Tagebuch des Diebes*)

*

Schließlich gibt es, außer dem Kommunionphoto und jenem der Polizei, auch noch eine Aufnahme von Brassai. Auf ihr sah ich einen Menschen, der nicht lesbar war. Nicht lesbar, einfach nur festgehalten, als ob das Leben photographierbar wäre und festzuhalten. Als ob das Leben reduzierbar wäre auf eine Folge von Photos als ob ein paar Photos alles wären. Was für eine Festlegung und Vereinseitigung, und doch: da schaut einer wie in einem Brecht-Vers: In mir habt Ihr einen, auf den ist kein Verlaß! Oder möchte so schauen. Eine Szene von eindringlicher Vergänglichkeit, festgehalten, daß es nicht festzuhalten ist. Die Hand in der Luft, die Zigarette schon fast wieder geraucht, und der Blick geht nirgendwohin – ein flüchtiges Glück, wenn es Glück war, was es war.
Lilly Pringsheim, von Darmstadt nach Brünn geflüchtet, auf deren Balkon Genet in seiner Brünner Zeit gelegent-

lich übernachtete, wußte später noch: »Niemand fühlte sich abgestoßen von der äußeren Erscheinung dieses recht kleinen, ja geradezu zierlichen Vagabunden«.
Genet war, wie viele große Männer (darunter auch seine Freunde Sartre und Giacometti) so klein, daß sie nach außen hin gar nicht mehr richtig auf der Welt waren. Trotzdem: es sieht so aus, als ob die anderen zu ihm aufgeschaut hätten. Genet war klein und groß, als ob er den christlichen Maßstab von klein und groß verkörperte. Doch von diesen Querverbindungen, die eigentlich Quellenverbindungen sind, genug! – Und nicht genug: wenn ich dem Brassai-Photo glauben darf, duckte Genet sich auch noch. Es bleibt ungewiß, ob er den Kopf (nur ganz leicht und kaum zu sehen) einzog aus der ewigen Angst heraus, mit der Welt zusammenzustoßen oder aus Angst vor Schlägen, die ein Dieb fürchtet kurz vor der Verhaftung. Oder ist es die Angst des Diebes vor dem Diebstahl, von der im *Tagebuch* dauernd die Rede war? Vielleicht aber auch nur von da diese lauernde, leicht gebeugte und eingezogene Haltung, weil er Spielraum vortäuschen wollte, als ob er viel Spielraum hätte und seine wahre Größe nicht zeigen und nicht verbergen müßte. Als ob er in Wahrheit zu groß, jedenfalls zu sperrig für diese Welt gewesen wäre. Ein Leben läßt sich nicht in ein paar Photos und Sätzen festhalten. Nur soviel: es scheint, daß dieser Kopf groß war (mich erinnernd an Beckmann, Swjatoslaw Richter und Gottfried Benn zugleich). Der Wille zum Bösen ist größer als die Fähigkeit, böse zu sein, so blickt er: verschlagen und doch zutraulich, wie eine der kleineren Raubkatzen. Was war das für einer?
Wie das *Tagebuch* entläßt mich Genet selbst mit Fragen. Deren Beantwortung sei das Futter der Psychologen, die es nun schon lange genug bei Gericht gibt.

ANHANG

[1] *Seite 19*   die dazu diente, meinen Schwanz oder den meiner Geliebten einzufetten
[2] *Seite 21*   der Schwanz der Schönsten
[3] *Seite 26*   Die Masturbation häuft sich.
[4] *Seite 28*   Der vollendete Akt: aus Versehen die Hand in die Tasche eines schönen, schlummernden Negers steckend, würde ich fühlen, wie unter meinen Fingern der Schwanz sich versteift und dann zöge ich die Hand aus der Tasche – und hielte in ihrem Inneren ein Goldstück, das ich auf dem Grund der Tasche entdeckt und entwendet hätte
[5] *Seite 35*   meinen Schwanz
[6] *Seite 36*   Wenn ich ...★ in den Arsch ficke
★ Da der Held, der zuerst bei seinem richtigen Namen genannt wurde, mein derzeitiger Liebhaber ist (1948), rät mir die Vorsicht, diesen Namen wegzulassen. [In der späteren Fassung hat der Autor den Namen genannt.]
[7] *Seite 38*   wichsen
[8] *Seite 40*   Unter einem tragischen Himmel zog ich durch die schönsten Landschaften der Welt, wenn Stilitano nachts meine Hand ergriff. Was war das für ein Fluidum, das von ihm auf mich überströmte, und mir diesen Schlag versetzte? Ich ging am Saum gefährlicher Küsten, trat auf düstere Ebenen hinaus, hörte das Meer. Kaum hatte ich ihn berührt, verwandelte sich die Treppe: er war Herr der Welt. In der Erinnerung an diese kurzen Augenblicke könnte ich Euch Spaziergänge beschreiben, keuchende Fluchten, Verfolgungen an Gestaden, die ich nie betreten werde. [Diese Passage hat der Autor in der späteren Fassung verschoben an die hier mit einem ⁺ markierte Stelle (S. 42).]
[9] *Seite 42*   Noch lange nach der Liebe bewahre ich in meinen Nüstern den animalischen Duft meines Geliebten. Partikel müssen an den Haaren im Inneren der Nase haften geblieben sein und wenn ich die Luft einziehe, finde ich etwas von seinem Körper wieder, ich erschaffe ihn in mir selbst.
[10] *Seite 44*   Da ich ihn nicht sehen konnte, erfand ich den dicksten und schönsten Schwanz der Welt. Ich stellte ihn mir schwer, nervig und stark vor, feierlich, mit einem Hang zum Hochmut und trotzdem heiter. In Eiche schnitzt. Unter dem Finger spürte ich die vollen Nervenstränge, das Pochen, die Hitze, das Rosige und hin und wieder das Zucken des hervorschießenden Spermas. Er beschäftigte mich weniger nachts als bei Tage. Hinter dem Hosenschlitz Stilitanos war der heilige Schwarze Stein, dem Heliogabal seinen kaiserlichen Reichtum opfert.
[11] *Seite 45*   Die Botaniker kennen eine Ginster-Art, die sie »geflügelter Ginster« nennen.
[12] *Seite 46*   Am gleichen Tag, als er mich traf, nannte mich Jean Cocteau »son genêt d'Espagne« (»seinen spanischen Ginster«). Er ahnte nicht, was dieses Land aus mir gemacht hat.

[13] *Seite 57*   Ich verschärfte dieses abstoßende Abenteuer noch durch eine Vorstellung, die zu einem wahren Laster wurde. Spielerisch meinte Stilitano eines Tages: »Ich glaube, ich muß dir mal meinen Knüppel reinstecken.«
»Das würde mich schmerzen«, antwortete ich lachend.
»Was glaubst du. Ich werde die Formen wahren.«
In die Schuhe steckt man »Formen«. Ich stellte mir vor, er würde seinen Schwanz in eine Form stecken, damit er noch stärker wird, ein monströses, scheußliches Organ, speziell für meinen Ekel – nicht meine Lust – gepflegt. Ich akzeptierte diese vorgespiegelte Erklärung ohne Abscheu.

[14] *Seite 65*   aufgerichtet auf ihrem Schwanz,

[15] *Seite 65*   um einen verstohlenen Blick auf mein Glied zu werfen, welches aus dem Hosenschlitz ragte.

[16] *Seite 111*   Er hatte Lust, sich ficken zu lassen.

[17] *Seite 113/114*   »Ich werd sie in den Arsch ficken.«
Als ich diesen zweiundzwanzigjährigen schönen Athleten zum ersten Mal fickte, stellte er sich schlafend. Das Gesicht in das weiße Kopfkissen gepreßt, ließ er sich hernehmen, aber als er durchbohrt wurde, konnte er ein leises Stöhnen, wie einen Seufzer, nicht unterdrücken.
Als mein Schwanz tief in ihn eingedrungen war, wurde er etwas anderes als er selbst, etwas anderes als ein Freund. Er ist ein seltsamer Teil von mir, der noch ein wenig eigenes Leben bewahrt. Wir bilden nur einen einzigen Körper, aber mit zwei Köpfen, und jeder der beiden bemüht sich, seine eigene Lust zu fühlen. Im Augenblick eines Orgasmus verliert dieser Auswuchs meines Körpers, der mein Freund war, seine Zärtlichkeit, er verdüstert sich. In der Dunkelheit ahne ich seine Härte und einen leichten Schatten, der sich über sein von Schmerz und Lust verzerrtes Gesicht legt. Diese Wollust verdankt er mir, ich weiß, daß er es weiß, er erwartet sie von meiner Hand, die ihn massiert, aber ich fühle, seine ganze Aufmerksamkeit gilt seinem Erguß. Wenn wir durch meinen Schwanz aneinander gefesselt sind, geht ein Riß durch unsere Freundschaft. Unsere Münder, die sie vielleicht wiederherstellen könnten, lassen sich nicht vereinen. Er sucht nur, tiefer gepfählt zu werden. Ich kann ihn nicht sehen, denn er hatte gemurmelt: »Mach das Licht aus.« Aber er ist anders geworden, fremd, fern, ich fühle es. Wenn er durch mich zur Lust gelangt, spüre ich, wie er mich haßt.
Am Anfang, als er nackt auf dem Bett lag und ich ihn umdrehte – »ich laß mich umdrehen wie ein Pfannkuchen«, sagen von sich selbst, belustigt und zynisch, die Strolche, von denen ich rede – und ich mich daran machte, ihn aufzuspießen, flößte er mir Angst ein, denn er schauerte. Sanft tätschelte ich seine Kruppe, wie die eines Pferdes, damit es sich nicht rührt, nicht ausschlägt, wenn ich es behandle. Sein Schauern bewegt mich noch immer: es ist das Zeichen der Lust, die seine Nüstern gespürt haben. Ich klammere mich an ihn, an seinen Ast, lockere ein wenig meinen Griff, um unter den Fingern das sanfte Pulsieren des Spermas zu fühlen, das verrinnt und in die Matratze eindringen wird.

[18] *Seite 115*   »Gefällt es dir, wenn du gefickt wirst?«
»Manchmal. Ich hab es gern, wenn es dir kommt. Es beruhigt mich zu fühlen, daß ich besiegt bin.«

[19] *Seite 116* seinen Schwanz zum Lutschen an und seine Arschbacken zum Aufspießen
[20] *Seite 147* »Mein Schwanz«, sagte er, »ist Gold wert.«
»Nicht schwer«, sagte ein Seemann.
»Schwerer als der Schoppen, den du in der Hand hältst.«
»Sollte mich wundern.«
»Möchtest du wiegen?«
»O.K.«
Rasch wurden Wetten geschlossen, aber Armand, der bereits steifer erigierte, knöpfte sich auf und legte dem Seemann seinen Schwanz auf die flache Hand.
»Schoppen«, sagte der.
[21] *Seite 148* damit, er würde einen stämmigen Kerl auf dem Schwanz in die Höhe heben.
[22] *Seite 151/152* Lucien ging neben mir. Von den Lebenden besaß ich nur die schönen Schwänze, ihre Wurzel eingegraben in schwarzem Moos. Ich herzte mehrere und wollte sie im vollen Glanz ihrer Kraft. Diese Pflanzen waren mein Stolz. Meine Inbrunst erreichte, daß ihr Träger selbst über ihre ungewöhnliche Schönheit erstaunt war. Dennoch hingen sie an einer geheimnisvollen, festen Basis mit dem männlichen Wesen zusammen, dessen Hauptast sie waren: es besaß sie mehr als ich. Sie waren sein. Einige Fliegen summten um Lucien. Im Geiste verjagte ich sie mit der Hand. Diese Pflanze würde mir gehören.
»Um etwas so Schönes zu gewinnen (die Blüte, die sie krönt, ist eine Distelkugel) – von wo hat man sie genommen? Sicher wurde sie ausgewählt in einer Pflanzung von Kindern... Ich werde sie herzen...«
Nicht nur sein Schwanz, sondern der ganze Lucien gehörte mir. Vor ihm Robert.
[23] *Seite 183* (Die Araber, wenn sie von den Armen sprechen, sagen: »Meskine«. Ich fühlte mich mezquino.)
[24] *Seite 184* Ich dachte noch an seinen Schwanz. Manchmal stellte ich ihn mir schwarz vor, lebendig, abgetrennt von ihm, aufrecht stehend, steif wie ein Blutegel, ebenso angeschwollen von Blut.
[25] *Seite 194* ficke
[26] *Seite 194* Laß die Hose runter...
[27] *Seite 194* Zieh die Arschbacken
[28] *Seite 196* spieß dich auf
[29] *Seite 196* mich
[30] *Seite 196* ein bißchen blasen
[32] *Seite 200* Ich fürchtete am Ende, den Gewinn aus dem mühevollen und schmerzlichen Weg einzubüßen, den ich in umgekehrter Richtung wie Ihr gegangen bin.
[32] *Seite 200* Ich war im doppelten Sinn des Wortes besessen.
[33] *Seite 203* bis zu der Stelle, wo ich seinen Schwanz vermutete
[34] *Seite 211* denn er erigierte steif
[35] *Seite 218* Er war so gnädig, sich von mir hin und wieder den Schwanz lutschen zu lassen und ich bewahrte ihm eine tiefe Dankbarkeit, die mich zu seinem Sklaven machte, aber

[36] *Seite 260*   Sanft aber mit sicherer Präzision wird sein Schwanz in mich eindringen. Er wird nicht zittern. Er kennt nicht die vorschnellen Zuckungen meines eigenen Gliedes. Seine Präsenz in mir wird mich so beglücken, daß ich vergessen werde zu »kommen«.
[37] *Seite 262*   Du mußt verstehen, ich krieg einen Steifen bei jeder Gelegenheit.
[38] *Seite 262*   wäre ich fähig, mich vögeln zu lassen
[39] *Seite 264*   Sein Schwanz erschlaffte allmählich, ohne daß er aufhörte zu lächeln.
[40] *Seite 278*   Nach unserem Streit, bei dem ich ihn beschimpfte mit einer Grausamkeit, die ein Beweis meiner Zärtlichkeit war, warf ich ihm vor, feige zu sein und daß er sich ficken ließe aus Schwäche für zu wenig Geld (er versicherte mir, er hätte einmal seinen Arsch mit gespreizten Fingern geschützt. »Der Alte glaubte, er vögelte mich, aber da war nichts dran, er fickte bloß die Hand. Ich stellte mich schlafend. Er hat in meine Finger gespritzt.« Wir waren in diesem Zimmer, stießen uns an der noch nassen, aufgehängten Wäsche. Plötzlich nahm ich seinen Kopf in meine Hände und lächelte ihm zu. Die Hoffnung kehrte in ihn zurück, stieg von seinem Herzen zum Mund, der lächelte. Seine Augen wurden feucht. Hinter meinem Hosenschlitz wachte mein Schwanz. Das Blut strömte in ihn ein, ließ ihn schwellen. Er stand dieser intimen Versöhnung vor. Er wollte es sich nicht nehmen lassen, bei diesem Fest dabei zu sein. Zärtlich legte ich Javas gefügige Hand auf den Hügel. Freundlich beugte er den Kopf. [Der Autor kommentierte diese Streichung in der späteren Fassung mit dem Hinweis: *(Ein Text – Versöhnung mit Java – wurde vom Autor gestrichen, aus Zärtlichkeit für den Helden.)*]
[41] *Seite 281*   bis zu seinem Glied
[42] *Seite 293*   Ich fühlte, wie ich erigierte.

EDITORISCHER BERICHT

Gemäß dem Prinzip der Werkausgabe von Jean Genet des Merlin Verlages liegt auch dieser Edition von TAGEBUCH DES DIEBES / JOURNAL DU VOLEUR die »Edition original, réservée aux seuls souscripteurs« vom Herbst 1948 zugrunde. Diese wurde in einer Auflage von 400 Exemplaren gedruckt »Aux dépens d'un ami« (i.e. ALBERT SKIRA, Genf).
Die Ausgabe umfasst 310 Seiten, ungebunden in losen Bogen, Quarto Format in handgefertigtem grauen Pappschuber und trägt die Widmung:
>»A Sartre
>au Castor«

Alle Exemplare von Genet signiert. –

Wie bereits in den vorausgegangenen Bänden der Werkausgabe wurden die in den späteren Fassungen gekürzten Textpassagen in diese Ausgabe wieder integriert und durch * am Anfang und hochgestellte Ziffern am Ende kenntlich gemacht. Sie sind außerdem, durchlaufend numeriert, im Anhang noch einmal zusammengestellt.

Am 1. Juli 1946 erschienen in LES TEMPS MODERNES als »Extraits« bezeichnete Partien aus JOURNAL DU VOLEUR (pp 33–56), die deswegen besonders interessant sind, weil hier diverse Passagen auftauchen, die in keine der späteren und veränderten Ausgaben aufgenommen bzw. stark variiert wurden. Edmund White vermutet in seiner Genet-Biographie, daß der Autor aus Rücksicht auf schwebende Verfahren restriktiv vorgegangen sei.(?) Es überwiegen poetisch-theoretische Erörterungen über Homosexualität und Diebstahl, Schuld, Liebe, Verrat und Verbrechen. Der für diese Ausgabe geplante Abdruck der »Extraits« in einem Anhang wurde aus urheberrechtlichen Gründen untersagt. Dies ist um so bedauerlicher, als gerade der Vergleich der Fassungen einen Blick auf Genets Methode seiner artistischen Collagetechnik ermöglicht hätte. Hinzu kommt, daß Genet erste Notizen und Aufzeichnungen zum JOURNAL, wie aus einem Brief an Paul Morihien hervorgeht, bereits 1943 gemacht hat.

Das eigentliche Manuskript von JOURNAL DU VOLEUR entstand 1945–1946; es enthält 174 Seiten, Blätter aus einem Schulheft, und stellt die Urfassung dar. Es wurde 1999 aus dem Besitz von Marc Barbezat für 1,5 Millionen Francs versteigert. In dem Auktionskatalog heißt es u. a. »Il s'agit de la toute première version du JOURNAL DU VOLEUR, tout à fait représentative de la façon dont Genet travaillait, en déchirant des bouts de papier contenant certains fragments de textes qu'il assemblait ensuite. Ce manuscrit de 174 pages comporte ces bouts de papier déchirés, mais egalement de très longs passages inédits avec ratures et corrections.«

Im Jahre 1949 erschien bei Gallimard eine im normalen Handel erhältliche Ausgabe mit einigen Modifizierungen und zusätzlichen Fußnoten. (In die siebenbändige Werkausgabe wurde bis heute JOURNAL DU VOLEUR nicht aufgenommen.)

In Zusammenarbeit mit Genet hat der Übersetzer Bernard Frechtman für die englische Fassung den Text der Originalausgabe wieder hergestellt, vermehrt um die Fußnoten. Für diese, 1954 bei Olympia Press erschienene Edition hat Sartre ein Vorwort geschrieben, das mit den Worten beginnt: »Not all who would be are Narcissus. Many who lean over the water see only a human figure. Genet sees himself everywhere ...« und es schließt folgendermaßen: »That is why I do not fear to call this book, the most beautiful that Genet has written, the DICHTUNG UND WAHRHEIT of homosexuality.«

Friedrich Flemming

Band V der WERKAUSGABE IN EINZELBÄNDEN von Jean Genet hatte selbstverständlich dem editorischen Konzept dieser Edition zu folgen. Der Übersetzer von Band V, Gerhard Hock, war der Ansicht, daß man im Fall des TAGEBUCH DES DIEBES anders verfahren müsse. Da der Verlag sich dieser Ansicht nicht anzuschließen vermochte, bat uns der Übersetzer, die folgende Erklärung abzudrucken:

ANMERKUNG DES ÜBERSETZERS

Gegen das Votum des Übersetzers wurden die Endnoten, die sich auf abweichende Textstellen der Erstausgabe beziehen, vom Verlag in den hier übersetzten Text der Gallimard-Ausgabe montiert.
Der interessierte Leser hätte sie im Anhang leicht auffinden können.
Es bleibt festzuhalten, daß die Gallimard-Ausgabe seit fünfzig Jahren der einzige im französischen Buchhandel zugängliche Text des Journal du Voleur ist – im Gegensatz zu anderen Werken Genets, die zu seinen Lebzeiten in verschiedenen Versionen kursierten.
Schon ein oberflächlicher Textvergleich legt den Schluß nahe, daß der Autor selbst den zuerst veröffentlichten Text an einigen Stellen revidiert hat – um Redundanzen, Verdeutlichungen, Abschweifungen u. ä. zu vermeiden.
»Jene Region in mir mit Namen Spanien« ist ein Ort der Kasteiung, des Verzichts ... dies herauszuarbeiten war das dringendste Anliegen – und die größte Herausforderung – für den Übersetzer, und – so darf man vermuten – auch für den Autor.

G. H.

Titel des französischen Originals: JOURNAL DU VOLEUR
© Editions Gallimard, Paris
Um die Kürzungen gegenüber der ersten veröffentlichten
deutschsprachigen Ausgabe ergänzte Neuübersetzung
von Gerhard Hock, mit einem Nachwort von Arnold Stadler.
Die editorischen Voraussetzungen für die Neuintegration der
gestrichenen Passagen besorgte Friedrich Flemming,
der auch den Editorischen Bericht beisteuerte.

Satz: Druckerei Carstens, Schneverdingen
Gesamtherstellung: Beltz Bad Langensalza GmbH, Bad Langensalza
Entwurf des Vorsatzpapiers: Martin Bronsema
© der deutschen Übersetzung: MERLIN VERLAG
Andreas Meyer VerlagsGmbH & Co KG
2. Auflage, Gifkendorf 2019
im 62. Jahr des Merlin Verlages
ISBN 978-3-87536-213-8

Der MERLIN VERLAG hat im Herbst 1998 begonnen, die integralen Textfassungen der Werke Jean Genets in einer einheitlich gestalteten, mehrbändigen Werkausgabe vorzulegen.
Die Veröffentlichung der Einzelbände erfolgt in loser Reihenfolge nach folgendem vorläufigen Editionsplan:

Bd. I	Notre-Dame-des Fleurs (Urfassung)
Bd. II	Wunder der Rose (Urfassung)
Bd. III	Das Totenfest (Urfassung)
Bd. IV	Querelle de Brest (Urfassung)
Bd. V	Tagebuch des Diebes (Urfassung)
Bd. VI	Ein verliebter Gefangener
Bd. VII	Dramen
Bd. VIII	Gedichte
Bd. IX	Essays
Bd. X	Interviews
Bd. XI	Nachlaß